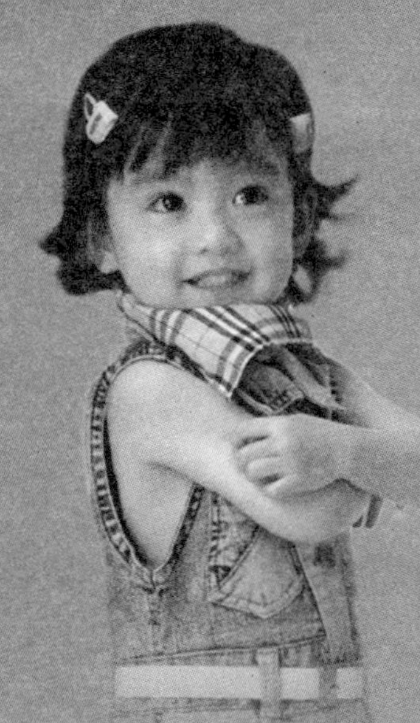

孩子 妈妈相信 你最棒

李 洁◎编著

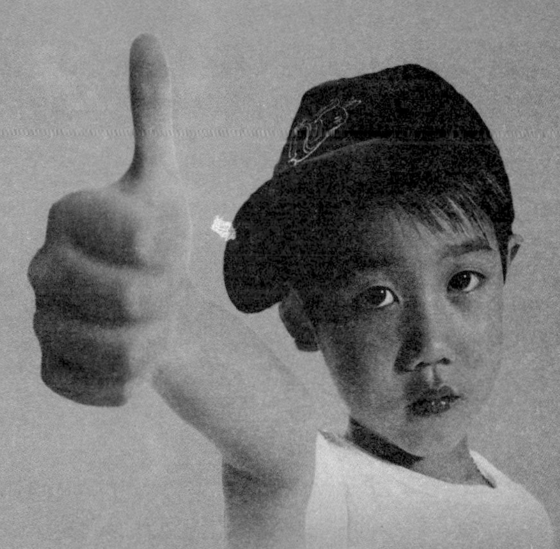

中国華僑出版社

图书在版编目(CIP)数据

孩子 妈妈相信你最棒 / 李洁编著. —北京：中国华侨出版社，2010.1

ISBN 978-7-5113-0189-5

Ⅰ.孩… Ⅱ.李… Ⅲ.家庭教育 Ⅳ.G78

中国版本图书馆 CIP 数据核字(2009)第 235952 号

● 孩子 妈妈相信你最棒

编　　著 / 李　洁

责任编辑 / 崔卓力

装帧设计 / 宇鸿堂

版式设计 / 岳春河

责任校对 / 王京燕

经　　销 / 全国新华书店

开　　本 / 787×1092 毫米　1/16　印张 /16.5　字数 /260 千字

印　　刷 / 廊坊市华北石油华星印务有限公司

版　　次 / 2010 年 5 月第 1 版　2010 年 5 月第 1 次印刷

书　　号 / ISBN 978-7-5113-0189-5

定　　价 / 28.80 元

中国华侨出版社　北京市安定路 20 号院 3 号楼　邮编：100029

法律顾问：陈鹰律师事务所

编辑部：(010) 64443056　64443979

发行部：(010) 64443051　传真：(010) 64439708

网　址：www.oveaschin.com

e-mail：oveaschin@sina.com

前　言

自信是对自己完成一件事情实际能力的充分肯定，它直接带给我们的就是行动力。只有行动才能产生结果。设想，一个总是对自己能力有所怀疑的人，怎么会主动去完成一件事情呢？不去做这件事情，怎么会有好的结果呢？一个人的成就大小，很大程度上取决于他的行动力，而行动力的产生则依赖于自信心的强度。

从古至今，由于缺乏自信而导致惨败的例子屡见不鲜。尼克松是我们极为熟悉的一位美国总统，但就是这样一个大人物，却因为一个缺乏自信的错误而毁掉了自己的政治前程。1972年，尼克松竞选连任。由于他在第一任期内政绩斐然，所以大多数政治评论家都预测尼克松将以绝对优势获得胜利。然而，尼克松本人却很不自信，他走不出过去几次失败的心理阴影，极度担心再次出现失败。在这种潜意识的驱使下，他鬼使神差地干出了后悔终生的蠢事。他指派手下的人潜入竞选对手总部的水门饭店，在对手的办公室里安装了窃听器。事发之后，他又连连阻止调查，推卸责任，在选举胜利后不久便被迫辞职。本来稳操胜券的尼克松，因缺乏自信而导致惨败。

如今，很多家长对孩子的关心和照顾事无巨细，物质上应有尽有，精神上百依百顺，事事不必自己操劳和付出努力，孩子很容易养成一种凡事都要依靠家长的心态，认为自己离开家长就一事无成，对任何事情都不想费力去做。这样的孩子就是典型的依赖性强、缺乏自信的孩子。我们知道，自信是一个成功者最重要的心理素质之一，但它并非与生俱来，必须由家长对孩子从小加以正确引导，使孩子逐渐学会相信自己，建立起自信。

自信是一种情感体验，对于孩子来说，从小就建立起良好的自我评价系统，树立自信，会为他将来成功度过一生，打下坚实的基础。自信心是促使孩子求知、探索的重要推动力，是激发孩子的主动积极性的催化剂。孩子的自信心主要来源于获得成功的体验和父母正确的教育方式。

从另一方面来说，自信心是孩子潜力的“放大镜”。现代心理学研究表明，自信心强，大脑思维就活跃，容易产生灵感和创造力；反之，缺乏自信，大脑活动就受抑制，很难进行创造性思维。正如范德比尔特所说的那样：“一个充满自信的人，事业总是一帆风顺的，而没有信心的人，可能永远不会踏进事业的门槛。”

如果你想培养自信的孩子，最好留意你用的每一句话、每一个词。应该多做肯定性评价：“我相信你做得到”、“我对你有信心”、“你做得真出色”……卡耐基在他的人际交流课程中曾提过这样的一个例子：如果要改变一个孩子读书不专心的态度，我们可能会这么说：“约翰，我们真以你为荣，你这学期成绩进步了。但是假如你在代数上再努力点儿的话就更好了。”在这个例子里，约翰可能在听到“但是”之前，感觉很高兴。但接下来，他就会怀疑这个赞许的可信度。因为对他而言，这个赞许只是要批评他失败的一条设计好的引线而已。可信度遭到曲解，我们也许就无法实现我们要改变他学习态度的目标了。解决这个问题并不困难，只要把“但是”改成“而且”，就能达到我们的目标了：“我们真以你为荣，约翰，你这学期成绩进步了，而且，只要你下学期继续用功，你的代数成绩也会很出色。”

可见，如何培养孩子的自信心也是一门精细的学问。本书将按照着眼宏观理论，从细节方法入手的方式，将教子理论与生活实践结合起来，与家长们一起探讨和学习如何才能成功教出自信的孩子。

给您的孩子一份特有的自信，就等于是给孩子奠定了一块成功的基石！

contents 目录

第一章 自信的孩子必备的十个特质

自信作为一种性格品质，必然具有一些显著的品质特征，这一点可以从大量的自信孩子实例身上总结和发现。而要培养孩子的自信品格，便可从这些显而易见的"特质"上入手。

第二章 父母的态度决定孩子的心理

什么样的教育培养出什么样的孩子。家长在孩子成长的过程中的重要作用是不容忽视的，孩子的性格特质来自于其长期形成的稳定心理，而家长对孩子的教育态度就决定了孩子的心理特征：要想让孩子自信起来，父母的态度起着重要的烘托作用。

第三章 撤掉拐棍，让孩子自立自强

一个凡事依赖于别人的孩子是不会对自己有着强

烈的把握感的，从而也就难以形成对自己的肯定性评价。要培养出自信的孩子，家长就要懂得放开自己的手，让孩子自立、自强，给孩子以审视自己、肯定自己的机会。所以，家长不可做孩子的“拐棍”。

第四章 尊重孩子意见，让孩子做主

孩子不自信的一个重要原因就是经常受到否定和替代，无法做自己的“主人”。而自信的一个重要前提就是得到肯定评价，把自己的想法付诸实施。家长们要记得，尊重孩子的意见，让孩子自己做主，这是培养孩子自信心的前提，也是重要基础。

第五章 该赏识的不仅是孩子的成功

“赏识出自信”，这是一个最为普遍的教育理念。然而，很多家长都不知道该如何赏识自己的孩子，认为孩子一无是处。实际上，赏识教育的主旨不单是要求赏识孩子的长处、强项或者成功。难怪那么多的孩子懦弱、自卑，这是家长们难以掩盖的失误事实。

第六章 表扬是动力，但要注意方法

想让孩子自信起来，经常性的表扬自然是少不得的。但是，要想把表扬做到适得其法，却并没有想象得那样简单。教育最注重细节，表扬作为一种重要的教子方法也不例外。

第七章 批评是鞭策，但要讲究科学

著名教育学家夸美纽斯曾说：“树木如果不去常加修剪，它们便会回复到它们的野生状态”。也就是说，批评也是一种重要的教育方式。可是，作为家长们最常用的一种教子手段，批评也是讲究方法和艺术的。用不好，孩子的自信心恐怕就保不住了。

第八章 挫折不可怕，关键是心态

一个抗挫折意识和能力差的孩子难免会走进自卑的深渊，因为在他的眼中，一切都是那么的困难和坎坷，而自己总是无力招架。可见，怎样去培养孩子的抗挫折意识，是让孩子自信起来的一个必经过程。经历过了风雨，自然得见彩虹。

第九章　给孩子正直健全的人格

古语说："句子坦荡荡，小人长戚戚。"一个人格正直、大义凛然的人无论做什么事情都会坦然自信。人格的健全不仅是社会和生活的要求，也是人自身的内在需求。实现了这种需求，精神上的富足才可赋予自己肯定性积极性的评价。这时候，自信就走来了。

第十章　孩子自信来自父母1%的改变

没有不合格的孩子，只有不称职的父母。孩子具有很强的可塑性，能否把孩子塑造成为一个自信十足的优秀人才，关键是家长的方法问题。有时候，家长的些许改变，就会让孩子受益良多。

第一章 自信的孩子必备的十个特质

自信作为一种性格品质，必然具有一些显著的品质特征，这一点可以从大量的自信孩子实例身上总结和发现。而要培养孩子的自信品格，便可从这些显而易见的“特质”上入手。

1. 特质一：自信不自负

作为父母，大都了解“自信”对于孩子成长的重要性，于是常常害怕自己的孩子不够自信，便给予孩子无休止的鼓励和夸奖。孩子看上去是自信起来了，但好像又有些过犹不及，变成了自负。自负的孩子往往目中无人，对挫折的承受力也比较差，让人放心不下。这就是父母的矫枉过正，使孩子在成长的路上又遇到了一道门槛。

从前，有一个人是天生的“飞毛腿”，跑得特别快，而且经常以此在人前夸耀。

有一次，他家被盗，于是他连忙跑去追贼。看到贼的背影时，他高喊道：“别跑了，你是跑不过我的！”没多久，他果然赶过了贼，但还是一个劲地跑下去。

半路上有人问他跑得这样急干什么，他说追贼。又问他，贼往哪里跑了，他得意地说：“我早就赶过他了，看，现在连他的影子也看不见了！”

相信所有的人在读完这则故事后都会被愚蠢的“飞毛腿”先生气得哭笑不得。但仔细想想，大概我们也没少干这种和贼比赛跑的蠢事。小时候有人夸自己几句“勇敢”就忘了害怕，几下爬上房顶，结果上去容易下来难，最后难逃一顿“棍棒炒肉”；工作了，硬着头皮接下自己不能胜任的工作，忙得昏天暗地勉强交上任务，却被勒令重做。

我们常说，做人要自信。但是自信是建立在了解自身能力的基础上的，而不是为了炫耀自己的能力。自信过了头，就成了自负。

李阳是个自信开朗的孩子，可是到了三年级以后，爸爸妈妈却发现李阳身上存在一个问题。连续几次考试，爸爸妈妈问他考得怎么样，他都说“挺好的”。可开家长会的时候爸爸妈妈才知道，李阳这几次的成绩都在班级平均分以下。期末考试后，爸爸妈妈再问，他还是说“挺好的”，结果考试成绩依然不到平均分。妈妈批评他：“考出这样的成绩，你还认为挺好的吗?”李阳反驳说：“这次出的题目太偏了，我复习的内容都没考啊！否则的话，我一定会考得非常好！看下次，肯定没问题!”听了儿子的这番话，妈妈气得无话可说了。

案例中的李阳很“自信”，当然，也许他从来就没有不自信过。可爸爸妈妈却开始对儿子的“自信”着急了，因为儿子的自信属于盲目自信，如果这样发展下去，儿子的自信可能会降低他努力的意志，带来学习的失败。

对于正在成长中的孩子，他们的情绪和性格特征还不稳定，自负、自信、自卑常常混合出现在他们身上。现在李阳遇到了这种情况，任何情况下他都觉得“挺好的”，这是盲目自信，即自负；但如果家长以后对他经常严加批评，他就可能出现另一个极端，即任何情况下他都将觉得“挺糟的”，这种自卑与自负一样都将对孩子产生消极的影响。

自信特质培养

对于孩子自信心的培养，重点在于父母一定要把握好“度”的问题，过强或过弱都会造成孩子的心理偏差。

将恰如其分的表扬与批评相结合

自信是一种自我意识，是对自己能力实际水平的正确估计。经常高于实际水平的虚夸表扬会导致孩子的自负，经常贬低和否认则会导致孩子的自卑。家长常常因为担心孩子不高兴而一味宠着孩子，或者担心孩子骄傲自满而一味打击孩子，这都是不正确的教育方式。实际上，孩子做对了应该表扬，做错了应该批评，两者相结合，才能帮助孩子准确定位自信的坐标。

将恰如其分的自我表扬与自我批评相结合

自信终归是孩子“自己的事情”，渐渐长大之后，他应该逐渐摆脱对大人的依赖，学会正确地自我评价。但是小学生自我评价的主动性比较弱，事情过去就过去了，自己从中获得什么经验和教训，孩子常常不愿意也不善于自觉地反思，这就需要家长提醒他。不管是平时做作业、考试还是日常生活行为，家长可以让孩子建立一个“自我评价表”，做对了、做好了，就让他为自己画或者贴一张笑脸，做错了、做得不好，就记录一个哭脸。自我表扬与自我批评相结合，将有助于孩子自己学会准确定位自信的坐标。

发现孩子自负的时候要“降温”，自卑的时候则要“升温”

孩子的情绪不可能总是四平八稳的。有时孩子在学校犯了一个错误，遭到老师的严厉批评或者同学的冷落，他的情绪会一落千丈，然后产生泛化的自我否定，认为自己从此以后“完蛋”了。这时家长要积极鼓励孩子，为他“升温”，走出自卑。有时孩子受到他人的吹捧，会产生飘飘然的感觉，认为谁都不如自己，并且不愿意踏踏实实地做事或学习。这时候家长要及时指出孩子的问题，为他“降温”，走出自负。

帮助孩子学会正确地归因

归因就是为自己的行为结果查找原因。大部分人都有一种自然倾向，成功的时候觉得自己的功劳大，失败的时候觉得别人的问题多。孩子的这种倾向更加明显。实际上，孩子的生活比较单纯，影响成败的因素也不复杂，通常成功了主要是他努力的结果，失败了主要是他不努力的结果。所以，家长要多引导孩子为自己的成败寻找内因，而不总是归咎于外因，否则孩子会认为失败是自己不能控制的，因而觉得自卑无助，减弱了克服困难的自信心。

2. 特质二：目标明确

每个父母都知道明确目标对个人事业以及人生之路的重要性。其实，对孩子来说也一样，孩子只有明确个人奋斗的目标，他才能得到自信的动力和鞭策力。事实证明，一个自信的孩子往往都会明确地给自己设定目标，并且能够朝着这个目标坚定不移地前进。

著名的人生激励大师卡耐基曾经做过这样一个调查，他的调查对象是世界上一万个不同种族、年龄与性别的人。通过调查，他发现，在一万个人中只有3%的人能够确定目标，并知道怎样把目标落实，而另外97%的人，要么根本没有目标，要么目标不确定，要么不知道怎样去实现目标。十年之后，卡耐基重新对这一万个人又一次进行了调查，调查结果令人十分震惊，属于原来那97%范围内的人，除了年龄有所增长外，在生活、工作、个人成就上几乎没有太大的起色，还是如同十年前一样平庸，他们畏首畏尾，表露出很泛化的自卑；而那原来与众不同的3%，却在各自的领域里都取得了成功，他们斗志昂扬，信心十足，这些人在十年前提出的目标，都不同程度地得以实现了。

从卡耐基的调查中不难看出，“目标”对于人的一生的重要性。相信一些年轻的父母都会有这样的经历——在电子游戏刚刚盛行的时候，常常会在进行到某个比较难的关卡时对自己说：我一定能过这关，不把这一关过去绝不写作业、绝不吃饭等。可能还因此遭受过父母的批评打骂。即使你没有玩过电子游戏，在儿时也一定和同学们做过跳皮筋、丢沙包之类的竞技活动，类似“今天不赢了他就不回家”这样的念头肯定没少产生过。现在看来，这些“执念”看起来幼稚，但在当时却给了你前进的动力和必胜的信心，直至终于通过了关卡或者战胜了同伴。看到这里，可能有的父母会反驳了：我们也常常给孩子设定各种各样的目标啊，例如钢琴要过级、期末要拿前五名、数学考试必须九十分以上等等。目标够明确了吧？但是孩子就是不自信，甚至根本不肯朝着这个方向努力，所以光说什么目标明确根本没有用！

在分析这个问题之前，不妨先看一个案例。

娜娜上初中三年级，因为要面临毕业考试，父母对她的要求格外严厉，希望娜娜能够加把劲考上市二中。但是以娜娜当时的成绩，要进二中是非常困难的，她自己对于上二中也不抱任何希望，于是父母给她请了家教，每天看着她学习，规定娜娜每天放学必须按时回家，每差一分钟就要罚做十道数学题，甚至还自作主张地把娜娜在学校的几个兴趣小组都给退了。娜娜在父母的“高压政策”下几近崩溃，终于做了逃兵，在期末考试的当天离家出走了。

案例中娜娜父母的做法有些极端，其本质上和那些给孩子设定“期末要拿多少名，数学考试要多少分以上”目标的家长是一样的。为什么如此明确的目标却没有达到目的呢？这里要先问这些父母一个问题：你所说的目标，究竟是你的，还是孩子的？如果小时候你的目标是成为全院子小朋友中的踢毽子冠军，而父母却要求你在根本没有兴趣的乒乓球项目上压过其他人，你会有什么信心呢？又会有多大的奋斗动力呢？

所以说，我们这里所说的目标是指孩子自己确定的目标，而并非父母为孩子强加的目标。正如父母无法替代孩子成长一样，父母也不能用自己的目标代替孩子的目标。你的期望只是孩子前进的一部分动力，不能成为孩子前进的全部动力，更不应该成为孩子前进的既定方向甚至转化成孩子的压力。要让孩子学会自己确定目标，因为是自己制订的，他自然会信心十足，不会有任何不去为之努力的借口。

自信特质培养

要培养孩子“目标明确”的自信特质，并不是说放任孩子自己设定目标，否则也不利于孩子的成长，而是需要家长的正确引导，让孩子学会为自己设定正确、可行的目标。那么什么才是正确、可行的目标呢？我们可以接着上面案例中娜娜的事件讲下去。

经历了5天离家生活后的娜娜回到了学校，终于向老师敞开了心扉。其实娜娜是个非常要强的孩子，她也很希望自己能够考上二中，但是成绩相差得太远，几次考试又都不理想，于是觉得自己很没用，根本没有办法达到父母给自己定的目标，再加上被沉重的学习负担压得喘不过气来，才萌生了逃离的念头。老师问娜娜：“咱们先不去考虑是否能考上二中，如果给你一次补考的机会，你觉得可以比期中考试有所进步吗？”娜娜点点头。果然，补考成绩出来后，娜娜的在班级排进了前二十名，比期中考试前进了将近十名。老师再次问娜娜：“下次期中考试你觉得自己能进步多少呢？”娜娜说一定要排进前十五名。三个月之后，娜娜又做到了。这次老师又让娜娜给自己设定了第一次模拟考试的目标，娜娜根据自己的学习情况，认为进前十名问题不大。而这个时候，娜娜考取二中的希望已经很大了。中考成绩发布后，娜娜再一次“超常发挥”，以全校第五名的成绩考上了二中。现在，娜娜有了自信，也有了更远大的目标——考上清华。

为什么娜娜父母费尽心思都没有做到的事情，老师只用了几句话就产生了巨大作用呢？这就是因为，老师将“远大的目标”化整为零，让娜娜尝到了成功的喜悦，充分调动了娜娜的主观能动性，把父母的目标成功转化成了娜娜自己的目标。

除此之外，家长也可以从改正孩子的小毛病入手来培养孩子为自己设定目标的自信特质。例如孩子课堂纪律很差，那么家长就可以让孩子先认识到纪律差所导致的不良后果，然后跟孩子说：“我们一点点来改正这个毛病，先从这个月争取让老师少点几次名开始，你说不超过几次合适呢?”让孩子自己说“五次”、“六次”，然后请他的同学来监督，这样他就有了努力的目标。或者孩子没勇气在课堂上发言，那么就要鼓励孩子，可以要求他从“每天至少发言一次”开始做起，慢慢过渡到“每堂课至少发言一次”，当他尝到了发言的甜头，就会爱上课上发言。

不要看不起这些看似“渺小”的目标，目标虽小，却能让孩子体会到“明确奋斗目标”后成功时的骄傲，这种骄傲不是贬义词，而是促使他树立自信继续奋斗的动力所在。在今后无论遇到什么样的困难，孩子都会信心十足，坚忍不拔地朝着设定的目标走下去。

3. 特质三：懂得付出

作为成年人的我们自然知道，一个过分自私的人往往是狭隘的，怯懦的，他们唯恐自己的利益受到侵害，所以经常表现出缺乏安全感和信任感，缺乏自信，患得患失。如今每个家庭里几乎都是一个孩子，很多孩子自私任性，不懂得分享和奉献，一味地索取却不懂得付出。其实，孩子的这些缺点不仅仅是因为独生子女的身份，而在于现在家庭教育的某些缺陷，忽略了对孩子回报意识的培养教育。这很不利于孩子真正自信的形成，也不利于孩子的健康成长和发展。

日常生活中家长们要从一些细节做起，早早地把付出意识根植于孩子的内心。只有这样，孩子才会懂得去体会他人的感受，知道好的东西要与他人一起分享，从而让孩子的心灵更加宽阔、充实和自我信任。其实，只要你够细心，这些事情做起来相当容易。

有一个人在沙漠行走了两天，途中遇到暴风沙。一阵狂沙吹过之后，他已认不得正确的方向。正当快撑不住时，突然，他发现了一幢废弃的小屋。他拖着疲惫的身子走进了屋内。这是一间不通风的小屋子，里面堆了一些枯朽的木材。他几近绝望地走到屋角，却意外地发现了一座抽水机。

他兴奋地上前汲水，却任凭他怎么抽水，也抽不出一滴来。他颓然地坐到地上，却看见抽水机旁有一个用软木塞堵住瓶口的小瓶子，瓶上贴了一张泛黄的纸条，纸条上写着：你必须用水灌入抽水机才能引水！不要忘了，在你离开前，请再将水装满！他拔开瓶塞，发现瓶子里果然装满了水！

他的内心此时开始了交战——

如果自私点，只要将瓶子里的水喝掉，他就不会渴死，就能活着走出这间屋子！

如果照纸条上说的做，把瓶子里唯一的水倒入抽水机内，万一水一去不回，他就会渴死在这地方了——到底要不要冒险？

最后，他决定把瓶子里唯一的水，全部灌入看起来破旧不堪的抽水机里，以颤抖的手汲水，水真的大量涌了出来！他将水喝足后，把瓶子装满水，用软木塞封好，然后在原来那张纸条后面再加上他自己的话：相信我，真的有用。在取得之前，要先学会付出。

从这个故事当中，我们能了解到“付出”意识对人的重要性。“在获取之前，先学会付出。”这个道理或许听起来很是平常，但要“学会付出”恐怕也不是每个人特别是孩子们都能做到的。

现在的孩子大多都是独生子女，被家人宠爱着，一切都是以自我为中心，常常容不下任何人，稍有不如意就乱发脾气、打人，甚至离家出走，为什么呢？仔细想一想，在日常生活中，家长们都在尽力向孩子们付出我们的爱，孩子们也在尽情享受着一切。在家长、亲人的悉心关爱下一天天长大，孩子体会不到长辈抚育自己的艰辛，也就意味着他们不会去爱自己，更不会爱他人。由于受到家庭过分的关怀和溺爱，孩子认为大人为他们所做的一切都是应该的，不需要感恩，更不需要回报。这样孩子只会索取，根本不懂得付出。久而久之，孩子们就产生了一些共性的问题：自私、冷漠、不懂得回报，而这样的孩子是很难树立起真正的自我信任感的。

一天，5 岁的安娜见妈妈在家里忙碌，就问："妈妈你在做什么？"妈妈答道："我正在为隔壁的史蒂芬太太烧一盘菜。""为什么？妈妈。"妈妈告诉安娜："因为史蒂芬太太失去了女儿，难过得心都碎了。我们应该照顾她。"妈妈又对女儿说："安娜，你是个很聪明的孩子，也许你也能为史蒂芬太太做点什么。"

安娜开始认真思考如何帮助照顾史蒂芬太太。几分钟后，她敲开了史蒂芬太太的门。"有什么事？"史蒂芬太太问。安娜说："我妈妈说，你失去了女儿，非常的难过，心都碎了。"说着，安娜伸出她的小手，手里有一个 OK 绷带，"这是让你把碎了的心粘起来用的。"史蒂芬太太接过绷带，破涕为笑。她弯腰拥抱安娜，泪眼盈盈地说："谢谢，亲爱的孩子，你的付出帮了我的忙。"史蒂芬太太接受了安娜的善意，她买了一个画框，把安娜的 OK 绷带放在画框中，每次看到它都感到宽慰。

这是一个很感人的故事。我们为安娜淳朴而善良的童心而动容，更为安娜母亲不失时机地教育孩子学会付出的用心而钦佩。

在现实生活中，我们常常可以看见这样的一幕幕：当奶奶端出一盘水果时，孩子毫不留情地挑出一个最大最好的，津津有味地吃着；当工作了一天的妈妈下班回来时，孩子依然在电视机前"专注"地看动画片；更有甚者，在公共汽车上给一位怀孕的妇女让座，竟然有人问："她是你的什么人？"大作家雨果说："人世间没有爱，太阳也会死。"这样狭隘自私的孩子在长大后怎能博取社会的认同，形成自我信任感，树立起稳固的自信呢？这样的孩子又怎能担负起对家庭、对社会的责任呢？

因此，在给予孩子的同时，也要教育他学会付出，并且习惯于付出，让孩子为下班的妈妈端杯热茶；让孩子吃水果时先想着他人；让孩子看见有困难的人时，能热情伸手，让爱成为一种习惯，这是多么重要的一件事！

自信特质培养

大凡对他人缺乏理解、关心和体谅的孩子都会表现出极度的任性，将这种消极的性格品质发展下去，那么孩子长大以后就会变得自私、狭隘、缺乏自信甚至心理阴暗。那么，如何对孩子进行爱心教育，培养一个懂得付出的孩子呢？

给孩子做个榜样

榜样的力量是无穷的，也是最有效的。家长的举手投足，都会给孩子留下深刻的印象。要让孩子有爱心，家长就要做出有爱心的行动。

进行移情训练

可以让孩子把自己痛苦状态时的感受与别人在同样情景下的体验加以对比，体会别人的心情，这样可以让孩子学会理解别人，体谅别人。

在生活中培养孩子的同情心

同情他人，是爱心的一种体现。孩子如果缺乏同情心，只会关心自己，只顾自己的快乐，而无视别人的痛苦，甚至把自己的欢乐建立在别人的痛苦之上，这种孩子是很可怕的。家长可鼓励孩子适当参加一些募捐活动，也可让孩子养一只可爱的宠物以体验爱心。

多做有益游戏，拓展交往空间

鼓励孩子做一些能够表达爱心的、简单而有趣的游戏。讲一些古今有教育意义的图书，教孩子懂得真善美。另外，要促进孩子和伙伴的交往，爱心是在交往中建立起来的。

4. 特质四：人格魅力

“人格魅力”是一个很难定义的词语。有的时候，有些人即使与我们偶尔相识，只有一面之交，也能引起我们的注意，使我们喜悦，这是什么原因呢？他能打动我们，使我们善待他，这又是什么原因呢？贺华勃说：“这是一种不可言喻的两情相悦，他给予我们的，犹如芳香给予花儿一样。”这就是“人格魅力”，一个具有人格魅力的人不仅会赢得别人的爱戴，更会彰显出自身独特的一种气质——强大的自信。

一定会有家长说，我的孩子连学校那点课程还没学好呢，整天垂头丧气的什么都做不好，将来可能连饭都吃不上，谈什么人格魅力，简直是在说笑话！这是不是说明在这些家长眼中，掌握技能要比人格魅力重要得多呢？我们先来看几个名人的故事。

莫洛是美国纽约最著名的摩根银行的董事长兼总经理，这个宝座使他年收入高达100万美元。然而，他最初不过是在一个小法庭做书记员而已，后来他的事业得以如此惊人地发展，究竟靠的是什么法宝做后盾呢？原来，莫洛一生中最重大的一件事就是他博得了大财团摩根的青睐，于是一蹴而就，成为全国瞩目的商业巨子。据说摩根挑选莫洛担任这一要职，不仅是因为他在经济界享有盛誉，更多是因为他的人格魅力的缘故。

无独有偶，杰弗德也是一个从地位卑微的会计开始步步高升，后来出任美国电报电话公司总经理的例子。他常对人说，他认为“人格魅力”是他事业成功的最重要的因素之一。他说：“没有人能准确地说出‘人格魅力’是什么，但如果一个人没有健全的特性，便是没有人格。人格在一切事业中都极其重要，这是勿庸讳言的。”

像莫洛、杰弗德等领袖人物，都非常看重“人格魅力”，他们认为一个人的最大财产，便是“人格魅力”。只有人格的健全，才能获得人们的喜爱和合作，才能树立自己强大的自信。现在，还有家长认为人格魅力是一种无关紧要的特质吗？

另外，还有一些家长觉得对孩子谈“人格魅力”似乎太早了些，他们甚至还不能理解“魅力”究竟是个什么东西。然而，事实真的是这个样子吗？

有这样一个初中一年级的男孩，名字叫做高展。新班级刚刚成立了三天，高展便俨然成了班级的中心，自习课上维持一下纪律比班主任老师的话都管用。平日里不服这个不服那个的男生们唯独对高展很是“敬重”，大扫除搞卫生也都十分“给面子”地卖力干活。高展的入学成绩很一般，但这一点都不影响各科老师把他当成宝。班级里几个女生吵了起来，只需高展同学几个严厉的眼神众人便纷纷住了嘴。班主任老师发现了这些奇怪的现象，于是找来好几个班上的同学想一问究竟，没想到孩子们的回答竟然异口同声：这是魅力啊，老师！

你看，对于过早接触媒体、网络的孩子来说，“魅力”根本不是个陌生的词汇。在他们还稚嫩的心灵中早已有了自己对“人格魅力”这个词语的理解和体会，并且毫不掩饰对那些拥有人格魅力的同学的崇拜和景仰，还会把他们作为自己模仿和学习的对象。而对于那些拥有魅力的孩子来说，将势必成为团队、集体的中心，为将来成为一个出色的成功领导者打下坚实的基础。这样的孩子，任何时候都不会失去自己特有的自信。

自信特质培养

人格魅力的形成不是一朝一夕的事情，它包含的内容很广泛而深刻。一个人的人格魅力可能来自于他时刻散发的自信光辉，可能源自他幽默机智的谈吐，也许是他彬彬有礼的绅士做派在影响周围的人，也可能是因为一诺千金的诚信打动了别人。总之，人格魅力的培养是一个相当大的话题，如果放开了去谈，恐怕一整本书也未必说得清楚。所以在这里，我们只讲述比较大的几方面，关于更细致的问题还需要家长提高自身修养，给孩子言传身教的影响。

父母要给孩子营造一个民主、和谐的家庭氛围

这一点看似老生常谈，却是孩子健全人格形成的基本保证。民主、和谐的家庭气氛有助于孩子形成积极、主动的生活态度，使孩子能自觉地参与到家庭活动中去。父母之间的互相爱护、关心、体谅，父母对长辈的体贴、尊重、照顾，父母对孩子的严爱适度、有要求、有疼爱，都能够使孩子正确地认识和评价自己，形成自尊、自信、自主、自控、亲切等积极情趣。然而，如果孩子生活在充满不和睦、不健康的家庭环境中，他们往往会对人不信任，缺乏安全感，有的甚至会有攻击性行为或暴力倾向。

父母要培养孩子生活的自立能力

父母的职责不是让孩子完全听自己的话，完全顺从自己，依赖于自己，而是要让他们能够独立成长，即使在离开父母的保护后依然能够面对生活的挑战。那些充满爱心、情真意切、富于牺牲意识的父母往往都用过度的保护和爱扼杀了孩子们的独立要求，使本来可以成长为富有创造性、精力充沛、信心十足和勇敢无畏的孩子变成了畏缩、举棋不定、胆小软弱的孩子。这样的孩子或许会听话，但是却没有了自己的思想，没有自立的能力，还谈什么健全的人格和魅力呢?

一定要注意培养孩子的交往能力

毋庸置疑，交往能力对人的一生是很重要的。现在的孩子大都没有兄弟姐妹，是家庭的中心，因此容易形成任性、以自我为中心等缺点，也不擅长于与同伴交往。因此，父母要多鼓励孩子参加集体交往，让他们在逐渐的交往中学会适应，积累经验，学会交往。孩子在与人相处中难免会遇到一些挫折，这时父母不应用指责、批评的语言，而应多用鼓励的口吻引导他们，让他们始终都能够以活泼、开朗的态度去交往。

5. 特质五：独立思考

思考好比播种，行动好比果实，播种愈勤，收获就愈丰。一个善于独立思考的孩子才能品尝到自信的琼浆玉液，享受到成功的丰收喜悦。正如伟大的科学家爱因斯坦所说：“学会独立思考和独立判断比获得知识更重要。”一个善于独立思考的人必定会是一个自信十足的人。

法国科学家约翰·法伯曾经用毛毛虫做过一个试验。这是一种过着团体生活的毛毛虫，每次出外觅食时，都会由其中一只带头，其他的则一只跟着一只很有秩序地排成一列往前走。约翰·法伯把这些毛毛虫放到一个花盆旁边，让它们首尾相接围成一个圆圈，然后在离它们约六英寸的地方洒了毛毛虫最喜欢的食物。

这些毛毛虫一直跟着前一只毛毛虫不停地走，一圈又一圈绕着花盆边缘行走。不吃不喝过了几天，“守纪律”的毛毛虫始终没有乱了队伍，最后终于饿死了。临死之前还不知道食物就在离它们六英寸的地方。

于是法伯感叹地说道：只要有一只毛毛虫不盲从，就可以拯救自己以及其他毛毛虫的命运。可惜没有任何一只毛毛虫可以做到这一点。

很多人在看完这个故事后都会觉得这些毛毛虫太笨了，为什么不看看别的地方，而只跟在伙伴的屁股后面走呢。可细细想来，在我们身边像毛毛虫这样的人可不少。比如每年都会发生高考考生一窝蜂地填报某个热门学校或专业的现象，结果有时候非常不幸，毕业时这些热门行业刚好走“下坡”了，大学四年像是白念了一样。还有，当炒股、债券投资蔚为风潮时，不少人会前仆后继地跟进，结果到最后才发现是市场主力为了出货放出假消息，当散户发现苗头不对想亡羊补牢时，已经惨遭套牢。这些不就是毛毛虫一只跟一只的故事吗？

通常父母都希望孩子听话乖巧，又希望孩子有成就。然而太听话的孩子过于顺从，就难以发展出强大的独立思考能力，无法从平淡中看出潜在的机会，又容易受他人影响，怎么可能会有非凡成就？这样的孩子在遇到困难时往往会不知所措，迷茫，甚至垂头丧气，逆来顺受，缺少战胜困难的信心。孩子最后变成了试验中的毛毛虫，做父母的才悔之晚矣。所以与其要孩子现在乖乖被父母管，长大乖乖被他人管，不如刺激他们去独立思考、判断，激励他们建立起自己与众不同的强大的自信。

妈妈带着庆庆去海边玩。很多小朋友都在沙滩上堆沙子，而庆庆却用手捧着水往岸上的一个坑里灌。由于用手捧水会漏，距离又远，水总是装不满，庆庆反反复复地试了很多次，丝毫不泄气。后来庆庆停下来想找一个可以盛水的东西，但旁边什么都没有，最后他跑到妈妈身边，从自己的小背包中取出一张较硬的纸，然后折成盒状再去盛水，坑洞很快就盛满了水。庆庆高兴地笑了，回头看着身后的妈妈，妈妈正在为他鼓掌喝彩。

这是个非常简单的关于孩子独立思考的例子。然而大多数妈妈却是另外的做法：当孩子捧水时，有的妈妈可能会粗暴地制止——为什么你不能像其他孩子那样堆沙子！还有一些妈妈认为小孩子只是在玩，对孩子不闻不问，你爱做什么就做什么，也不会表扬。但大多数则会立刻蹲下来说：“来，妈妈帮你！”然后想一个我们大人常常用的办法帮孩子把水装满。

想想看，在这样无微不至的“关怀”下，我们的孩子将会失去什么？要知道，太多的爱和照顾会使孩子成为温室里的花朵，是经不起风吹日晒雨淋的。你把本该由孩子自己做的事情都做了，本该由孩子思考的问题都解决了，那么孩子还有什么自信、骄傲的资本？孩子在今后遇到问题、困难的时候还能坚韧地独自解决吗？

自信特质培养

如果父母总是把一切事物都安排得十分妥帖周到，从来不去想什么是需要孩子自己去考虑、想办法、处理、解决的，长此以往便会扼杀孩子的独立思考能力，更谈不上解决问题的自信和态度了。父母可以从以下几个方面，培养孩子独立思考的能力。

为孩子创造一个思考的氛围

父母不能因为孩子太小，需要成人照顾，就把他看成是成人的附属品，受成人支配。孩子是一个完整、独立的个体，应该有自己的世界、自己的空间，比如要允许孩子有稀奇古怪的想法存在，给孩子一块由他自主“摆摊”的地盘，接受孩子对自己的合理建议，相信孩子们的每一次保证等。

父母应该经常与孩子一起逛博物馆、动物园、科技馆等，和孩子一起阅读或看电视，然后问孩子看到了什么，听到了什么。

让孩子学会思考

父母在与孩子相处和交谈中，要留给孩子自己思考的余地，要给孩子提出自己想法的机会。父母可根据交谈内容经常发问，如，“这两者有什么关系？”“你觉得怎么做会更好？”“你的想法有什么根据？”等。当孩子在想问题时，父母不要太心急，应该留给孩子足够的思考时间，尤其不要轻易把答案告诉他们。孩子答错了，可用提示性的问题帮助他们思考，启发他们自己去发现和纠正错误。

正确认识孩子的好奇心

孔子说：“学而不思则罔。”这句话说明了学习与思考的关系，强调了思考的重要性。翻开历史，我们可以发现几乎所有的科学人才都有超出常人的强烈好奇心，如居里夫人、爱迪生、达尔文等，他们都是从幼年时期即有相当强烈的好奇心。当孩子头脑中有疑问时，他们便开始一连串地发问，“为什么？”“怎么回事？”“怎么会这样？”家长如果正确引导，不压抑他的好奇心，孩子的求知欲必定会越来越旺，因为孩子的好奇正是探究新奇事物的开始。

6. 特质六：顽强进取

顽强进取精神是人的性格中的一种个性特征，它能推动儿童顽强地向着未知领域进行不停地探索，促进儿童智力的发展，强化孩子的自信心和坚强意志，是现代儿童成才的重要素质条件。为此，家庭教育应大力培养儿童的进取品格，使他们永远不满足现状，不怕困难，不畏险阻，满怀信心地奋勇前进。

有一天，尼尔去拜访毕业多年未见的老师。老师见了尼尔很高兴，就询问他的近况。这一问，引发了尼尔一肚子的委屈。尼尔说：“我对现在做的工作一点都不喜欢，与我学的专业也不相符，整天无所事事，工资也很低，只能维持基本的生活。”老师吃惊地问：“你的工资如此低，怎么还无所事事呢？”“我没有什么事情可做，又找不到更好的发展机会。”尼尔无可奈何地说。“其实并没有人束缚你，你不过是被自己的思想抑制住了，明明知道自己不适合现在的位置，为什么不去再多学习其他的知识，找机会自己跳出去呢？”老师劝告尼尔。尼尔沉默了一会儿说：“我运气不好，什么样的好运都不会降临到我头上的。”“你天天在梦想好运，而你却不知道机遇都被那些勤奋和跑在最前面的人抢走了，你永远躲在阴影里走不出来，哪里还会有什么好运。”老师郑重其事地说，“一个没有进取心的人，永远不会得到成功的机会。”

如果一个人把时间都用在了闲聊和发牢骚上，就根本不会想用行动改变现实的境况。对于他们来说，不是没有机会，而是缺少进取心。当别人都在为事业和前途奔波时，自己只是茫然地虚度光阴，根本没有想到去跳出误区，结果只会在失落中徘徊。

没有进取心就意味着安于现状，不想努力挣脱现状，那么在身体中潜伏着的力量就会失去它的效能。更为可怕的是，一个没有顽强意志去要求进步的人必定会被“自封”的无力和霉运所挟持，让自己的信心渐行渐远，认同自己的卑微和软弱，从而陷入一种由自卑导致失败，越是失败就越是自卑的恶性循环。没有进取心，就永远走不出自卑和失败的阴影。

曾经有这样一位让美国人民和世界人民怀念的卓越的政治家，早年没有声名显赫的出身，也没有受过系统的教育，但他却有一种不同寻常的积极进取的精神品格。

他9岁失去母亲，从小参加劳动，放牛种地，和父亲一道披荆斩棘，开路拉车。离家后，给人当店小二、邮递员、测量员。贫穷的出身和痛苦的生活并没有使他在生活的激流中退却、萎缩，反而激励着他勇于进取、积极自信、顽强拼搏的优良品格的形成。贫穷的生活使他接触到善良的人们，认识到社会的不平等；下层社会的经历使他意志刚强了，心胸豁达了；进取的精神使他在劳作之余发奋地读书学习，能想到别人不敢想、能做到别人不敢做的事情。最后，他终于成功了，并于1861年当选为美国第十六届总统。

他就是美国最有影响的总统——林肯。他的最大功绩就是解放黑奴，使美国资本主义经济得到很大发展，奠定了世界强国的基础。林肯逝世一百年后，美国举行民意测验，请人们在历届四十位总统中挑选出最佳总统，结果，林肯名列榜首。

同许多伟人一样，林肯的成功，主要是取决于他坚忍不拔的进取精神。从这一典型的事例中，我们做父母的不难得到启示：要想使孩子步入成功大道，需从小培养孩子积极进取的精神。可以说，一个没有进取精神的孩子是很难有真正的自信的，而这样的孩子在步入社会以后也是很难取得成就的。

现在的孩子大多都是独生子女，是家里的“小皇帝”、“小公主”，家人的宠爱和优越的物质生活条件使得这些孩子往往得不到锻炼自己的意志和品格的机会。但是生活是现实而残酷的，一个不具有顽强意志不能积极进取的孩子必将是自卑的、怯懦的，将来必将无法在社会上很好地立足和发展。所以，家长们要充分认识到这个问题的迫切性，从现在开始培养孩子顽强进取的精神品质。

自信特质培养

一些家长反映孩子平时不求上进，对成绩、表彰反应平平，好了也不激动，差了也不着急，总觉得自己“比上不足，比下有余”。其实，进取心来自于对成功的体验，孩子经常体会到学习的成功和快乐，获得肯定和表扬，这样就会使他们喜欢学习，产生自信心和进取心。那么，家长要如何培养孩子的进取心呢？

停止指责和批评

这是不能改变的事实：家长经常的指责与批评，只能对孩子造成更大的伤害，产生更多的麻木，还会毁坏亲子之间的感情。所以，父母不妨多表达理解，多和孩子交流一些学习以外的事情。这是使孩子接受教育的前提。

建立正确的比较方法

不要经常拿自己的孩子和别人比，而是要纵向地让孩子自己和自己比。要让孩子看到自己每天的进步，并加以鼓励。

帮助孩子创造感受成功的学习机会

可降低学习难度，让孩子多做些基础题和中等题。在学习时可以按先易后难、先轻松后繁重、先有趣后枯燥的原则进行。树立小的容易实现的目标，让孩子在并不困难的情况下完成任务，孩子实现目标之后自然会获得成功的满足感。

锻炼意志

锻炼孩子多从事需要耐力的活动，比如登山、长跑等。对孩子的事不要大包大揽，要允许他们自己做，相信他们的能力，允许他们出错、反复、重新开始。

期望和信任是必不可少的进取动力

作为父母，可以多与孩子沟通，把对孩子的信任和期望表达出来，并对微小的进步及时给予鼓励，帮助孩子分析、面对困难与挫折，这样不但可以愉悦心情，还可以促进进取。

7. 特质七：有责任心

责任心不像知识、技能和能力那样明晰可见，但它是能力发展的催化剂，是自信心坚定的基石。一个对自己有责任心的孩子，自信水平高，让家长省心；一个对他人有责任心的孩子，亲善行为多，让家长宽心；一个对集体和社会有责任心的孩子，人小志气大，让家长放心。因此，有责任心的孩子表现出很多优点：自信、自觉、自立、自强。可以说，责任心是一个人走向成功和幸福的必备条件，而缺乏责任心的人往往不懂得自我激励与鞭策，与成功擦肩而过。

某公司要裁员，下岗名单公布了，有内勤部的小张和小王，规定1个月后离岗。那天，大伙看她俩都小心翼翼地，更不敢多说一句话。因为她俩的眼圈都红红的，这事摊到谁头上都难以接受。

第二天上班，小张心里憋气，情绪很激动，什么也干不下去，一会儿向同事哭诉，一会儿向主任伸冤，什么订盒饭、传送文件、收发信件这些她本应该干的活，全扔在了一边，别人只好替她干。而小王呢，她也哭了一个晚上，可是难过归难过，距离职还有1个月呢，工作总不能不做。而且，她坚信，这个岗位没有人比她更合适，她相信自己的努力一定能得到应有的回报。于是她默默地打开电脑，拉开键盘，继续打文稿、通知。同事们知道她要下岗，不好意思再找她打字了。她特地和大家打招呼，主动揽活。她说："是福不是祸，是祸躲不过，反正也就这样了，不如好好干完这个月，以后想给你们干都没机会了。"于是，同事们又像从前一样，"小王，把这个打出来，快点儿！""小王，快把这个传出去！"，小王总是连声答应，手指飞快地敲打着，辛勤地复印着，随叫随到，坚守着她的岗位，坚守着她的职责。1个月后，小张如期下岗，而小王却被从裁员的名单中删除，留了下来。主任当众宣布了老总的话："小王的岗位谁也无法代替，像小王这样的员工公司永远也不会嫌多！"

从案例中显然可见，责任心对一个在社会中求生存的人来说是多么的重要，而一个有责任心的人也必定是个有自信心懂得自我激励的人。在孩子的成长时期，家长必须给孩子灌输对自己负责的观念，从小就引导孩子自己的事由自己做主，自己负责，教育孩子用责任担当自信的动力。家长应该让孩子懂得，每个人必须对自己的一生负责。一个人学习好还是不好，将来当科学家还是当普通职员，过富裕的生活还是过受穷的日子，成功辉煌地度一生还是失败暗淡地混一辈子，都取决于他自己。当一个人对自己的生命负起责任时，他就无所畏惧，就不会再去找借口来掩盖自己失败的原因，就会由被动地努力，变成主动地奋斗。

君君是一个非常聪明、性格开朗的孩子，喜欢跟小朋友玩儿，但他有一个小毛病，就是"常有理"，总是找借口为自己辩护，把责任推到其他事物或人身上。这不，刚玩完玩具，妈妈让他收拾，他说："一会儿我还玩呢！"过了一会儿，妈妈再让他收拾，他就说："我累了，想休息休息。"可是如果有小朋友来自己家里，他就责问人家为什么不收拾玩具，妈妈说："你是小主人，你应该带头收拾呀！"他却说："玩具是他玩儿的，应该他收，小朋友要自己的事情自己做。”君君仿佛什么事情、什么道理都明白，但是什么都不愿意自己做。对于这个聪明却不好说服教育的儿子，妈妈真是拿他没有办法。

像君君这样自己能做好的事情却不自己做，做错了事情不承认，习惯在别人身上找原因的现象，在其他孩子身上也普遍存在。这类问题的关键就是孩子没有建立一定的责任心，这样的孩子在遭遇困难、挫折或责任的时候往往会表现出软弱、迷茫甚至自卑、逃避的现象。

造成孩子缺乏责任心的原因主要有两个：第一，孩子没有独立负责的机会。家长给予孩子过度的保护，致使孩子没有机会独立做本该由他们负责的事，久而久之，孩子的依赖性越来越大，不但认为父母为他做事是理所当然的，而且还会用命令的语调指使父母。家长这种对冷暖饥饱、人身安全等的过度保护会对孩子的心灵造成伤害。只有让他们独立了，他们才能懂得关心、尊重别人，从而相信自己。第二，家长没有教会孩子如何对自己负责，如何对别人、对社会负责。父母是孩子终身教育的第一任老师，孩子缺乏责任心，父母负有不可推卸的责任，与其抱怨，不如采取措施，教会孩子对自己、对别人、对社会负责。孩子的责任心是在日常生活中逐渐培养出来的，它需要细心呵护、耐心引导。

自信特质培养

所谓责任心，是指一个人对其所属群体的共同活动、行为规范以及他所承担的任务的自觉和负责的态度。它主要包括责任认识、责任感和负责行为三个方面。如果孩子对责任心认识不清，甚至错误地认为那是家长的事，是老师的事，是其他同学的事，那么出现问题就在所难免。那么，家长要从哪几个方面入手去培养孩子的责任心呢？

提高孩子对责任的认识

孩子之所以没有责任心，首先是对责任认识不足。家长有必要把孩子应该做的事情如学习、做家务等的目的告诉孩子，使其认识到活动的意义和价值，如生存、自我实现、报效祖国等，以端正态度。同时，要逐步培养并不断强化孩子的责任意识。要联系实际，向孩子讲明哪些是对家庭、学校、社会应尽的责任，怎样才能履行这些责任。

帮助孩子建立责任感

从思想教育入手，讲明每个孩子都肩负着建设社会、建设祖国的重任，引导孩子树立正确的远大理想。增强主体意识，引导孩子认识自己的主体地位，想办法发挥它的作用。同时，家长要及时对孩子的负责行为做出评价，正确引导，使之认识自己在履行责任方面的对或错。

培养孩子的负责行为

要通过提供和创设各种履行责任的机会来进行培养。例如，要求孩子必须对自己居住的环境负责，提出整理内务、打扫清洁等目标，看他是否能自觉地坚持不懈地做好。家长对孩子履行责任的情况要检查，并要评价、督促。

8. 特质八：积极乐观

乐观是指面临困难时精神愉快、充满自信的状态。对于孩子来说，与乐观相关的心理素质包括：能够依赖想象力和对未来的展望，忍受眼前的不适应；听得懂和相信大人的劝告，调整自己的需要；在情绪与理智的较量中，能够较为成功地摆脱情绪的控制；抽象思维有了一定的发展，能够预见事物的未来发展趋势……积极开朗的孩子人见人爱，有调查显示，乐观的孩子更自信，也更容易接近成功。因此，培养一个积极乐观的孩子几乎是所有父母的心愿。

有这样一则寓言：

有两个人，一个叫乐观，一个叫悲观，两人一起洗手。端来了一盆清水，两个人洗了手，但水还是很干净的。

悲观就说："水还是这么干净，怎么手上的脏物洗不掉啊?"

乐观却说："水还是这么干净，原来我手一点都不脏啊!"

几天后，他们又一起洗手，洗完了手，盆里的清水变的很脏了。

悲观就说："水变得这么脏，啊！我的手怎么这么脏呢?"

乐观却说："水变得这么脏，瞧，我把我手上的脏物全洗掉了!"

瞧，面对同样的结果，不同心态的人，所得出的感受也是不一样的。

乐观是一种积极自信的生活态度。当孩子学会用乐观积极的心态对待生活时，他的未来就会充满灿烂的阳光。爸爸妈妈应当知道，乐观的孩子一定会比悲观的同伴更易成功。

有一对美国兄弟，一个出奇的乐观，一个却非常的悲观。他们的爸爸妈妈希望兄弟俩的性格都能改变一些。于是，一天，他们把那个乐观的孩子锁进了一间堆满马粪的屋子里，把悲观的孩子锁进了一间放满漂亮玩具的屋子里。

一个小时后，他们的爸爸妈妈走进悲观孩子的屋子时，发现他坐在一个角落里，一把鼻涕一把眼泪地在哭泣。原来，他不小心弄坏了玩具，怕爸爸妈妈会责骂自己。

当爸爸妈妈走进乐观孩子的屋子时，却发现孩子正在兴奋地用一把小铲子挖着马粪，把散乱的马粪铲得干干净净。看到爸爸妈妈来了，乐观的孩子高兴地叫道："爸爸，这里有这么多马粪，附近肯定会有一匹漂亮的小马，我要给它清理出一块干净的地方来!"

这个乐观的孩子就是后来的美国总统里根。他从报童到好莱坞明星，再到州长，直至当上了美国总统。这中间，乐观的性格起到了很大的作用。

乐观是成功的催化剂，悲观是失败的孵化器。培养孩子的乐观精神就是在点燃孩子对自己、对未来、对成功的希望之火。乐观的人总是认为自己命运不错，即使遇到一些挫折，他还是深信自己能够扭转颓势，继续努力下去。他们相信自己有能力改善现状，即使处于不幸，他们还是认为自己能够克服不幸。

许多心理辅导工作者都认为，这样的生活态度与童年的快乐经历有关，特别是与爸爸妈妈的关爱和乐观的态度有关。

在家人眼里，5 岁的甜甜是个“爱哭宝宝”。什么事都得顺着她，稍有不如意，她就会悲观难过。例如，晚饭时她不想喝粥，非要喝饮料，妈妈劝她吃完饭再喝，她就会以为是饮料没有了，大哭起来；周末下大雨，本来说好了要去公园的，甜甜看着大雨会哭很长时间，得费很多口舌才能把她哄高兴；在幼儿园里，阿姨只要一小会儿没有照顾到她，她就会哭，认为自己不如其他小朋友好。妈妈真不明白，女儿为什么这么小心眼儿，她是不是太敏感了？怎么才能让她变得开朗乐观呢？

大人和孩子都会遇到挫折，只不过善于渲染心事的成人会把自己的困难描述为“风风雨雨的波折”，而不善于传达心情的孩子所遇到的困难常常被成人忽略为“鸡毛蒜皮的琐事”。其实将心比心，成人的心已经被岁月磨出了老茧，可孩子的心却还是迎春萌发的蓓蕾，怎么禁得起风吹雨打呢？在日常生活中，一件很小的事情就可能挫败孩子的自信心，让他情绪低落、失望，甚至悲观痛苦。

要想让孩子变得乐观一点，爸爸妈妈首先必须能区分乐观和悲观这两种性质截然相反的思想情绪。根据专家的解释，两者之间最大区别就是对有利和不利事件原因的解释。

乐观的人认为，有利的、令人快乐的事情不仅总是永久的，而且是普遍的。他们能努力促使好事发生，而一旦不利的事件发生了，他们也能将其视为暂时的，不具普遍性的，对其发生原因也能采取乐观豁达的态度。而悲观的人考虑的恰恰相反，认为好事总是暂时的，坏事才是永远的；好事只是靠碰运气，偶然发生的，坏事才是必然的。在解释坏事发生原因时，他们也常常犯错误——或是每件事情都责怪自己，或是全都诿过于他人。

在逆境中做最坏的打算是应该的，但在日常生活中就无须如此了，否则故意夸大事情的严重程度，并且在感情上对夸大的事情而非实际情况做出同步反应，这会严重影响孩子的自信心和积极性。这时，如果爸爸妈妈认同了孩子的悲观想法，往往还会加重他的悲观情绪。

自信特质培养

那么，家长要怎样去培养孩子积极乐观的精神品质呢？

勿对孩子控制过严

作为家长，当然不能对孩子不加管教、听之任之，但是控制过严又可能压制儿童天真烂漫的童心，对孩子的心理健康产生消极作用。不妨让孩子在不同的年龄阶段拥有不同的选择权。只有从小就能享受选择权的孩子，才能感到真正意义上的快乐和自在。

鼓励孩子多交朋友

不善交际的孩子大多性格抑郁，缺乏自信，因为他时时可能遭受孤独的煎熬，享受不到友情的温暖。不妨鼓励孩子多交朋友，特别是同龄朋友。本身性格内向、抑郁的孩子更适宜多交一些开朗乐观的朋友。

让孩子爱好广泛

一个孩子如果仅有一种爱好，就很难保持长久的快乐感觉。试想，一个只爱看电视的孩子一旦电视没有合适的节目，心头必然会郁郁寡欢。相反，如果孩子看不成电视时爱读书、看报或做游戏，同样可乐在其中。

引导孩子学会摆脱困境

即便是天性乐观的人也不可能事事称心如意，永远快乐。父母最好在孩子很小时就注意培养他们应付困境、逆境的能力。要是孩子一时还无法摆脱困境，也可以教育孩子学会忍耐，或在逆境降临之时寻求另外的精神寄托，如参加运动、游戏、聊天等等。

创建快乐的家庭气氛

家庭的气氛，家庭成员之间的关系，在很大程度上会影响孩子性格的形成。研究表明，孩子在牙牙学语之前就能感觉到周围的情绪和氛围，尽管当时他还不能用语言来表达。可以想见，一个充满了敌意甚至暴力的家庭，绝对培养不出开朗乐观的孩子。

9. 特质九：坚持不懈

一个具有坚持不懈的精神品质的人通常都会是一个高度自信的人，这样的人更容易接近成功。对于孩子来说，坚持不懈的最好体现就是做事不半途而废，有始有终。家长要培养孩子的自信心，就要注意培养孩子坚持不懈的特质，教会孩子无论是在顺境还是在逆境中都要坚忍不拔地朝着自己的目标努力前进。

古希腊时代有一位最有智慧、为追求真理而死的圣人——苏格拉底。传说他曾办私学，教授学生。开学第一天，他对所有的学生说：“今天只学一件最简单最容易的事，每人将胳膊尽量往前甩，再尽量往后甩，重复300次，以后每天坚持这样做。”

当时学生们都感到好笑，因为这些学生都是全国各地慕名而来的高级精英，他们都想从这位希腊最睿智、最伟大的哲人那里学到为人处世的绝妙策略和治国平天下的高深学问，学生们所期盼的第一节课应该是老师的一番鼓舞人心的提纲挈领性的精彩演说。而出乎所料，老师的第一节课却那么的无聊、简单。但是鉴于老师的威望，每人都按照老师的要求甩了至少300次胳膊。

一个月后，苏格拉底请坚持在做甩胳膊300次运动的学生举手，结果90%的学生都举起了手；半年后，苏格拉底又请坚持在做甩胳膊300

次运动的学生举手，结果仅有50%的学生举起了手，也就是说已经有了一半的人没有坚持下来，忘记了老师的教导；一年后，苏格拉底再问，则只有一个人举起了手，这个人就是古希腊历史上与其师苏格拉底齐名的伟大哲学家——柏拉图。

坚持不懈的品质对一个人的成长以及发展有着相当大的作用，这主要体现在两个方面上。其一，任何成功与成绩都不会从天而降。宝剑锋从磨砺出，梅花香自苦寒来。不懂得坚持不懈的人是很难得来最后的成功的。其二，就是坚持不懈之于自信心的重要作用。毫无疑问，一个真正具有坚定自信并且具有与之一致能力的人，都具有坚持不懈的精神品质。而一个具有坚持不懈精神的人往往也都有坚强的意志与坚定的自信。

在生活中，许多孩子稍微遇到一点困难便轻言放弃，不自信，认为自己不行，或者怨天尤人，这不得不引起家长的重视。毋庸置疑，培养孩子坚持不懈的意志品质应该从小做起。您的孩子是否总是这样：做事缺乏计划性，想什么时候做就什么时候做，想什么时候放弃就什么时候放弃；经常事情做到一半就放弃；不知道为什么要坚持和怎样坚持。如果是，那么作为家长，您就要注意培养和锻炼孩子的坚持性了。

研究表明，2～3岁的儿童就已经开始出现了坚持性，但总体上看，3岁左右的孩子坚持性发展水平是很低的，3岁前儿童往往很容易放弃有难度的活动。4～5岁的儿童坚持性水平获得了很大的发展，更愿意坚持做好每一项活动。因此，分析孩子的意志品质，就应该把孩子生理和心理发展联系起来。这时，家长可以为孩子布置难度适宜的活动，以训练他们的坚持性，并通过言语、物质等激励手段，帮助孩子坚持做好每一件事情，培养他坚持到底的意志和信心。

1998年11月，在西班牙的奥罗佩萨，世界国际象棋儿童分龄组冠军赛正在这里紧张地进行着，来自82个国家和地区的选手中，一位中国小姑娘引人注目，她在已完成的前九轮较量中保持全胜，提前两轮捧走了16岁年龄组比赛的冠军奖杯。“这是新的奇迹，中国人天生会下棋!”

在这位中国小姑娘无可争议地夺冠后，一位西班牙资深棋手感慨地说。

这位小姑娘就是王瑜。她的成功，与父亲王振虎的悉心培养密不可分。

学习棋艺是一个枯燥乏味而又异常艰苦的过程，时间一长，小王瑜难免有些厌倦。为了鼓励女儿坚持不懈地学下去，王振虎跑遍了津京书店，搜集国际象棋书籍，每买到一本新书，王振虎都要在书的扉页上摘抄一两条名言警句，有时甚至不辞辛苦专程赶到北京，只为给女儿求得棋界名人的一句赠言和一个签名。王振虎将自家的生活费压了又压，多年来，夫妇俩没添过一件新衣服，家里没添置过一件电器，但无论生活多苦，王振虎都从未动摇过支持女儿学棋的决心。

父亲面对困难的勇气和坚持不懈的态度深深地感染着小王瑜，她暗下决心，一定要努力学成棋艺，早日替父亲分忧，同时，她觉得自己具有前所未有的坚定的自信。功夫不负有心人，几年之后，她不但拥有了父亲那些优秀的品质，还获得了巨大的成功。

有的家长抱怨，我的孩子干什么事都没有长性，总是半途而废，要能坚持就好了。事实上，坚持不懈就是意志品质的重要特征。比如，有的孩子做事情虎头蛇尾，一开始决心很大，干劲很足，但是三天热乎劲儿，后边就稀松平常了。这种孩子意志品质的优势在确定目标、确定行动阶段，而弱点就在于坚持性上。实际上，坚持不懈的精神也是绝大多数孩子最为缺少的意志品质。

一个做事“三天打鱼，两天晒网”的孩子对于自己的意志观念一定是很淡薄的，或者说他对自己很少会有要求和期待。这样的孩子绝大多数都不对自己抱有自信，做事得过且过，遇难则退，较起真儿来则显得自卑而懦弱。长期如此，孩子恐怕永远都难以取得真正意义上的成功。对待这样的孩子，在确定目标之后，要打预防针，提醒他一旦干起来，就要克服困难坚持下去。在行动过程中，则要帮助孩子正视困难，克服困难，加大自我管理的力度，不断地激励他，坚定他的自信。在接近目标时，尤其要讲清“行百里者半九十”的道理。有几次这样的过程，孩子的薄弱意志就会得到好转。

自信特质培养

那么，具体实行起来家长要怎么做呢？

让孩子懂得坚持不懈的重要性

应经常告诉孩子，坚持就是胜利，坚持就能成功。对孩子坚持做事的习惯，家长应给予及时鼓励，要求并督促孩子将每一件事情做完。锻炼孩子的意志，家长要有决心和恒心，要舍得让孩子吃苦。

教育孩子做事有计划、有目的

培养孩子坚持不懈的精神，是一个循序渐进的过程。开始，家长可帮助孩子计划任务，待孩子有了初步的计划意识，就可以逐渐让孩子自己安排自己的事情。在此活动中，关键是让孩子坚持，及时发现孩子的兴趣，培养孩子的毅力。

给孩子制定目的、任务要适宜

明确努力的目标。要坚持不懈的努力，首先要树立一个目标。为了培养孩子的好习惯，父母要不时帮助孩子明确目标，然后再督促孩子持续地努力以完成目标。

要提高完成某一任务的信心

要帮助孩子学会克服困难，提高完成某项任务的信心。交给孩子任务时，要把任务交待具体，并提醒他在完成任务中可能会遇到的困难，让孩子有充分的思想准备，再教给孩子一些克服困难的方法，使孩子做到心中有数，以增强其完成任务的信心和勇气。

在原则问题上决不让步

要让孩子养成坚持不懈的习惯，是一项长期而艰巨的任务。在这个过程中，父母切不可一时心软就对孩子让步。有了第一次就有第二次，长此以往，所谓坚持不懈就会变成一句空话。

10. 特质十：善于自控

一个不善于自控的人恐怕永远都不会有真正的自信，即使自信，也仅可能是盲目的自负。这一点对儿童来说尤为显著。一般来说，自信心来自于对自己稳定而持久的性格、意志和能力的准确把握和掌控上。显然，不善于自控的孩子无法做到这一点，这样，距离成功自然也远了一步。所以，如何培养孩子的自控能力是家庭教育培养孩子自信心的一个重要内容。

自我控制力是儿童意志发展的基础，而坚强的意志也是新型人才的必备条件。自我控制力特别差的孩子往往表现为过于任性、冲动或者自卑、怯懦，这会严重影响孩子人际交际和智能的发展，容易造成性格偏异。孩子的自我控制能力较差，不善于控制自己的行为和愿望，这是与其生理发展密切相关的。另外，自控力差还同其受教育的环境有关，如果周围成人经常溺爱他、迁就他，任其所为，那么孩子必然或多或少地失去自控力。

一个商人需要一个伙计，他在商店的窗户上贴了一张独特的广告："招聘：一个能自我克制的男士。每星期 40 美元，合适者可以拿 60 美元。""自我克制"这个词语引起了争论，这引起了小伙子们的思考，也引起了父母们的思考，自然也引来了众多求职者。每个求职者都要经过一个特别的考试。

吉姆也来应聘了，他忐忑地等待着，终于，该他出场了。"能阅读吗?""能，先生。""你能读一读这一段吗?"商人把一张报纸放在吉姆的面前。"可以，先生。""你能一刻不停顿地朗读吗?""可以，先生。""很好，跟我来。”商人把吉姆带到他的私人办公室，然后把门关上。他把这张报纸送到吉姆手上，上面印着吉姆答应不停顿地读完的那一段文字。阅读刚一开始，商人就放出6只可爱的小狗，小狗跑到吉姆的脚边。

这太过分了，许多应聘者都因经受不住诱惑要看看美丽的小狗，视线离开了阅读材料，因此而被淘汰。但是，吉姆始终没有忘记自己的角色，在排在他前面的70个人失败之后，他不受诱惑一口气读完了材料。商人很高兴，他问吉姆：“你在读书的时候没有注意到你脚边的小狗吗?”吉姆答道：“对，先生。”“我想你应该知道它们的存在，对吗?”“对，先生。”“那么，为什么你不看它们?”“因为我告诉过你我要不停顿地读完这一段。”“你总是遵守你的诺言吗?”“的确是，我总是努力地去做，先生。”商人在办公室里来回走着，突然高兴地说道:“你就是我想要的人。”

显然，无论从哪一方面来说，增强自我控制能力都是十分必要的。良好的自我控制能力，是一个人优秀的表现。我们中国人常说的修身养性，其中就包含了自我控制的能力。可以这样说，当一个人真正学会自我控制时，他才能真正成为自己的主人。

培养儿童的自我控制能力是对儿童教育的一个重要组成要素。在日常生活中，我们常常可以看到，孩子在打针时虽然嘴里说“不哭，不哭”，但眼泪却早已流了下来；明明知道上课不能随便说话，但就是忍不住要说；看到好玩的玩具，就忍不住要让父母买，这些都是孩子自我控制力缺乏的表现。自我控制力的缺乏是影响儿童自我控制行为出现的一个重要原因。可见，培养孩子的自我控制能力对于家长来说是多么迫切和重要的一件事。

张女士参加喜宴回来，带回两块糖。给了女儿一块，留在手里一块。

“这块留到明天再吃，好不好?”张女士问女儿。

“好!”女儿爽快得让她吃惊。可还没到两分钟，孩子就把糖嚼碎咽下去了。

“这么快就吃了啊?”张女士有点生气。

“妈妈，含在嘴里，大灰狼来了会把糖抢跑的，吃到肚子里它就抢不走了！”女儿边说边看着妈妈的手。“妈妈，把那块也藏到我肚子里，好吗？”

张女士哭笑不得。瞧，孩子要吃糖的理由够不够冠冕堂皇？

生活中可以看到，孩子的不自控行为常常会伴随着产生一些不良的后果，包括对自己和对他人的。由于自我中心化倾向较强，他们往往更多的是站在自己的角度，而不是他人的角度来考虑问题，只根据自己的意愿而行动，而很少考虑他人。因此作为家长，应该有意识地培养和提高孩子的“移情能力”，提高孩子对他人情绪情感的敏感性，学着站在他人角度，感受和理解自身行为对他人所造成的影响，从而有意识地控制和调整自己的行为，以提高自我控制的水平。实际上，孩子对他自己的自控力是有意识的。当他具有了主观自主的自控力的时候，他对自己的评价会相应地提高，自信心也会空前高涨。

人生的成功与否与自控能力确实有着极为重要的关系。心理学家曾做过一个有趣的“果汁软糖”实验，他们把糖分给一些 4 岁的孩子，告诉他们如果过一段时间再吃就可以多得一颗糖。结果，有的孩子坚持着等待，而有的孩子却没能坚持。经跟踪调查发现：那些在 4 岁时能以坚忍换得第二颗糖的孩子通常自信心强、开朗、社会适应性强；而那些早年经不起果汁软糖诱惑的孩子则更多地表现出自卑、孤僻、易受挫折，并往往屈服于压力，逃避挑战。

自信特质培养

在培养孩子形成自我控制能力的问题上，家长要从哪些方面注意呢？

对孩子的欲望要适当地采取延迟满足

比如，当孩子想买一样东西时，家长可以有意识地往后推一段时间再满足他的要求。因为对于一个幼小的孩子来说，能克制自己想得到某个东西的欲望，延迟几天，就是一种很好的自制力的锻炼。孩子良好的自制力不可能一蹴而就，家长千万不要操之过急，在培养孩子自制力的过程中，要根据孩子的不同水平提出要求，务必循序渐进。

在日常生活中训练孩子的自控能力

比如，何时起床，何时就餐，何时到幼儿园，都应有要求，有规矩。在这种规范的约束下，孩子就会有意识克服自己的惰性，努力实现目标。然后，由这些日常小事进而扩大到社会道德、社会责任感的强化，逐渐锻炼孩子的自控力。

对孩子不要溺爱

溺爱只能使孩子任性、自私、意志薄弱，不善于克制自己。这方面，家长的态度要统一，对孩子的要求要前后一致，该坚持的就要坚持，不要迁就其不合理的要求。同时，应帮助孩子进行行为识别，让其知道，有些事能做，有些事不能做。这种教育久了，孩子心中的道德“天平”也就逐渐地形成了，就会在行动之前有所考虑，有所节制。

要做孩子的表率

想要培养孩子的自控力，家长必须先善于控制自己，要为孩子做出表率。比如，家长在孩子面前，不要放任自己，随便发脾气，不要只顾玩，不顾家，否则，由于言传和身教之间的矛盾，就很难培养出孩子的自控力。

第二章 父母的态度决定孩子的心理

什么样的教育培养出什么样的孩子。家长在孩子成长的过程中的重要作用是不容忽视的，孩子的性格特质来自于其长期形成的稳定心理，而家长对孩子的教育态度就决定了孩子的心理特征：要想让孩子自信起来，父母的态度起着重要的烘托作用。

1. 播种一种信任，收获一种自信

孩子的自信很大程度上来自于父母的信任，这是一个逐步累加的过程。相信孩子，就是对孩子独立行为的信任和肯定，是对孩子自我价值的认同。信任，才能培养出自信的孩子。

在日常生活中，家长出于对孩子的关怀和疼爱，很容易出现一种“事必躬亲”的情况，认为孩子还小，不具备独立的行动能力，不能自己处理问题，所以要事事代劳。事实上，这种心理的实质是对孩子能力的怀疑，是对孩子的不信任。而这一点，往往是孩子所厌烦和不愿接受的。长此下去，孩子会给自己一个潜意识的心理定位：我什么都做不好——这就是自卑。

很多家长都在抱怨自己的孩子不自信、不争气、懦弱，其实，他们不知道，孩子没有自信、没有“成才素质”很有可能就是因为父母在孩子成长路上的“行为不当”，这其中可能就包括：爱孩子，却没有信任他。

1996 年，美国有一位身无分文的小青年，他特别看好电子商务，并下定决心在这个领域发展自己。在此之前，他一事无成而且自命清高。要开创自己看好的事业，那么资金的问题如何解决呢？他首先想到了父母。

当时他的父母有 30 万美元的养老金。当他找到父母并且向他们说明了用意后，他的父母只商量了一会儿，就把钱交给了儿子，并说道：“我们对互联网不了解，更不知道什么是电子商务，但我们了解、相信你——我们的儿子！我们相信你有这个能力。但你要做好迎接和面对一切失败的准备，因为，虽然你的父母相信你，但你不一定就能成功。”

这位青年面对父母的信任和客观的分析，庄重地点了点头。在以后的几年里，他的努力和成功是有目共睹的，他的自信心更是前所未有的强烈。他就是当今个人财富达105亿美元、大名鼎鼎的亚马逊书店的首席执行官——贝索斯。

父母对孩子的爱是世间最无私、最深厚的感情。父母爱孩子，当然希望孩子能出类拔萃，将来能成龙成凤。可是，父母们是否注意过自己爱孩子的方式？对孩子未来的美好期盼仅仅靠对孩子的关怀和疼爱就能成真吗？当然不是。

前苏联的苏霍姆林斯基有本著作叫做《要相信孩子》，其中说道："儿童的心灵是敏感的，它是为着接受一切好的东西而敞开的。"书中阐述了相信孩子、信任孩子的重要性。指出孩子无论是在天性中还是在后天的成长要求中，对信任的需求都是迫切的和必要的。事实就是这样。父母给予孩子充分的相信，会使孩子感受到自我价值的存在，以及自尊感和自立感的提升。这样，孩子会增强独立处理事物的积极性，勇气倍增地面对所遇到的困难，树立起强烈的自信心。在日常生活中，父母切忌搞"一言堂"，认为孩子什么都做不好，不会做，事事都要替孩子做主，给孩子拿主意。特别是孩子相对独立的生活圈和学习圈范围之内的事情，应该充分相信孩子的能力，放手任孩子独立地去处理。

父母能给予孩子的爱分为很多部分，它不单表现在优越的物质条件上，而更应该体现在对孩子的人格、能力和潜在素质的培养上。相信孩子，就是这诸多部分之一，而且是尤为重要的一部分。一个在父母营造的"蜜罐"里长大的孩子，缺失的第一是独立的人格，第二是面对困难的勇气，第三就是自信。连爸爸妈妈都不相信的孩子，谁还会信任他呢？这样的孩子，又如何去取得父母所寄予厚望的成就呢？所以，家长们要注意，不要把你对孩子的爱，变成对孩子的伤害。

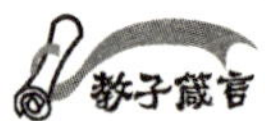

孩子的成长过程是不断地学习独立的过程，家长要给孩子充分

的空间和信任去独立面对生活中的各种困难、坎坷，不要怀疑孩子的能力。自信的养成需要锻炼和实践，家长应放手让孩子去体验生活，吃一点苦头也许会成为孩子养成自信心的基石。要培养出自信、坚强的孩子，就从相信孩子开始吧！

2. 孩子心，玻璃心

自信是孩子敢于独立认识和接触世界的基础。在孩子的成长过程中，自信的养成尤为重要，这将关乎他以后一生的处事行为甚至命运。但孩子的认知能力有限，往往无主观意识去建立和保持自信心。家长要在这个时候起主导作用。

自信心对一个人一生的发展所起的作用，无论在智力上还是体力上，或是处世能力上，都有着基石性的支持作用。自信就像人的能力催化剂，能将人的一切潜能都调动起来，将各方面的功能推动到最佳状态。而高水平的发挥会在不断反复的基础上，巩固成为人的“常态”的一部分，将人的能力提高到一个新的水准。一个孩子的成长路线如果是沿着这样的积极上升式行进，可以想象其积累效果是十分可观的。在许多伟人及成功人士身上，我们都可以看到这种超凡的自信心，正是这种自信心的催化作用，使他们不断努力，百折不挠，并在失败中看到希望，最终获得成功。

可是在日常生活里，家长们是否注意到保护孩子自信的重要性了呢？是否经常地在无意中打击到孩子的自信心呢？

小伟是个 11 岁的男孩子，酷爱踢足球，周末的时候经常一玩就是一整天，电视直播足球比赛他也从来都是一场不落。今年夏天小伟参加了学校组织的少年足球队，凭着他经常锻炼而收获的技术和经常看球而得到的经验，他成为了足球队的队长，球队的训练老师很看好他。

可小伟妈妈对此颇有微词，一来小伟学习成绩很一般，平时的课余时间很少用来学习，而是整天地踢球；二来她认为踢足球只是小孩子一时的喜好，花时间和精力在上面完全是浪费，还不如去参加个特长班，学学美术或者音乐。她和小伟谈了几次，可小伟都没当回事。

这天周六，直到下午四点小伟才满头大汗地回到家，一进屋就兴高采烈地说："妈妈，今天是市少年足球赛的第一场，我们5∶1轻松地赢了二小学队，我一个人进了三个球，太棒了！哈哈！"妈妈看着小伟脏兮兮的衣服和满头的汗水气不打一处来，怒气冲冲地说："你看你都成什么样子了！学习成绩不怎么好，一说到足球却头头是道，你看人家隔壁丽丽，没看见人家参加什么队什么班的，可每次考试都是前三名。你参加那个什么足球队有什么用？就是一大堆淘气孩子凑热闹。踢赢二小有什么了不起的，你能进国家队还是怎么着？明天赶紧给我退出！再这么下去我看你是没什么出息了！"说完，她生气地走进了厨房。小伟衣服还没脱完，愣愣地站在那里，好半天才低着头回自己的房间。

第二天周日，小伟去训练迟到了。在场上他一改平时的作风，像霜打的茄子一样变得垂头丧气。训练还没结束，小伟就找到球队老师，说完一句"退出球队了"就飞快地跑开了。

从那以后，小伟再也不像从前那样活泼开朗了，学习成绩也毫无起色。小伟妈妈现在也是干发愁，不明白到底是怎么回事。

家长出于关心孩子而打击到孩子的自信心甚至伤害到孩子的自尊心，这样的例子屡见不鲜。父母可能只是一时激动，口不择言，却会对孩子造成难以弥补的伤害和影响。

我们一心想让自己的孩子成为最出色的，却又不允许孩子用不同的方法去发现自己的能力，而是怀疑他们的能力，限制他们的发展。当三岁的孩子要帮妈妈收拾桌子，我们夺过碗碟，说："小宝贝，你会把碟子摔碎的。”为了不使碟子破碎，结果却使孩子的自信心破碎。孩子们努力去发现自己的长处和能力，他们喜欢跟在大人后面干这干那，充满了好奇心。孩子相信自己的能力，敢于帮妈妈做事，这是多么不容易，又是多么好的培养他的自信心的机会，可我们却泼冷水，把机会浪费掉了，真是拣了芝麻丢了西瓜。

也许妈妈是认为孩子现在还小，等长大了再让他做这些事不迟，但她已经无意识地打击了孩子的自信心，降低了孩子对自己能力的认识。要知道，孩子的心灵是很脆弱的，而孩子的自信更是像玻璃一样易碎，打碎容易，再粘起来可就难上加难了！

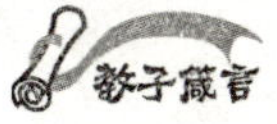

家长应该多站在孩子的角度看问题，了解孩子的兴趣和意愿，多分享孩子的成就感，鼓励孩子勇于追求。妈妈们要掌握好自己“唠叨”的分寸，言多必失，如果你的关爱方式伤害到了孩子的自信，就变得得不偿失、本末倒置了。

3. 失败一次没什么大不了

孩子的心理还很不成熟，在此基础上产生的一点自信也是相当的不稳定的。由于认知水平不高，孩子极有可能由于某些挫折而产生挫败感，因为一次失败而情绪低迷甚至一蹶不振，从而变得畏首畏尾，出现自卑心理。这时，对待孩子的“失败”，家长的态度就显得尤其重要了。

在孩子的成长过程中，强烈的独立意识会慢慢地出现。这个时候，他开始尝试着摆脱父母或其他人的帮助，自己去认识和接触这个世界。

比如，自己穿衣服，自己洗漱，自己去买东西，或者帮助爸爸妈妈做一些家务。这个时候的孩子是不懂得“力所能及”的意思的，那么，失败或者说挫折就在所难免。面对自己的失败，孩子往往会不知所措，失望、灰心甚至恐惧会充斥着他幼小的心灵。父母的态度在这个时候会起到极为关键和重要的作用。

面对孩子的失败，你是安慰、帮助呢，还是苛责、批评呢？明智的父母会选择前者，他们会安慰孩子：一次小小的失败而已，这没什么大不了的。然后帮助孩子找出失败的原因，鼓励他勇敢起来，坚强起来，再次尝试；不明智的父母可能就要批评甚至苛责孩子了：不让你这么做，你偏不听话，这么简单的事都做不好，笨蛋！

每个孩子在遭遇失败之前都是或多或少地存在一点“盲目”的自信的，然而就是这一点自信心，对孩子来说也是难能可贵的，是值得家长呵护和珍惜的。遭遇失败，孩子会产生挫败感，这时他的自信难免会动摇起来。而如果家长的态度再加剧这种挫败感，那么孩子的自信心就容易被打败，甚至破碎。

下面这个案例就是一个孩子因为一次小小的失败而导致失掉自信心的例子，而这个孩子的妈妈的态度很值得我们家长“防微杜渐”。

今年8岁的小红是个上小学二年级的小女孩，小红学习成绩优秀，在班级里担任学习委员。提起小红，爸爸妈妈经常以放心而骄傲的语气说：“我们女儿从小在家就聪明懂事，从来就没让我们操过心。学习成绩更不用说，从上幼儿园起就特别好，而且是班级里的学习委员。我们相信女儿在学习上肯定会一帆风顺，将来上个名牌大学，读硕士，读博士。”

可是很多事都并不会和人们预期的一样顺利，小红在上个学期开始的时候因为感冒得了肺炎，经过了一个月的住院治疗才康复出院。在小红重返校园的那一天起，困难来了。落下了一个多月的课程，现在小红上课根本就跟不上老师的进度，看着同学们学习的热情和状态，小红暗地里急得直想哭。接下来的月考让小红更为灰心了，她由以前班级的前三名下降到二十多名了，尤其是数学，她居然没有及格。小红是哭着把成绩单交给妈妈的。小红的妈妈是个急脾气，她知道孩子落下了不少课，成绩多少会受影响，但绝没想到小红的成绩会下降这么多，她气急败坏地说："你以前底子那么好，耽误了一个月而已就成了这个样子！看来以前的成绩也不见得就是真水平！我看啊，这样下去你今年要留级了，丢人啊！"

听了妈妈的话，小红的眼泪更是肆无忌惮了，接下来的几天她都像变了个人似的，什么都不说，只是低着头。后来每到考试前她都紧张得直哆嗦，成绩也一直没有赶上来。老师们都很惋惜：一次失败，孩子竟然变得这样自卑，真是可惜了！

我们都听过"失败是成功之母"这句话，要想取得成功，把失败作为历练是最好的办法。不要说是孩子，就是我们成人、家长也难免会遭遇失败与挫折，这是生活的"常态"，再正常不过了。在你遭遇失败的时候，你是否会觉得灰心丧气？是否会觉得自信受挫？答案是当然。那么你想过没有，孩子比你要脆弱得多，无力得多。当他遭遇失败的时候，如果你再大加责备和奚落，那么孩子还能拿什么去再次尝试，勇敢地站起来？孩子还会有什么自信心？

事实是，每个孩子都有失败的权利，都有可以尝试失败的机会。对于孩子来说，失败并不可怕，关键在于失败以后怎么保持或者重新建立自信，然后继续尝试。而这个时候，家长的态度显然是尤其主要的。

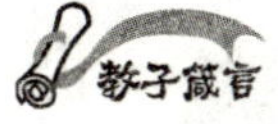

在孩子遭遇失败的时候，家长最应该做的是最大程度地减轻孩子的挫败感，安慰、鼓励、帮助孩子勇敢、坚强地站起来再次尝试。保护和重新建立孩子的自信心无疑是最重要的事情，因为这是孩子敢于探索和尝试的心理基础。想培养出自信的孩子，允许孩子失败是最根本的前提。

4. 鼓励是最好的糖果

鼓励就是把焦点集中在一个人的能力资质上，给予认同和嘉许，并建立个人的自重感。父母要鼓励孩子其实很简单，只要一再地贯彻使用，保证可以树立孩子的自信心和成就感，积极的期许加上不断的鼓励必可相辅相成。孩子往往是敏感的，却又常常认不清自己，所以，父母的评价作用格外重要。

孩子之所以是孩子，是因为他的认知能力有限。谁都无法苛求孩子如同成人一样为人处世，更何况作为成人的家长不也经常地说错话、做错事吗？家长应该正确面对和认识孩子的失败和错误，给予孩子支持和鼓励。一味地苛责和批评往往会令孩子感到无助、挫败，最后变得自卑甚至灰心丧气。如果换一种心态和方法去鼓励孩子，告诉他“你很棒”、“你能行”、“你做得很好”，那么，孩子必将能树立起强烈的自信，每一次的失败和犯错也许都能成为他进步的阶梯。

儿童具有很强的可塑性，来自于家长的评价和态度通常能决定孩子的心态。你给予孩子的是一片阳光，那么，孩子的天空就充满阳光；你给予孩子的是一片乌云，那么，孩子就会生活在阴暗里面。生活中的点点滴滴都是对孩子的教育，当然也都是对家长的“考试”。

小卓是个调皮的男孩子，虽然已经上了小学二年级，但还是经常淘气，总是将自己弄得脏兮兮的。自己的房间也总是一团糟却从不知道打扫。妈妈是个极爱干净的人，平时跟着小卓屁股后面给他收拾，耳提面命要他注意卫生，知道打理自己，可小卓是“左耳朵听，右耳朵冒”，从不见进步和好转。

前段时间的一个周末，小卓妈妈的同事郑阿姨带着孩子来做客。小卓妈妈从地铁站接客人回来一看，客厅里已经乱得不成样子：满地都是小卓的玩具，沙发垫都掉在了地上，吃完的果皮乱七八糟地摆在茶几上，电视遥控器被拆得七零八碎。小卓正趴在地上玩玩具。郑阿姨看见小卓妈妈脸都红了，解围说："小男孩都这么淘气，一看小卓的样子就知道很聪明。别生气，别生气了。"小卓妈妈强忍着没有发作，让小卓回自己房间去玩儿。中午要吃饭的时候郑阿姨的小女儿去小卓房间叫他吃饭，刚一开门就大喊了一句："小卓哥哥，你的房间好像猪窝！"小卓妈妈赶过去一看，早上她刚收拾好的房间又变得又脏又乱。她忍不住走过去拽起小卓打了他一巴掌，说："你看看你，脏得像猪一样。都这么大了也不知道羞，我都批评过你多少次了！真是烂泥扶不上墙，看见你这样我就生气！"小卓抹着眼泪没有出声。

郑阿姨对小卓妈妈说："孩子淘气在所难免，你不能总是这样教育他。时间久了孩子不但不听话，还会有逆反心理。"小卓妈妈说："是啊，我每天都不止一遍地批评他，给他讲道理，可他就是不知道改正，你看看这孩子都成什么样子了，哎！"郑阿姨笑着说："别太在意，小孩子都这样。你可以换个角度教育孩子，比如表扬他、鼓励他，调皮孩子都是'吃软不吃硬'。"小卓妈妈想了想，点了点头。

第二天早上，小卓妈妈做好早饭去小卓房间叫他吃饭，笑着对小卓说："呀！我儿子今天有进步呀！你看今天被子叠得这么整齐，房间也比平时干净了，真不错，再接再厉哦！"小卓不好意思地摸着脑袋，看着妈妈笑了。从那以后，小卓妈妈只要看到孩子有了一点进步就表扬他、鼓励他。这个办法还真有效，小卓现在每天都很整洁，和以前简直判若两人。

有一位教育心理学家曾这样说过：一个在父母的苛责中成长的孩子，会潜意识地认为自己一无是处，长此下去，孩子就会失去进步的愿望，变得自卑而消极。因此，家长要经常给予孩子鼓励和肯定，有进步就赞赏，遇挫折则引导，培养他的自信心和自尊心，造就其良好的心理。父母的鼓励能帮助孩子相信自己，相信自己的努力和能力。在“专制”的家庭里，孩子通过接受来自父母的奖励和惩罚而确立他们的价值观；而在民主的家庭里，孩子则是受鼓励的影响而不断取得进步。正如有些心理学家比喻的那样：“就如植物需要水一样，孩子需要鼓励。”

没有不自信的孩子，只有不称职的父母。一个合格的家长要做到经常地提醒自己“今天我表扬我的孩子了吗？今天我鼓励我的孩子争取进步了吗？”毫不夸张地说，孩子的自信中有超过一半的部分来自于你的鼓励，所以说，鼓励是你能给孩子的最好的糖果。

5. 是谁抢了孩子的麦克风

一个孩子的自信心强弱，能否顺利表达是一个重要环节。一般自信心强的孩子的表达欲望和表达能力也很强，反之亦然，表达能力强的孩子一般也都具有较高程度的自信。可见，锻炼孩子的表达力是培养孩子自信心的一个重要过程，生活中，家长们切不可随意剥夺孩子的“发言权”。

孩子的表达能力是孩子成长过程中和以后的社会生活中必要而且重要的一项能力，能否积极地正确地表达自己的观点影响着孩子现在或以后能否取得成功，而这也是孩子现阶段能否建立起自信的前提。但由于各种各样的原因，生活中有许多孩子不善于或者不乐于表达自己的观点，表现出不自信的一面，这就要求家庭教育要把孩子的这个问题高度重视起来。

王先生今天带着自己8岁的儿子小亮走进了儿童心理咨询所。据王先生说，小亮最近变得沉默寡言，很少主动说话。问他问题他一般也不太爱回答，好像很不自信的样子。家里来客人他从来都不打招呼。以前小亮小的时候原本不是这个样子，也不知道为什么，孩子好像忽然变得没想法了，很内向。父母很担心也很焦急，怕是孩子心理出现了什么问题。

咨询所的王老师打量了站在一旁的小亮一会儿，小亮是个看上去很健康的男孩子，按理说现在正应该是活泼好动、爱说爱闹的年龄，可小亮为什么会变得这样内向呢？现在王老师最关心的问题是小亮的问题到底是出在内部环节上还是外部环节上。内部环节就是说孩子对所有事物都漠不关心，不感兴趣，自己没有认知，也就没有表达了。外部环节就是说孩子和正常人一样有认知能力和认知意识，有自己的想法，只是由于某些障碍而不愿意表达自己的观点。前者是比较严重和棘手的问题，后者比较常见。当然，这两种情况都对孩子的健康成长和发展极为不利。

王老师支开了小亮的爸爸，开始试着和小亮交流。他没有过多的询问小亮什么问题，只是很轻松地谈一些对学校和小学生活的认识，中间还说了几段最近网络上比较流行的笑话。王老师说话很幽默，小亮不由自主地和他交谈起来。当两个小时之后小亮的爸爸王先生进来的时候，他被眼前的一幕惊得说不出话来，小亮和王老师正有说有笑地谈得眉飞色舞，而自己这个做爸爸的却从来没有见过儿子有过这样的时候。

在送父子俩出来的时候，王老师对小亮说："小亮，你是个很聪明表达能力也很强的孩子，你应该让所有人都看到你很棒，其实你比谁都优秀，比谁都自信。以后要像一个真正的男子汉那样敢说敢做，坚持自己的观点并且争取让别人了解认同你的观点。"然后他又对小亮的爸爸说：

“孩子没有任何问题，只不过可能由于你们家长很少给孩子表达自己观点的机会，或者曾经无意刺激、打击了孩子的表达欲，从而使孩子变得不敢表达，没有自信，这对于孩子的健康成长和身心发展很不好。”

案例中的小亮的现象在生活中并不少见，由于认知能力的不完善，孩子在很多情况下容易遭受外界因素的影响而关闭自己的心灵。这样长期下去势必影响孩子的心理状况、成长状况和发展状况。家庭教育中要针对孩子不同的特点，鼓励和刺激孩子的表达欲望和表达能力。

每个孩子都是鲜活的有思维、有愿望、有情感的独立主体。家庭教育的一个主要任务就是要把生活中束缚孩子表达的一些“规矩与限制”彻底打破，彻底解放孩子，把表达的自由还给孩子，给孩子创造想说、敢说、喜欢说、有机会说的语言环境，让孩子充分表达自己的观点，表达自己的思想，表露自己的情感，使他们在自由表达中最大限度地释放自己的潜能，取得表达的成就感，建立起内心的强大自信。

这样成长起来的孩子通常都能在将来的社会生活和独立发展中取得相应的进步和成就，而那些不善于、不乐于表达自己的孩子往往无法做到与他人有效地沟通，缺乏自信和坚持下去的韧性，缺乏号召力和说服力。而这些却又往往是能否取得成功的关键性因素。

每一个家长都应该注意，不仅要鼓励孩子想说就说，而且要创造机会让孩子充分地表达。孩子都有好奇心和求知欲，总喜欢问这问那，家长要根据孩子的特点，鼓励他提问、辩论、质疑，促使孩子想说、有内容说、争着说。对孩子提出的出乎意料之外的想法要给予关注，不能置之不理，甚至批评、贬斥。犯错误、说错话是孩子的权利。面对孩子的“失言”，要采取宽容的态度，耐心倾听，言语鼓励，消除孩子的胆怯、困惑，让孩子享受被尊重的快乐。

6. 溺爱是爱吗

父母之于子女的爱是世间最真挚最无私的情感。但爱孩子要讲究方法，爱孩子的前提是要让孩子的“身”“心”都能有一个健康的成长过程。如果将这种爱转化成为“溺爱”，那么，你就有可能培养出一个任性、懦弱、自卑的孩子来，爱也会变成一种伤害。

爱孩子是人之天性，是做家长的一种责任。这里的关键是对孩子怎么个爱法，是让孩子吃苦经受锻炼呢，还是娇生惯养？这不仅是方法问题，也是对孩子的教育态度问题。

作为科学的教子方法，选择爱孩子就是帮他们从小立下志向，从优越感中摆脱出来，吃些苦，受点难，经受磨炼，使之逐步养成良好的性格和品质，树立起独自面对任何困难挫折的自信，而不应该娇宠放任，使之成为“饭来张口，衣来伸手”的“小皇帝”。要知道，娇宠放任不是在爱孩子，而是在害孩子。古往今来，有几个长辈溺爱、娇生惯养的孩子能够成大器的？而成才的往往是那些勤奋、历经磨难的孩子。因为磨难磨砺了他们意志，因为他们战胜过磨难而树立起了强大的自信心，这是一种不竭的前进动力！

章先生的女儿晓丫从小很乖巧，从满一岁开始，就由奶奶带着，应该说截止到目前还是很省心的。但是，随着女儿的长大，在对孩子的教育方式上章先生章太太与孩子的奶奶发生了严重的分歧。奶奶带孩子在生活上很用心，几乎倾其全部精力，但是，章先生越来越觉得不能再让老人带孩子了，她对孩子的溺爱已经到了极端，如果继续这样下去，对孩子将来肯定没有好处，孩子已经开始有小霸王的苗头了，而且每次遇到什么困难就想找大人解决，完全没有什么自信和勇气。

关于孩子的教育方式，章太太和婆婆一度因为观念的不统一而出现严重分歧，的确，奶奶太溺爱孩子了，绝对不允许孩子哭，孩子一哭，什么条件都会满足她。时间久了，孩子就拿“哭”作为要挟大人的一个手段。孩子有时候不小心摔倒了，本来没有什么事情，奶奶大呼小叫赶忙跑去扶起来，孩子一看大人这么惊慌，更来劲了，赖在地上不起来。章先生一再给母亲说：“孩子跌倒了，让她自己爬起来。”可母亲自有一番道理：“孩子小，她不知道什么，教育孩子要到7岁以后，懂事了教育她才知道。”岂不知，孩子的性格是从小培养的，等到快要懂事的时候，更正已经来不及了。

这几天幼儿园要组织一次演出，老师给晓丫分配的任务是唱一首儿歌。昨天晚上章太太在教晓丫唱歌的时候，孩子忽然耍起了脾气，说什么都不学了，还说到演出的时候也不表演了。章太太严厉地批评了她，奶奶这时候看不过去了，抱起孩子就走，嘴里还说：“不哭不哭，咱不唱了，明天告诉老师，咱不唱了。”章太太无奈地对章先生说：“这孩子是怕上舞台，没有自信，都是平时宠坏了。在溺爱里长大的孩子能有几个自信满满听话懂事的？哎！”

这个案例中的章先生章太太很明智，相信他们能找到好方法解决对孩子的教育问题，但生活中这样明智的家长恐怕不多。现在，家长都渴望自己的孩子能成龙成凤，对孩子的爱往往过度。过度的爱就是溺爱，溺爱容易让孩子丧失自立的能力，养成任性、敏感、脆弱等性格，一旦这种性格稳定，那么当孩子遇到需要独立解决问题的时候，就会变得茫然无助，畏首畏尾，自卑软弱，不知所措。溺爱是滋生自卑的最好温床。

受到家长溺爱的孩子往往缺乏自信心，长大后人格往往不健全，表现为以自我为中心，人际关系不良，不易适应环境，常有不安全感，情绪不稳定，遇事优柔寡断，钻牛角尖，缺乏解决困难、问题、矛盾的能力和毅力，缺少正确的人生观等等。家长对孩子做的一切，看似小事，实际影响很大，父母的点滴行为都能影响着孩子。家长要认识到“娇子如杀子”，溺爱孩子就是让孩子“输在了起跑线上”。

溺爱孩子是一种自私的、目光短浅的、不科学的教子方式。作为家长，应减少对孩子的过度庇佑，放手给孩子独立的机会，培养孩子自己做事的能力和信心，让孩子在自信、勇敢的心理环境下健康成长。

7. 孩子的特点不是缺点

任何一个孩子都是不同于其他孩子的特别存在，他有不同的个性、不同的想法和不同的思维、行事模式，这是他独特的特点。如果家长把这种特点看成是缺点并时时注意，要求孩子改正，那么势必会影响孩子的自我定位，使孩子陷入“我不好”的心理视角，从而影响孩子独特自信的形成。

每个孩子都有各自的特点，就像世界上没有两片相同的树叶那样，世界上没有两个完全相同的孩子。家长要尊重孩子，不要把孩子的特点当成一种缺点，不要惊慌失措，而是要用适当的方式加以引导，以接受的态度去看待孩子，在此基础上帮助孩子树立起一份特有的自信心。

在王老师的班级有一位特别不爱说话的小女孩，她叫小可。小可的性格当然算是内向，为此她的妈妈特别担忧，经常问王老师应该怎么办，要不要去看心理医生。刚开始王老师没有理会，后来发现小可的妈妈真的很担忧，于是王老师就找她长谈了一次。

王老师首先告诉她，小可虽然不爱说话，但学习成绩很好，不必过分担心。如果总是把孩子的性格当成是缺点挂在嘴边上，这必然会让小可焦虑、自卑。然后，王老师用自己的真实经历开导她，原来，王老师小时候也曾是一个不爱说话的女孩，从来不在公共场合说话，一说话就脸红，浑身不自在。但是，老师和同学没有因此不理睬她，其实在那时她还特别受同学们喜欢，很多同学都特别爱跟她玩，给很多人留下的印象就是童年的王老师经常被同学包围，有点像同学中的“大姐大”。后来考上师范学院，她还是不多言不多语，同学们照样喜欢她。她没有因为性格原因使学习成绩下降，虽然有时候因为性格原因会带来困难，但她都会想办法克服，争取取得好成绩，这同时，她的意志力也得到了锻炼，变得更加坚强和自信了！王老师的父母从没有因为她性格内向担心过什么，反而，还以她的稳重在其他家长面前引以为荣呢！

告诉小可妈妈这些后，王老师又把任课教师的意见告诉了她，就拿英语课来说吧！小可上课认真，作业按时按量完成，口语练习更加出色，每次到英语老师那读英语都是前几名，从成绩来看就更加没必要担心了。在班级从没有人说过她的不好，一些评比奖状就能说明一切。

通过上面的这个案例可以了解，每个孩子都是不同于其他人的，每个孩子都是与众不同的。而孩子这种与众不同本身并没有优劣之分。如果家长一味地认为自己的孩子和别的孩子相比存在着很多缺点和弱点，那只能说明家长的教育心理存在偏差和缺陷。

这也就是在儿童的教育当中经常碰到的一个问题，许多父母教育孩子很下功夫，却也很苦恼。因为不管批评孩子多少次，他还是改不过来。比如，孩子经常犯同一个错误，父母批评时，孩子信誓旦旦：再也不犯错误了！可没过两天，又犯错误了。为什么会这样呢？因为这是他自身的特点，而不是缺点，这让孩子怎么改呢？经常性地这样批评孩子，孩子要拿什么去相信自己，认为自己优秀呢？

家长的正确态度应该是，首先，承认差别的存在。每个孩子的性格和特点都是不同的。许多父母喜欢把自己的孩子跟别的孩子进行比较，而且总拿自家孩子的短处跟别的孩子的长处相比。这样做实际上是忽视了孩子之间的差异。父母应当接受并承认孩子之间的差异，帮助孩子学会取长补短。

其次，帮助孩子把特点变成特长。父母发现孩子的特点后，不要打击和压制它们，可以针对这些特点，引导孩子不断地发挥与运用，鼓励孩子将自身的特点变成特长，这是帮孩子建立自信心的最佳途径之一。

再次，与孩子多交流。父母应利用各种机会与孩子进行心灵的沟通。有些父母并不了解自己的孩子，不知道孩子在想些什么，最喜欢做的事情是什么，因而常常用自己的想法来代替孩子的想法。父母只有了解了孩子内心的想法，了解了孩子的喜好，才能更好地理解孩子，才能正确认识孩子的特点，尊重孩子。

不要去指责孩子固有的特点，在你看来这也许是缺点，但在孩子看来，或许这正是他自己骄傲的地方，是他自信的资本。要知道，你基于此的批评是对孩子自身的否定，这并不能改正孩子真正存在的不足，只能打击甚至摧毁孩子那份特有的自信和坚强。

8. 换个角度看孩子

其实每个孩子都渴望经常能得到家长的关注，特别是父母赞许的目光，这对建立孩子的自信是非常必要的。但是在有些父母的心目中总认为自己的孩子不够听话、不够优秀，因此对孩子的某些好的品质往往视而不见，不给予表示。其实，完全可以换个角度去看待孩子，优秀的孩子应该是多方面发展的。

每个孩子都有自己独特的优点和品质，只是家长们都乐于用一种习惯性的眼光去审视和评价自己的孩子。如果孩子终日生活在父母的消极评价中，那么他自然无法肯定自己，从而产生一种自我信任感。因此，家长们不妨换个角度看待孩子，细心观察孩子的长处和微小的进步，并适时地给予肯定和赞许，这样或许会带来意想不到的效果。换个角度看孩子，从不同的侧面去看你的孩子，你会惊喜地发现，原来自己的孩子身上竟有这么多的优点。

很早以前，英国有一个叫麦克劳德的小学生，对动物非常好奇，特别想知道狗的内脏到底是怎么长的。终于有一天，好奇心促使他将学校校长心爱的小狗杀了看个究竟。为此，校长当然要惩罚他，不过校长既没有大发雷霆，大打出手，也没有像有些教师那样，找来家长发泄一通，责令赔款道歉，更没有满口“开除，开除”不容商量，而是要求麦克劳德解剖小狗后，画出一幅骨骼图和一幅血液图。小麦克劳德愉快地接受了惩罚，也出色地完成了任务。麦克劳德后来以满腔的自信和热情努力学习，成为了一个有名的解剖学家，这两幅图现在收藏于英国皮亚丹博物馆。

如果这件事情放在现在的某些家长身上，其结果可能就是狠狠地教训孩子一通，以保证这位孩子今后一定不再犯类似的错误，但是，孩子在这方面的兴趣和自信可能就被扼杀了，一个优秀的解剖学家也可能被就此埋没了。

现在看来，麦克劳德是幸运的，那位伟大的校长换了一个角度去观察他的学生，成就了一位伟大的解剖学家，这位校长的做法想必对于各位家长一定会有很大的启示吧。那么，作为家长，为什么不能做到换一个角度去看待你自己的孩子呢?

家长一旦对自己的孩子投入了过多的期望，就容易急功近利，失去了平常心，对于孩子的某些不足抓住不放。其实，这些都是家长爱孩子的表现。但是，如果换个角度来看的话，也许会发现，孩子的另一面也是很优秀的。

许多家长都在抱怨，自己的孩子一无是处，许多家长都很担心自己的孩子没有突出的特长和饱满的自信，在将来无法立足于社会。其实，这个问题的根本不在于孩子，而在于家长。

孩子是多方面发展的，家长们只看到了孩子的最不起眼的一面，往往还会盯住这不起眼的一面而否定孩子的全部。但是，如果换个角度来看孩子，家长们也许就会惊奇地发现，自己的孩子还真的有闪光的一面，甚至是光辉的一面。这就要求家长去改变，并不是所有的孩子都像麦克劳德那样幸运的。

父母在教育孩子的过程中常常会犯这样的错误：他们总是盯着孩子的缺点看，或是只是盯着孩子的不良方面看，从而忽略了事物都是有多个方面的事实。或许换个角度后，父母会发现，孩子还是优点多缺点少，甚至孩子原先的缺点都变成优势了。也许孩子没有按照你的意愿发展，或许孩子没有达到你预期的目标，或许孩子身上有你认为这样那样的缺点，但是，不妨换个角度来看孩子，比如说，把孩子的调皮看成是活泼，把孩子的问题多看成是喜欢探究，把孩子的拆装玩具看成是一次实践，把孩子的异想天开看成是想象力丰富……你会发现，孩子做任何事情都有其可爱之处，也都有它积极的一面。

不要因为孩子喜欢拆玩具而责骂他，也许你正在压制一位工程师的才华；不要因为孩子喜欢玩泥沙而阻止他，也许你正在扼杀一位建筑师的未来。要想让孩子自信起来，要想让孩子优秀起来，就不应该用一成不变的眼光来看待孩子，换个角度，世界也许就会大不一样。

换个角度看孩子，其实就是家长的心态问题。对于一位普通的孩子来说，也许换个角度去看待，他就是一个天才。而你看到了他的另一面，看到了他的与众不同，那么孩子的自我评价也就高了起来，全面了起来，那么孩子的自信心也就空前高涨了起来。这时候，还有什么能够阻碍孩子的成才吗？

9. 孩子不是用来攀比的“东西”

孩子的心理是敏感的，也是脆弱的。经常性地拿他和别的孩子做比较，孩子的心里就会产生“我不如别人”的自我暗示，从而就容易走向自卑的误区。长期下去，不健康的竞争意识和攀比心理也会滋生，不利于孩子的成长和发展。

天下当父母的都知道自己的孩子心里在想些什么吗？我们在感叹现在的孩子自私、脆弱、霸道、难教的同时，有没有想过孩子内心的想法？或许是由于现在一个家庭里都只有一个孩子，做父母的关注焦点过于集中，也许因为感受了社会激烈竞争的残酷，希望自己的孩子早些准备，准备得好些，再走向社会。总之，我们在为孩子创造良好物质生活条件的同时，把自以为无微不至的“关怀”不停地强加给孩子，从生活到学习，我们总是说：“这是为你好。”总觉得你是孩子你懂什么，你只要按照我们的安排去做就可以了。可是我们往往忽视了，孩子也是独立的个体，也会有自己的想法的事实。所以，我们总是恨铁不成钢，总是觉得别人的孩子比自己的好，总是想“这孩子怎么这么不听话”，总在说别人家的孩子如何的好。

田琳今年上小学三年级，学习成绩特别好，又弹得一手好钢琴，很受老师们喜欢。她和邻居家的小美是非常要好的朋友，两人从小就在一起玩儿，现在又在同一个班级。小美也是个很优秀的孩子，学习成绩和田琳不相上下。两家的家长经常拿两个孩子作比较，每次考试哪个孩子考得好一些，家长也会觉得脸上有光。

上次期中考试发表成绩的那天，田琳放学后开开心心地跑回家，和妈妈说："妈妈，我这次期中考试考了第四名，老师表扬我进步了。"妈妈也很高兴，做了一顿丰盛的晚餐。晚饭后她去了小美家，和小美妈妈聊起这次考试，她说："我们家田琳最近进步特别大，这次考试考了第四名。孩子懂事咱们家长也省了不少心啊！对了，小美最近表现怎么样？这次考了多少名？以后可以让孩子们去我家一起做作业，互相帮助嘛！"小美妈妈笑着说："田琳进步很快啊！我们家小美这次也超常发挥了，考了第一名。对啊，以后让两个孩子一起做作业吧，这样也能让她们共同进步，比赛着学习。"田琳妈妈脸色立刻就变了，呆了一小会儿就匆匆忙忙回家了。回到家后她气呼呼地训了田琳一顿："你怎么这么不争气！考了个第四名还好意思骄傲。都是同样的孩子同样学习，你看看人家小美，平时她成绩还不如你呢，怎么人家这次就考了第一？看看小美妈妈那得意的样子，下次一定超过她，记住了吗？"田琳眼泪汪汪地点了点头。

我们总是以"一切都是为了孩子好"而自居，却不知道孩子自己心里的想法。有时候家长无心的一句话、一个举动，就会深深地伤害到孩子的自信和自尊。像案例中的田琳一样，孩子的心理能健康地发展吗？

在孩子小的时候，家长千万不能把自己的孩子和别人家的孩子比。旧时民间有谚语说："一畦萝卜一畦菜，自己的孩子自己爱。黄鼠狼养的孩子是香的，刺猬养的孩子是光的。"排除溺爱和偏爱，这句谚语告诉了我们应如何维护自己孩子的自信心，如何看到自己孩子的长处，而不和别人家的孩子进行不对等或刺激性的比较。恨铁不成钢的父母们往往就是这样在无意中伤害了自己的孩子的，他们以为这是自己对孩子的一种爱，却不知这样的爱最让孩子消受不起。

家长们不要拿自己的孩子和别人家的孩子比较。别人家的孩子再好，也是别人的孩子；自己的孩子出现的问题再多，也是自己的孩子。不做横向的比较，只将孩子自己和自己比，哪怕有一点点的进步和长处，都值得赞扬。这样，孩子才能自信满满地不断挑战和超越自己。

10. “能帮帮妈妈吗”

聪明的家长懂得怎样帮孩子树立成就感，建立自信心，这无疑是培养孩子最好的方法，向孩子“求助”往往是深谙此道的家长最常用的方法之一。放下家长的“架子”，给孩子表现自己的机会，这会让孩子发现自我价值，体会到被人需要的信任感和自信感。

现在的很多独生子女享受到的往往是多个成人对他们的关心和照顾，很容易养成自理能力差、不会体谅别人、没有动手能力等缺点。如果家长能经常在孩子面前示弱一下，向他们求助，让他们感到自己有时也很能干，也能帮助大人做很多事情，相信孩子就会慢慢地自信起来。还要鼓励孩子自己的事情自己做，经常去帮助别人，让孩子得到一种满足感，从而就会改掉“饭来张口，衣来伸手”的坏习惯，在生活中树立起自己动手解决问题的自信心。

孙娟的儿子小旺刚上幼儿园时，每次接他回家走到楼下他总会说：“妈妈，我累。”一开始孙娟还真以为儿子刚上幼儿园中午休息不好，回家时会感到疲劳。孩子年龄小，出于心疼，她总是背起儿子爬上六楼。可接下来的好长时间只要一走到楼下，儿子就喊累，慢慢地她明白了儿子说累的真正原因：因为她家住在六楼，孩子不想自己上楼。

有一天，快走到楼下时，孙娟灵机一动：何不先向儿子求助呢？于是她学着儿子平时撒娇的样子说：“儿子，今天妈妈也很累，你在妈妈心中是一位小男子汉，作为男子汉你能帮我做些什么吗?”小旺听妈妈这么一说，上下打量了她一下，用手挠了挠头，然后迅速将孙娟手里的提包接了过去，说:“妈妈，我来帮你提包，拉着你上楼吧!”说着就提起包，拉着妈妈的手上了楼。孙娟在后面装出很没劲的样子，一边上楼一边喊着:“儿子，慢点，我上不去了。”小旺一副很照顾妈妈的样子说:“我拉着你呢，你可以慢点!”以后的日子她时不时在儿子面前示弱，总能收到意想不到的效果。

小旺现在快6岁了，自理能力很强，做什么事情都自信满满，总表现出一副小男子汉的形象。特别在幼儿园里，老师反映他很会照顾较弱的小朋友，在班里很受同学们的喜欢。

学会在孩子面前示弱，这是让孩子自信起来的“秘诀”之一。当孩子面对一个无所不能的爸爸或者妈妈的时候，他只有两个选择，一个是学习这个无所不能的人，追求完美，凡事自己解决；另外一个选择就是什么都不做了，因为自己什么都不需要做，爸爸妈妈会做好。反过来看，如果能够在孩子们面前有那么一点的不完美，有那么一点软弱，孩子就会相应地变得坚强，成长为一个能够独自挡风遮雨、有责任感和自信心的人。让孩子体会自己比成年人还要强大，能够帮助他们建立自信并激发潜能。我们再看一个成功的教子小案例:

张霞是个“大大咧咧”的母亲，常常会将许多一般人认为不应该的事，交给年仅9岁的儿子去做。比如说，她会告诉儿子:“妈妈这两天很想听王菲的那首《流年》，爸爸想看一部新的科幻片，你写完作业后，帮我们下载好吗?我们不会弄。”

儿子积极性非常高，没过几天，便将她要的歌曲及电影下载好了。

看张霞带孩子很轻松，孩子也懂事乖巧。张霞说:“其实并非我们不会下载，而是我们想通过这种‘求助’，让孩子自信起来，成长起来，一来提高自信心和动手能力，二来也可以培养他对家庭的责任心和成就感。”

事实证明，小张这种偶尔向孩子求助、示弱的教育方法很有成效。她儿子说，班上的电脑课，他几乎一堂课都顾不上安静地坐着，总是要被同学们叫着，给他们解决各种各样的问题，“我比老师都忙”，孩子自信且自豪地说道。

试想：你在孩子面前永远是强者，永远是无所不能的，那孩子又何必去自己动手做事、自己面对问题？久而久之，孩子便习惯了，凡事都依赖别人，自己却什么都不会做，不敢做。因此，不妨偶尔有意示弱，让孩子“强大”一次，给孩子一次表现自己的“强大”的机会。获得信任的机会的孩子，这时不知有多么自豪、多么自信呢！

任何人都需要鼓励，任何人都需要“被需要”。家长的示弱和向孩子求助就是对孩子的最好的鼓励，在大人面前让孩子的能力得到展现，对于孩子的心理来说是很大程度上的认可。这对于建立孩子的自信有着极为显著的作用。

第三章 撤掉拐棍，让孩子自立自强

一个凡事依赖于别人的孩子是不会对自己有着强烈的把握感的，从而也就难以形成对自己的肯定性评价。要培养出自信的孩子，家长就要懂得放开自己的手，让孩子自立、自强，给孩子以审视自己、肯定自己的机会。所以，家长不可做孩子的“拐棍”。

1. 要自信，先自立

一个有着高度自信的人必定是个凡事都能独立妥善解决的人，如果连自理能力都很差还何谈自信？反过来看，要培养孩子的自信心，那么首先就要养成孩子的自理能力，其重要性毋庸置疑。

每个孩子都是在父母的教育和环境的影响下，才会形成不同的性格品质和能力的。在现实生活中，有一些家长怕累到孩子，怕孩子做不好，因而就不让孩子做一些力所能及的事。还有一些家长认为，这些简单的生活技能是不用训练的，孩子长大了自然就有自理能力了。其实这些观念都是不正确的。

一个不能自理生活的孩子几乎就等同于一个“附生品”，这样的孩子一般都不会具有什么能力，遇事则不知所措，怯懦，没有勇气。久而久之，孩子就会形成稳定的软弱、自卑的性格，就会做什么事情都没有勇气没有信心，而越是不自信就越是做不好，这就陷入了一个恶性循环。所以，培养孩子的自理能力要从生活中的每一件小事做起，从当下做起。

江老师在走进教室准备上课时，发现雯雯一直皱着眉头不肯坐下，就问：“雯雯，都已经打上课铃了，你为什么还不坐到你的座位上去呢？”雯雯摇了摇头，眼睛一直盯着自己的课桌看。这个学生一直都是这样，很少说话，做什么都唯唯诺诺，没有勇气。江老师走近一看，原来是一瓶墨水洒在了课桌上，怪不得她不肯坐，就说：“这有什么啊，快点收拾好了上课了。”没想到，这时候雯雯“哇”地一声哭了起来。原来，她是不知道要怎么收拾。

雯雯今年8岁，是个娇气的小女孩。在家里她是“小公主”，爸爸妈妈会把所有事都替她做好。早上起床后妈妈给穿衣服，然后帮她梳头洗脸。爸爸把早餐端到桌前，把牛奶倒进杯子。吃完早餐妈妈收拾书包，然后由爸爸开车送她到学校，直到下了车送孩子进了教室，他才离开。雯雯每天的活动也要由爸爸妈妈决定，比如今天什么时间做作业，什么时间练钢琴，什么时间看电视等等。包括雯雯要和小朋友去玩儿，妈妈也要给她意见：哪个孩子是好孩子，可以和他玩儿；哪个孩子淘气捣蛋，不要理他等等。

有时候妈妈也觉得这样做不妥，眼看着孩子做什么事情都没有勇气，没有自信，可她又认为孩子太小，照顾不好自己。再说孩子最主要的任务就是学习，别的都不用管了。

雯雯现在真的成了一个“娇公主”，离开父母她自己什么都不敢做，所以才会出现故事开始那一幕。

培养孩子的自理能力，家长要本着“大人放手，孩子动手”的原则，让孩子在生活中做一些力所能及的事情。根据孩子的兴趣和能力因势利导，通过具体、细致的示范，从身边的小事做起，由易到难，教给孩子一些自我服务的技能，这些看上去虽是很小的事，但实际上给孩子创造了很好的锻炼机会，无形中锻炼了孩子独立生活的能力。当孩子完成一项工作后，父母要给以适当的肯定和赞赏，当孩子的存在价值和工作能力被肯定之后，他们也会感到无比的兴奋和快乐，在很大程度上增进了自信心。

虽然家长们都知道自己的孩子今后毕竟要独立生活，不能没有自理能力，但是，由于现代的父母特别是母亲们，往往因为家里只有一个孩子而不知该怎么对孩子好，恨不得把所有的事情都帮孩子做了，似乎只有这样才能表达对孩子的爱，但却忘记了自己的教育责任——培养孩子的生活自理能力，建立孩子的自信心，让孩子从小就学会自己的事情自己来做，不依赖他人。

孩子的自理能力与自信心是紧密相连的，如果家长没有针对性的教育意识，在孩子需要有自理能力时，不能给予适当的教育和训练，那么孩子就会丧失做人的一种能力，无法站在已有的经验高度上体会成就感和自立感，无法建立起面对生活和解决问题的自信。

培养孩子的自理能力要从生活中的点点滴滴做起，让孩子在主观体验上体会自理、自立的满足感和成就感，从而建立起自信，步入一个良性循环。但孩子年龄小，认识水平不高，考虑问题不周全，在做事的过程中，难免会出现一些失误。家长不应因此指责孩子，更不能惩罚孩子，而应肯定孩子做得好的地方，鼓励孩子自信。对于失误的地方，要帮助他们分析原因，找到问题所在，以提高操作的技能和水平。

2. 让孩子“心理站立”

孩子在生活和行为上对父母的依赖容易克服，但在心理上的依赖却很难消除。日常生活中，聪明的父母懂得有技巧地培养孩子独立面对跌倒后站立的勇气，将跌倒作为教育孩子、鼓励孩子的机会。要想教出一个自信、坚强的孩子，那么教孩子学会“心理站立”是必不可少的。

每个孩子都是在父母的羽翼保护下长大的，在他们从幼稚弱小走向成熟的过程当中，父母一直充当着“搀扶者”的角色，直到孩子学会自己“站立”。孩子可能早已习惯了父母的搀扶，潜意识地不愿意独立，依赖父母。但这不可违背，这就是人类社会延续和发展的规律。

孩子在不断地长大、成熟的过程当中，身体的独立是自然而然的事情，但孩子的心理能否“站立”，脱离了父母这双“拐棍”他们能否继续前行，这可能是现在的家长们最关心也是最担心的一个教子问题。要知道，一个在心理上不能独立的孩子是难以独自面对任何的困难和挫折的，任何一点小小的坎坷都可能将他的面对未来的自信全部打碎。

傍晚，王太太3岁的女儿小月在大厅里独自玩耍，桌上堆放着几个玩具、一些图画书和一块块零碎的拼图。王太太和她弟弟端着饭菜走出厨房，刚好看见小月转身时不小心脚扭了一下，“咚”的一声重重地摔在地上。孩子的舅舅连忙放下手里的饭菜，打算过去扶她起来，哄哄她。可是王太太拦住了他，说：“不用去扶她。”舅舅很疑惑，那么小的孩子重重地摔倒在地，当妈妈的难道不心疼吗？出乎意料的是，小月竟然没有哭，她双手撑地，左摇右晃，笨拙地站了起来，然后若无其事地继续玩她的动物玩具。舅舅赞许地对小月说：“小月真勇敢！”孩子露出了天真的笑容。他感慨地问姐姐，小月平时摔倒也都是自己站起来吗？王太太笑着说：“孩子摔倒了，要让她学着自己站起来，这对孩子心理的独立十分有益。小月一两岁时，我会亲自扶她起来，等她长大了些，我便不再扶她了。第一次没有扶她起来时，她坐在地上一直哭着喊痛，我慢慢地哄她，让她试着自己站起来，虽然花了较长的时间，但孩子最终自己成功地爬了起来。第二次摔倒时，她正想哭，我便立刻跟她说‘小月勇敢，自己站起来’。她知道我不会扶她，坐在地上歪着脑袋想了想，便自己挣扎着站起来了。从此以后，她每次摔倒都自己站起来，我也再没有扶过她。摔得重时她会先哭几声，然后再站起来，摔得不重的话，她就像没事一样自己站起来，有时还冲着我笑一笑。”

并非每个家长都能够在孩子还小的时就“狠得下心”，让他摔倒后学会自己站立。对此，王太太的观点是：身体摔倒是常有的事，如果每次摔倒都要搀扶才肯起来，会使孩子形成依赖；另外，纵容小孩子摔倒了就哭，也容易使她变得娇弱。身体摔倒还不是一件难以应付的事，将来渐渐长大后，遇到挫折时，心理的摔倒比身体的摔倒更难爬起来，让孩子学会应付身体摔倒，将来应付挫折才更有勇气，才能树立起面对困难的自信。

要让孩子学会心理站立不是朝夕之事，这需要家长有着端正的态度和科学的方法。有的家长可能说孩子太小，爱子心切，舍不得让孩子独自去承担任何的压力，但这也许会成为孩子将来无法自信、独立、自强、上进的原因和借口。而且，孩子的独立素质应该是从小就开始培养和积累的。一个人 20 岁才开始学着心理站立当然不如从 3 岁就开始锻炼来得踏实和纯粹。所以说，关乎孩子一生的问题，现在的意识才尤为重要。

教子箴言

让孩子学会心理站立应该从当下做起，不要拖，不要等。孩子能否学会这项“生存本领”完全取决于父母的教育。当孩子降临到世间之时，父母就成了她的第一任老师。有人说：“没有长不好的庄稼，只有不会种庄稼的农民。”农民怎样对待庄稼，决定了庄稼的命运；我们作父母的怎样对待自己的孩子，同样也可能决定了孩子的命运。

3. 教孩子做自己的“保姆”

如同雏鹰羽翼丰满后总要独立翱翔于蓝天之上一样，孩子长大后总要独自面对生活中的风雨坎坷。我们在担忧孩子未来能否自信、独立地面对生活的同时，更应该知道，从现在开始就锻炼孩子的独立意识，这是多么的重要。

也许在父母们看来，今天的孩子已经足够幸福了。他们吃穿不愁，父母亲对他们关怀备至，惟恐委屈了他们，他们没有什么理由不满足。可出乎父母的意料，孩子就是不满足。孩子不满足的真正原因，父母们未必知道。物质上的满足并不会给孩子带来完整的幸福感，孩子只有在成长过程中自己做主做自己的事，并能自信十足地独立克服生活中遇到的困难，这时候得到的快乐才是真正的幸福。

的确，孩子们从小到大，处处依赖父母。从幼儿园到上学，孩子对父母的照顾习以为常。甚至孩子升学、就业，也是父母奔走操劳，替孩子选学校、选专业、找工作，不辞辛苦，替孩子一包到底。等孩子长大成人，父母又要为他们操办婚事，替他们抚养孙辈。有了父母尽心尽力的“包办”，难怪孩子会成为经不起风吹雨打的温室花朵。

在一个家庭教育研讨会上，一个教育专家给与会的家长们讲了两个真实的故事。

故事一：在一次野营中，老师发给每个孩子一个鸡蛋，但是却有个孩子没有吃，老师感到奇怪。“孩子，你怎么不吃饭呢？是不是不舒服？”老师满脸疑惑地问这个孩子。但是这个孩子却满脸稚气地回答：“我妈妈还没来给我剥鸡蛋呢！”

故事二：说是一个十来岁的孩子，一次与同学在外面吃饭，吃到鸡蛋时，他说这里的鸡蛋不好吃，和家里的不一样。同学问他怎么不一样，他说是太硬了，家里的鸡蛋是白皮的，很软，拿着就能吃。原来，他父母一直把鸡蛋剥了皮才给他吃。一个十来岁的孩子，竟连鸡蛋皮都不懂剥，这简直是个天大的笑话，然而事实却是如此，这孩子的自理能力实在太低了。试想，还能指望这样的孩子做什么大事？这孩子本身又能有什么自信呢？

讲完了故事，教育专家看着窃窃私语的家长们，问：“我看到很多家长在笑，我想，这大有‘以五十步笑百步’之嫌。在座的各位中间，谁敢肯定地说自己的孩子自理能力特别强？”一时间，很多家长都无语了。

现在，很多孩子的致命弱点在于没有自主性、依赖性强。这种现象归根结底就在于父母的包办代替，让孩子缺乏自信，能力低下，使孩子丧失了自我实践的机会。孩子穿衣、穿鞋时，笨手笨脚，磨磨蹭蹭，父母过来很快就帮他穿好了；孩子小时候学着自己吃饭，可能弄得满桌子都是掉的饭菜，还是没有吃到嘴里多少，父母看着便不耐烦，于是亲自喂孩子吃饭。父母的做法看起来利落、痛快，但却剥夺了孩子学习的机会，同时也养成了孩子凡事依赖父母的习惯。

当孩子还不能完全生活自理时，父母给予孩子生活上的照料，这无可厚非，因为做父母的有这种责任和义务。但是，父母还应当明白，照料孩子的目的，不仅仅是为了使孩子生活得舒适、幸福，更重要的是在照料过程中要让孩子逐步学会生活自理，进而树立独自克服困难的自信，掌握独立生活的能力。如果做父母的只想让孩子生活舒适，把孩子的事情全都包办代替，不让孩子自己动手、动脑，那么父母就等于把孩子的手、脚、脑都束缚了起来，这样做的结果只能是孩子什么事都不敢做，也不会做。将来孩子长大离开家庭、父母，进入社会独立生活、工作，就没有生活自理的自信和能力，这不但会给孩子今后的生活带来诸多不便，还会影响他们的学习和工作，甚至有可能因为缺乏信心和能力而葬送他们的美好前程。

对于如何照顾孩子的问题，父母一定要看得远，不能一味地“舍不得”。在日常生活中，要积极培养孩子独立活动的能力，有些孩子自身应该做而又能做的事，家长决不要包办代替，要让孩子自己去做。这样久而久之，孩子自然就会形成独立的能力和信心，这才是成功的教育。

4. 爱护，保护，别过度

> 孩子在成长的过程中必须而且有必要经历一些磨砺。如果把对孩子的磨砺都省略了，都替他打理了，让他过于顺利，让他不经雨不经风，就会使他变得软弱依赖不能独立，做任何事都没有勇气和信心。过度保护会扼杀孩子的自信和能力，这无疑是对孩子最严重的伤害。

天下父母都爱自己的孩子，但爱孩子的方式表现却大不相同。有的家长可能重视对孩子各方面能力的锻炼，只是注重在生活方面照顾、保护孩子；有的家长则更注重让孩子得到“全方位”的关爱和保护，试图让他们过得更舒服、更幸福，这就容易形成对孩子的“过度保护”。

父母对孩子的过度保护是孩子成长中的障碍，是对成长中的孩子的一种莫大伤害。有些家长为了保护孩子不惜牺牲自己的工作时间，到学校代替孩子扫除，怕孩子自己吃饭弄脏衣服，就一口一口地喂，更有甚者，为了孩子之间的所谓争吵，竟和对方家长大打出手。这样的爱的方式能让孩子得到些什么呢？

小坤是家里的独子，从小在父母营造的“蜜罐”里长大。爸爸妈妈对他的照顾和保护可谓是面面俱到，无一疏漏：吃饭时怕孩子烫着；踢球时怕孩子摔着；天忽然冷了去学校送衣服；下雨了去学校送雨伞。就连老师批评了小坤，妈妈也要去和老师理论。小坤对此很反感，也很无奈。

前几天小坤竟然做了一次“离家出走行动”，原因是这样的：

小坤那天有一节体育课，体育课一般都是自己活动，男生们决定踢一场球。小坤踢前锋的位置，在一次进攻当中由于速度太快，小坤被对方的一个后卫绊倒在地，而且擦伤了膝盖，显然是对方犯规了。但对方拒不承认自己犯规，反而说是小坤“假摔”。于是，小坤就和那个同学争吵了起来，甚至互相拉扯在了一起。体育老师及时赶来拉开了他们，一场比赛也就这样不欢而散。事后小坤的班主任严厉地批评了两个人，并要求各自写检查。

回到家后小坤显得闷闷不乐，妈妈就关心地问他怎么了，小坤如实相告，妈妈当时就发火了：“把你哪摔坏了儿子？快让妈妈看看。你那个同学叫什么名字？我要找他家长！还有你们班主任，不问青红皂白就批评人还让写检查！我要去找他谈谈。”小坤忙说：“我没事妈妈，我们就是吵了几句也没真打起来，在踢球的时候这都是经常有的事。我们老师也就是批评了我俩几句，您别大惊小怪了。”

没想到第二天小坤妈妈真的找到学校去了，把小坤的班主任“批评”了一顿，又去了小坤的班级当着全班同学的面严厉“批评”了和小坤吵架的那个同学，之后在老师的劝说下才罢休。小坤当时又气愤又羞愧，晚上放学就没有回家。爸爸妈妈找了他一个晚上才将他找回去。

回到家后小坤哭着对妈妈说：“我都11岁了，我是男孩子！我什么都不会做，你们什么都不让我自己做。你们能不能把我当大人看！你们能不能别什么事都替我处理！能不能让我自由一些！”

妈妈听到小坤的话，愣在了那里。

过度的保护其实在无形中把孩子变成了一个“宠物”，而不是一个完整的人。因为每个人都一定要在体验中成长，成长是不能代替的，所以体验也是不能代替的。我们如果对孩子过度保护，就使他丧失了这一切，他们变得非常无能，非常自卑，有翅膀不能飞翔，有脚不能走路，有知识不能利用，碰到麻烦的时候就惊惶失措。

现在的很多孩子从小就被父母捧着、宝贝着，养成了不爱劳动、不能独立生活、责任心差的习惯。一旦走上社会，他们往往不能自信地面对困难和问题，没有能力靠自身的力量去解决。父母的爱是孩子成长的营养，但是如果爱过度了，就会变成溺爱。在过度保护环境中成长的孩子只能听到赞美，不能自己开辟出一片天地，更不能受到挫折，因为他们是很脆弱的。

现实的生活中，许多的父母都愿意帮助孩子取得成功，害怕孩子失败，所以一看到孩子遇到困难和挫折就沉不住气，急于伸手帮忙；有些父母甚至常常不知所措地跟在孩子身后，遇事总是代劳，不让孩子独立活动，不给孩子尝试挫折、克服困难的机会。最典型的一个例子是孩子跌倒在地上的时候，许多父母都会慌慌张张地扶起孩子。其实只要孩子没伤着，就应该鼓励他自己站起来。过分的关怀会使得孩子遇到困难和挫折就退缩，不会自信、自主地解决问题，这显然不是我们教育孩子的初衷。

不要把孩子当成一个“宠物”，要把孩子看成一个真正的人。父母都是爱孩子的，但是要思考一个问题，什么是真正的爱。真正的爱首先就是把孩子当作一个真正的人，尊重他，让他用自己的翅膀去飞翔，摔了跤鼓励他，而不是禁止他继续往前走，更不是抱着他走。鼓励他站起来，向前走，在跌跌撞撞当中，学会走路，学会飞翔，这就是真爱。真爱就是让孩子学会自信，学会独立，学会能够自由地飞翔。

5. 让孩子学会说“我自己来”

孩子的自信心是建立在自我行动力的基础之上的，当他认识到自己具有能处理好问题的能力的时候，那么无疑，他就能产生一种自我肯定和自我信任感。所以，孩子需要“我自己来”的认识自己、锻炼自己、肯定自己的机会。

现代社会，随着独生子女的增多，家长们无疑都会把惟一的孩子当成宝贝，大包大揽地帮孩子解决一切事情，甚至穿衣、穿鞋时，都帮孩子处理。家长的做法看起来是爱孩子，但却剥夺了孩子锻炼自己、建立自信的机会，这种做法会让孩子们养成凡事都依赖别人的习惯，长久下去就无法建立起自信，缺乏解决问题、战胜困难的勇气和能力。

其实，孩子还小，家长心疼孩子也是人之常情，这无可厚非。许多家长认为孩子还小，许多事情都不会做，还有的认为孩子只要学习好就行了，只要学习好长大以后就能成就一番事业。但是“一屋不扫，何以扫天下?”每个家长都盼望自己的孩子能信心十足，敢做敢拼，将来成就一番事业，但是，不给孩子锻炼自己、表现自己、肯定自己的机会，孩子拿什么去自信?所以，不要替孩子思考，不要替孩子解决他可以解决的事情，让孩子自己努力尝试，然后给予欣赏，给予引导。孩子需要的不是全盘包办的爱，不给他独立的机会，不给他自信起来的机会，那么孩子就会成为被束缚住了翅膀的小鸟，不能展翅翱翔。

洋洋是幼儿园小班的孩子，有一天在幼儿园里玩耍时，洋洋被石头绊了一下，控制不住身体，摔倒了。倒下时，洋洋不会伸手撑地，脸先重重地撞到了地上。摔倒时用手撑地，避免身体的其他部位受到伤害，是人的本能反应。可洋洋为什么连最基本的自我保护能力都没有呢？

洋洋在上幼儿园前，是家里的宝贝，外公外婆爸爸妈妈都围着她转。吃饭由大人喂，洋洋从来不用自己动手；出门由大人抱着背着，洋洋不需自己动腿。上了幼儿园，虽然她的年龄、个子在班里都不小，但她的生活自理能力非常差，什么事情都做不好，也不敢做，小手纤弱无力，吃饭时捧不住碗，拿不稳调羹；吃香蕉不会剥皮，甚至不会用手拿着吃，需要老师喂到她嘴里；下楼梯不敢迈步……

担心孩子受委屈，洋洋的外公外婆爸爸妈妈每天都轮番到幼儿园探望，中饭后喂洋洋吃饼干、香蕉，午睡后喂洋洋喝牛奶，有时外公还专程来给洋洋把小便。在大人们无微不至的关照中，洋洋失去了动手、动口、动脑的机会，失去了建立自信的机会，过度的保护和包办阻碍了洋洋的身心发展，以至使洋洋什么都不会做，做什么都没有自信。

孩子是渴望表现的，也是天生好动的，什么事都想亲自动手试试。如果家长什么事情都帮孩子做了，一旦养成习惯，那么孩子在长大以后，碰到的难事会更多，那时候，他们就不知道该依靠谁了，就会不知所措、变得自卑了。让孩子学会自己来吧，培养了他独立生活的能力，给了他锻炼自己的机会，也就是为孩子树立了自信心，给了他取得进步和成功的工具。培养孩子的自信，是你对孩子最大的爱。

如今，家长越俎代庖，帮孩子做作业的现象比较普遍。一些家长不是告诉孩子具体方法，而是写出过程和答案，让孩子直接抄好。这样做不但不是爱孩子，而且，孩子也由此变得依赖、不自信，在面临事情的时候，就会唯唯诺诺，没有主见。在当今的独生子女家庭中，这种现象屡见不鲜，这样的孩子从小就没有自信度，对他们以后的发展是十分有害的。

家长们要明确一点，今天的孩子长大后要面对的是比我们现在发展得更加迅猛的社会，他们将遇到各种风险和挑战，比我们现在的竞争还要激烈，家长可以帮他们一时，却帮不了他们一世，他们的未来还需要自己去创造。如果家长们不从小培养孩子的独立意识和自信意识，孩子长大以后面对瞬息万变的社会就会变得无所适从，没有竞争力。

孩子虽然幼小，但是这正是塑造他们性格品质的最佳时机，小的时候怎样培养，长大后孩子就会有怎样的性格。放手让他们独立做事，那么孩子的能力和自信就都会得到增强。如果处处包办代替，孩子的独立性就会消失，形成依赖、自卑的消极心理，阻碍孩子身心的健康发展。

家长的责任是为孩子锻炼能力，树立自信，为未来奠定基础。未来是属于孩子的，未来的生活要靠他们自己去支撑，这一切都要孩子以高度的自信和勇气去面对。要想让自己的孩子成就美好未来，就一定要让孩子学会自己独立地解决自己的问题和遇到的事情，没有什么比教会他们说“我自己来”更重要的了。

6. 自己的责任自己扛

要想为孩子打下立足于社会的根基，父母就要教育孩子从小对自己的行为负责，不要替孩子承担责任，否则会淡化孩子的自信心和责任感，不利于孩子的成长。在孩子的成长过程中，必须让孩子懂得为自己的过失负责，养成可贵的责任心，这样孩子才能在将来自信地应对生活的考验。

行为心理学认为，在儿童的成长过程中，对失责的惩罚虽然使孩子感到痛苦和厌恶，然而必要的惩罚是有价值的，因为它对孩子责任心的养成有一定的促进作用。而“代过”受惩罚的教育是脆弱的教育。这里所说的“惩罚”不单指父母施加于孩子的责备和批评，而更注重于对于孩子由于自己的“失责”所要承担的责任以及孩子的自责。

就像著名教育家茨格拉夫人所说：“必须教育孩子懂得他们不同的一举一动能产生不同的后果，那么随着时间的推移，孩子们一定会学得很有责任感的。”在教育孩子的过程中，家长要懂得，让孩子承担自己本该承担的责任是多么的有必要。

很多年前，有一位11岁的美国男孩，他不仅调皮淘气，而且总是为自己所犯下的错误找借口。他的父母知道这是他不负责任的表现，于是一直要想办法教育他，试图让这个男孩知道一个人要对自己所做下的事负怎样的责任，承担相应的后果。

这不久后的一天，男孩在踢足球时不小心弄碎了邻居家的玻璃，人家索赔12.50美元。闯了祸的男孩向父亲认错后，请求父亲的帮助。可父亲要让他对自己的过失负责，于是对他说：“你自己犯下了错误，也许父母可以帮你，但我们决不能也无法代替你承担责任。所以，你要自己想办法面对和解决你犯的错误所带来的后果，承担本该由你承担的责任。”男孩为难地说：“可我没有钱赔给人家。”父亲说：“我先借给你，不过，一年之内你要还给我。”

从此，这个男孩每逢周末、假日便外出辛勤打工，经过半年的努力，他终于挣足了12.50美元还给了父亲。这件事给这个男孩带来了深刻的影响，他从此改掉了以前的毛病，知道了要对自己所做的事负责，更知道了自己的心中要时刻牢记自己的责任感。

这个男孩就是后来成为美国总统的里根。他在回忆这件事时说：“通过自己的劳动来承担过失，使我懂得了什么叫做责任。这件事还给了我一件意想不到的宝贵礼物，那就是自信。从那开始，我就知道了无论遇到什么事，我都能解决好。”

生活的意义并非在于逃避吃苦，而是在于学习怎样有益地吃苦。从小学会逃避痛苦的孩子，长大后会经历加倍的痛苦，这些问题都来源于逃避责任所带来的痛苦和自卑。自认为承担不起任何责任，还能有什么勇气去面对困难?

很多父母习惯于代替孩子承担责任和后果，他们认为孩子还小，无意中犯错在所难免，不应该让孩子承担犯错所带来的压力。可事实上，如果父母的爱是只顾自己去爱，不顾孩子的感受，那么就是爱得不当，会给孩子带来极大的伤害和影响。

家长们请不要把孩子当做自己的“私有财产”，孩子不是我们的克隆，而是一个独立的、完整的、分离的个体，我们必须要让孩子懂得责任感，没有责任感的人就没有自信感，而没有自信的勇气的人注定将一事无成。所以，不要一味地替孩子生活、替孩子选择、替孩子承担责任，应该由他们自己负责的事情，放手让他们承担。即使行为有所偏差，也要让孩子承担自己行为的自然后果。不要阻止孩子品尝生活的真实滋味，不要过度担忧孩子“吃苦”、“吃亏”，不要过度保护孩子，而是要放手让孩子在风雨和浪涛中锻炼、成长。

让孩子学会对自己的行为后果负责。无论事情的结果是好是坏，只要是孩子独立行为的结果，就应该引导并鼓励孩子勇于承担责任。家长一定不要替孩子承担后果，否则，容易给孩子提供逃避责任的机会，从而会使他变得懦弱，缺乏自信和勇气。

7. 让孩子学会选择与放弃

学会选择与放弃是对生活的一种勇气，这种勇气是建立于自我信任之上的。在家庭教育中，要为孩子建立起面对生活面对现实的自信，那么教会孩子学会选择与放弃则是重要的一个过程。很难想象一个不懂选择、不懂放弃的孩子会具有怎样高的自信水平。

在家庭教育中多给孩子选择的机会，在日常生活中培养孩子掌握选择、判断和取舍的能力尤为重要。家长多给孩子选择的机会，孩子会感受到他们被尊重、被信任，从而就能带给他们自信和成就感，使他们感受到自己能把握生活。

春燕的女儿微微是个天真可爱的小女孩。春燕一直很注意对孩子的全面教育，最近，她正准备送孩子去上“兴趣班”。之所以这么做不是因为她随波逐流地想让孩子“随大流”，而是确实是孩子自己想去学。一天吃完晚饭后，春燕和女儿提起了这件事，她想，微微以前就接触过钢琴，但是那时候条件不允许，所以现在去学钢琴是首选。不过微微上了幼儿园以后对画画也有很浓厚的兴趣，所以去学美术也可以。可是微微又一直都说想去学舞蹈，孩子本身的身体条件也确实挺适合学舞蹈。

春燕对待孩子的问题一直很民主，她想听听孩子自己的决定，于是说：“微微，你不是一直想参加兴趣班吗？妈妈觉得现在可以去参加了，不过妈妈尊重你的意见，你说说看，要学什么？”微微思考了一会儿，说：“妈妈，我能报几个班啊？”春燕笑着说：“当然是一个了，多了你也学不过来，再说也没那么多时间啊!”微微为难地说：“可是，妈妈，我既想学舞蹈，又想学钢琴，还有画画我也喜欢啊！怎么办呢?”春燕说：“妈妈也考虑过这些了，不过这个要你自己选了。”微微用小手拍了拍自己的头，说：“妈妈，我想想吧！明天再说。”

第二天晚上，春燕问起了女儿，微微说还没想好，一直到第三天，微微还是没有想出一个结果。看到女儿的“优柔寡断”，春燕严肃地说：“微微，妈妈明天就要去给你报名了，你今天必须得告诉我你选择的结果。”微微马上大声地说：“不行妈妈，我选了一个又舍不得另一个，我还没想好呢!”春燕说：“微微，你总是这样。如果你是一个医生，选择一种药都要这么久，病人能等得了你吗？作为一个独立的人，你必须要学会选择，因为生活中每一件事都要经过选择。你也要学会放弃，有舍才有得。明白这一点对你来说很重要，你记住了吗?”微微看见妈妈生气了，乖乖地说：“我记住了，妈妈，以后我会慢慢改的。那我还是去学舞蹈吧，我还是比较喜欢舞蹈。”

我们可以作出这样的判断，案例中的微微如果以这样的性格成长下去，那么将来她难免会成为一个优柔寡断而对生活缺乏自信的人。每个孩子在日常生活中都会遇到很多要做出选择与放弃的机会，案例中的妈妈能抓住机会，从小锻炼孩子，这是很难得的一点。她说的也很有道理，确实，人生在某种意义上就是不断地选择与取舍，把握得好，把握得到位，就会在人生路上不断克服各种困难，自信面对风雨坎坷，选择与放弃因此就成为了生存能力中重要的一个方面。

在生活中，教孩子学会选择与放弃很重要。在让孩子自己做出选择的时候，家长一定要有耐心，因为孩子的反应能力是和成人不同的，一定要给孩子反应和思考的时间。而耐心的等待更会表示出尊重孩子的兴趣和选择。有时候，家长还需要适当地重复所提供的选项，因为孩子的注意力持续毕竟是短暂的。只有耐心，才能教好孩子。那么，除了耐心，家长还要怎样帮助孩子学会选择与放弃呢？

首先，帮助孩子学会正确地比较，比较是选择的前提。要让孩子明白哪个是对自己、对他人有利的，哪个是对自己、对他人有害的。有了正确的比较，才会有最佳的选择。

其次，帮助孩子树立正确的观念。哪个对，哪个错，哪个好，哪个坏，在不同的价值观念的衡量下，会有不同的结果，尤其是在现在这个多元的社会中。孩子只有具备正确的价值观念，才可能选择正确。

再次，帮助孩子学会割舍和放弃。孩子有的时候拿不定主意，不知道该选择什么，是因为觉得怎么做都好，哪个都不想放弃。可是任何选择都不是十全十美的，因为只要有选择，就意味着一定要有放弃和割舍。所以要告诉孩子，“鱼与熊掌，不可兼得”。

最后，养成孩子良好的心理素质，能够承担自己选择的任何后果。选择有成功，也肯定会有失败，不可能每次选择都成功，都能达到预期的效果和目标。因此，一定要锻炼孩子承受打击和失败的心理素质。只要能够汲取教训，选择正确的时候就会越来越多，错误的时候就会越来越少，孩子也就会越来越自信、坚强。

让孩子学会选择与放弃，这是在教育孩子过程中极为重要的一个内容，关乎到孩子未来在生活中的多种能力与品质。更为重要的是，学会选择，学会放弃，孩子才能在将来独立面对生活的时候有一个坦然而果断的为人和生活态度——那就是自信！

8. 给孩子一颗勇敢的心

在我们的快节奏的现代生活中，胆小的人在追求目标时，总是缺乏自信、魄力和主动性，所以很可能因此而错过原本属于自己的成功和幸福。所以，家长们要注意，请给你的孩子一颗勇敢的心，让孩子无所畏惧地自信起来。胆小是孩子成长和成功道路上的绊脚石。

勇敢，才能无畏，才能自信。勇敢是一种重要的品格。人在一生中要不停地向前努力拼搏，不断迎接新的挑战和困难，显然，勇敢是一种必备的力量和态度。

孩子由于缺乏生存经验和成熟的世界观，所以经常会流露出怯懦、胆小、对陌生事物害怕的情绪。但勇气不是与生俱来的，家长完全可以在教育子女的过程中赋予孩子一颗勇敢的心。

娜娜是个 4 岁的女孩，她特别胆小。有一次，妈妈带她到小区的院子里玩儿，邻居家 2 岁多的小男孩小扬突然跑了过来，他盯着娜娜手里的小皮球看，非常好奇的样子。娜娜不自觉地把球往身后藏，然后壮着胆喊："你不许抢我的小皮球！"小扬好像看出了娜娜的害怕，冲上来就抢，娜娜吓得嚎啕大哭。妈妈连忙说："小扬，你怎么可以抢东西呢？"又对娜娜说："小弟弟比你还小呢，你为什么怕他？来，和小弟弟握握手，大家做个好朋友。"

小扬做个鬼脸，跑了。从那以后，他只要看到娜娜经过，就会跑过来打她一下，或者把她手里的东西抢走。而娜娜一看到小扬总会不由自主地躲得远远的。

又有一次，娜娜正在楼下的车库里玩儿，看到小扬朝这个方向走来，就马上对爸爸说："爸爸，快把车库的门关上，那个小哥哥要打我。"她竟然将比她小的孩子升级为"哥哥"了。这也正是很多女孩家常感觉头痛的事，由于女儿的文静、胆小，常常在学校受那些"坏孩子"的欺负，自己又不好插手小孩子之间的事情，但又不知道怎样才能让胆小的女儿保护自己。

对于这个问题，娜娜的爸爸给我们做出了榜样。

晚上，爸爸认真地问自己的宝贝女儿："那个小弟弟比你小，怎么会是小哥哥呢？你能告诉爸爸你为什么这样怕他吗？""因为他总抢我东西，还打我。"娜娜有点委屈地说。"如果你按爸爸说的去做，小弟弟就不敢欺负你了。下次他再抢你东西，你就大声地对他说'不许欺负我'，然后再把东西抢回来！"

第二天，娜娜跟爸爸出门，远远地看到小扬走过来，爸爸就对她使了个眼色，躲到一边去了。小扬过来了，看到娜娜手里的玩具熊，就过来抢。娜娜鼓起勇气，大声说："你不许抢我的东西！"然后用力把玩具熊夺了回来，小扬由于没有站稳，而摔倒在地上，他没想到娜娜会变得这么"勇敢"，这次他居然坐在地上哭了起来！

每个家长都希望自己的孩子勇敢、自信，但是在现实生活中，不少孩子在公众场合不敢发言，在面对陌生人或不熟悉的环境时容易局促不安，不能与人坦率自然地交往，这通常都是孩子不勇敢、不自信的表现。孩子胆小除了自身性格之外，还有什么其他原因呢？

第一，家长保护过度。有些家长对孩子的保护过多、过细，怕磕着、怕摔着、怕有任何不适意，总把孩子带在身边，形影不离，使孩子形成一种强烈的依赖心理和被保护意识。当孩子逐渐长大时，保护的惯性照样持续，没能根据孩子的能力发展适当"放飞"，结果是孩子离开大人就害怕，甚至自卑。

第二，家庭教育方法不当。有的家长对孩子要求比较严格，为了让孩子好好学习或者听话，常常用不恰当的语言或方法，使孩子因对自己不满意、自卑而胆小。

第三，孩子交往太少，对陌生人和群体不适应。有些孩子从小很少与人交往，除了父母、长辈，极少与同龄小朋友一起玩耍，极少有走亲访友的机会。这样，使孩子不自信，交往能力萎缩，怕见生人，怕在众人面前讲话。

针对这些原因，家长在教育孩子的过程中要“有则改之，无则加冕”。毕竟孩子形成稳定的性格品质不是朝夕之事，所以，从现在起教会孩子勇敢还不算晚。

告诉孩子，不要害怕，所有美德中最重要的就是勇敢，因为它是其他一切美德的保证。永远要记得，没有什么值得怕的，即使面前有一场不可避免的灾难，它迟早要降临，那么，躲是躲不过的，你所要考虑的，就只能是如何应对，并且信心十足地应对。

9. “恐吓”教育，收获什么

对于家长来说，教育孩子有时候也是一件劳心劳神的事。有时候孩子的淘气、不听话确实会令家长充满无力感。但即使是在这样的时候，家长也要牢记：千万别用“恐吓”去教育孩子。“恐吓”教育，收获的只能是孩子的自卑。

经过了多年的普及教育之后，现在科学教养的观念已经深入人心，因此，用“恐吓”的办法去教育孩子的情况已经不多见了。但是，不多见并不代表绝迹。说到底，这种恐吓孩子的习惯还是来自古老的遗传。

即使现代父母日益重视和孩子的相处之道，但是在被孩子折磨得头昏脑涨、无计可施的情况下，吓唬孩子的话还是容易脱口而出。总是拿大灰狼、怪兽、警察、魔鬼来恐吓孩子，让孩子乖乖就范，虽能收到短期成效，却绝非长久之计。

方女士的女儿小冀今年4岁，正是调皮惹爸爸妈妈不耐烦的时候。小冀是个聪明爱动的孩子，而方女士却是个喜欢安静的人，所以经常会出现这样的情形：

方女士坐在客厅的沙发上看书，在卧室里睡觉的小冀醒了，抱着一个洋娃娃跑了出来，对妈妈说："妈妈，你陪我玩'过家家'好吗？"方女士不耐烦地说："自己和洋娃娃玩吧，妈妈正在看书。"小冀跑到一边，对洋娃娃说："妈妈不陪我们玩儿，那我们跳舞好不好？"于是，小冀蹦蹦跳跳地跳起舞来，一个人有说有笑玩得不亦乐乎。方女士觉得女儿太吵，就回到自己卧室里继续看书。可不一会儿，客厅的音响里就传出了儿童舞蹈的伴奏音乐。方女士快步地走进客厅，说："小冀，你再这么吵我就去小区门口把那个警察找来抓你了。"小冀马上就安静下来了。其实方女士所谓的"警察"就是她所住的小区站岗的保安，他的脸上有一道很长的刀疤，小冀看见过他并且很害怕。方女士觉得这个办法好用，就经常在小冀不听话的时候吓唬她。

前几天方女士带小冀去公园，玩儿了一下午，方女士觉得累了，于是想带孩子回家。可小冀没玩儿够，说什么都不想走。方女士生气之下抱起小冀就走，也不管怀里挣扎的女儿。正巧街边上有一个脏兮兮的乞丐在公园的墙下睡觉，方女士就对小冀说："你看到那个乞丐没有？你要是还这么不听话，我就不要你了，把你送给那个乞丐，让你也变这么脏，每天去乞讨。"正挣扎生气的小冀抬头一看那个乞丐，吓得"哇"地一声就哭了出来。

回到家以后，小冀好几天都特别安静，话也不多，还特别听妈妈的话。直到有一天小冀的姥姥从乡下来了。姥姥刚一进屋，小冀就大哭着跑进了姥姥的怀里，说："姥姥你带我走吧，妈妈要把我送给那个吓人的乞丐……"方女士这时候才意识到自己犯了多大的一个错误。

这样的场面看着是很令人心疼的。方女士的心情可以理解，但是非这样对孩子不可吗？父母是孩子最依赖的人，孩子从出生起，就对父母有着特别的眷恋，同时也有着没有父母就不能生存的潜在不安感，心理学上称之为"基础不安"。发生这件事以后，不管孩子是否懂事，她的心里都经常会有"妈妈会不会不要我"这样的担忧。在这种心理背景下，孩子的潜在不安会加剧，久而久之就会形成胆小、怯懦、不自信甚至自卑的情绪。

经常被恐吓的孩子，一般都变得比较敏感，稍微有一点变化都会引起情绪上的波动。但是时间一长，他们也容易察觉到父母说的话只是在吓唬人，对大人的信任和依赖感大大降低，不再害怕或听从家长的话，反而更容易变成淘气、顽皮的孩子。如果父母的恐吓过于厉害，会使得原本就缺乏安全感的孩子更容易受伤。虽然孩子会因此而听话，却也可能让孩子形成容易自卑、恐慌、缺乏安全感的个性。孩子也许会变得比较顺从，尽量听令于父母、讨好父母，但是却失去了判断事情的能力，长大后一样显得缺乏自信。

孩子毕竟是孩子，他有时并不明白父母只是为了哄他而说出恐吓的话。作为父母，应该明白，恐吓和威胁是一种很愚蠢的手段，它不但不能让孩子变得听话，而且会伤害孩子的心灵。

教子箴言

孩子自信的建立需要一种安全的环境，这包括生活环境和心理环境。家长的恐吓会成为孩子心里不安的土壤，重则会萌发出许多的恐惧，并可能最终演绎为心理变形的自卑；轻则无法集中精力学习，性格压抑、怯懦。而这当然是任何一个家长都不愿看到的。

10. 好孩子也可以“宠”出来

溺爱对于教育孩子来说当然是不可取的，但是，过于严厉地对待稚嫩的孩子就可取了吗？显然不是，否则，孩子的自信和自尊受挫，教育也就失去了应有的作用。事实上，好孩子也是可以“宠”出来的，关键就在于怎么“宠”。

家庭教育的方式有很多种，打骂孩子在家长的观念中被认为是理所当然的。因为他们信奉“严父出孝子”，但是，如今的社会已经进入了法治社会，家长就不可能动辄使用家庭暴力了，但是会有家长提出疑问：如果把棍子收起来，是不是就会宠坏孩子？其实，如果换一种处理方式，可能也会起到好的效果。当孩子犯错时，以尊重和谦和的态度让孩子认识到自己的错误，反而会更加能培养他们自信的品质和负责的态度。

某小学的家长会上，六年级学生小涛委托校领导公开了他写给妈妈的一封信。他在信中这样写道：在家里，您和爸爸对我的管教很严，尤其在学习上，严厉得让我无法接受。记得刚上学那学期，我数学考了99分，全班第一。回到家里的时候，我得意地将试卷交给您，本以为您会奖励我，可是，谁知您不但没奖励，反而在分数的后面写上“0”，然后凶巴巴地对我说：“你不知道100分是最好的吗？我只认100分，除此之外，就别跟我炫耀！99分和0分没有什么区别。”您对我严格要求也许是对的，但您并不知道这件事对我是一种打击和伤害，我的自信心一点点地被抹杀了。从那以后，我也考过全班第一，但不是门门功课都100分，因为您只认100分，所以我也不敢告诉您；我还几次被评为“三好学生”、“学习标兵”，但奖状和荣誉证书都被我悄悄撕毁，扔进了垃圾筒。您和爸爸还多次因为看不到我的成绩单，而对我动用“武力”……我的童年，一点都不值得回忆，我也不愿去回忆。我已经长大了，不再是那个随你们爱怎么处置就怎么处置的小毛孩子。每当你们想对我动拳脚时，我就想反抗，虽然我知道反抗不对，但这不是我的错！请您和爸爸想一想，今后能不能换一种方式对待我？

这就是小学生写给家长的信，我们在生活中也不难发现这样的事情，目前还是有家长在奉行“棍棒教育”。其实，这类教育就是专家们所说的缺乏理性教育的一种现象。当父母在打骂孩子的时候，传统的教养观念在家长们的观念里还是占有主导地位，例如“不打不成器”“棍棒底下出孝子”等，在传统观念中，家长与孩子的关系就是上对下，所谓“父为子纲”，不能去了解和尊重孩子。但是，打骂孩子，会使孩子与家长产生距离感，甚至会让孩子产生对家庭的逆反情绪，这对于孩子的心理发展是及其不利的，家长不应该让孩子对家庭感到陌生和恐惧。如果是这样，孩子在回家之后，就会做什么事情都小心翼翼、战战兢兢，那么在这种环境中长大的孩子，会渐渐变得没自信，没主见，脆弱甚至自卑。

其实好孩子也是可以“宠”出来的，家长们要先肯定和理解孩子的想法，不要在孩子说出自己的想法的一开始就提出反对的意见，甚至不管在什么场合，对孩子一律斥责和否定。这是很不正确的，家长首先要肯定孩子的自我，保护孩子的自信，尊重孩子的意见，然后再去帮助孩子分析他们的想法的可行性。并且要知道，孩子只要能够提出自己的看法和见解就是好的，就表明他们有了他们自己对于事情的理解和看法，即使是不可行的，对他们的成长也是一次很好的历练。

但是，“宠”孩子，并不是要溺爱孩子，这里指的是指导孩子的方法。对于孩子的错误可以宽容但绝不可以纵容；对于孩子要宠爱但不要溺爱，过分的宠爱就会造成相反的作用。对于孩子的错误，应该让孩子在理解中认识到自己的错误，救人不如救心，只有孩子自己知道了自己的错误，才会引以为戒，否则，一味的打和骂，孩子们不但不会在心里接受和认识自己的错误，有时候还会造成孩子的极端想法，结果会让家长更加痛心的。

所以，家长要考虑怎样帮助孩子成功，成功最需要的是培养孩子的自尊与自信，在孩子失败以后，就要给予更多的鼓励，并要帮助孩子分析失败的原因，不要打击孩子的积极性，使孩子学到从失败中追求成功的方式，这对他们来说是十分必要的。要对孩子始终充满期望，动辄使用家庭暴力来教育孩子的方式，是不适合现代的家庭教育观念的。

“宠”孩子并不是一味地溺爱。对于淘气的和犯错误的孩子，家长要本着让孩子心平气和地接受批评的原则来教育孩子，不要采用极端的方法，伤及孩子的自信心和自尊心。孩子是有差异的，成长的方式是不一样的，家长们要注意对孩子的教育方法，只要因材施教，每个孩子都能成才，家长始终要对孩子充满期望，用爱去促进孩子自信、前进。

第四章 尊重孩子意见，让孩子做主

孩子不自信的一个重要原因就是经常受到否定和替代，无法做自己的“主人”。而自信的一个重要前提就是得到肯定评价，把自己的想法付诸实施。家长们要记得，尊重孩子的意见，让孩子自己做主，这是培养孩子自信心的前提，也是重要基础。

1. 尊重孩子渴望独立的愿望

身为父母，要认识到孩子是一个独立的个体，孩子虽然年幼，但他们有独立的人格和自我意识，他们有自己的想法和观点，有渴望得到尊重得到独立的愿望。只有尊重孩子的意见，给孩子自己做主的机会，才能很好地为孩子建立起自信。不能因孩子的弱小、对成人的依赖，而无视他们独立人格和自我意识的存在。

孩子的自我意识是孩子社会适应性发展的基础，没有良好的自我意识就没有良好的社会适应性，而缺乏良好的基础社会适应性，孩子自然无法建立起自信感。自我意识主要是指孩子渴望独立的愿望，包括自我感觉、自我评价、自尊心、自制力、独立性等。孩子最早的自我意识来自父母是如何对待他的，当他肯定自己是独立的，是被父母尊重的时候，他就能认识到自己的价值，从而产生自信感和自尊感。

有些家长无视孩子已经长大的事实，忽视孩子渴望独立的愿望，对待孩子的态度和方式往往和孩子小时候一样，任何事都包办代替，不给孩子自我实践的机会和环境。这样做的后果不是与孩子产生严重分歧、矛盾，就是使孩子灰心丧气甚至自卑，养成依赖父母、无法自立的消极人格。

嘉嘉今年7岁，上小学一年级。嘉嘉妈妈自从孩子出生以后就辞掉了工作，做起了“全职妈妈”，照顾孩子成了她最重要的工作。对于照顾孩子的问题，嘉嘉妈妈的原则是：照顾好孩子的生活起居，打理好孩子的衣食住行。事事都为孩子做好准备和打算，不用孩子操心，不让孩子为学习以外的任何事分心，让孩子把全部精力都集中在学习上。

在生活里她也确实是这样做的，包揽了孩子所有的事情：早上起床给孩子穿衣洗漱，并且要选择孩子哪天穿哪件衣服，哪天梳哪个发型；把早饭做好端到孩子面前；替孩子背书包，送她到学校；接孩子放学回家；看着孩子做作业；就连嘉嘉和哪个小朋友有矛盾回来不高兴了，妈妈也会亲自找到嘉嘉的那个同学了解情况，然后百般劝慰孩子们要好好做朋友相互体谅，不要吵架。可以说嘉嘉妈妈在照顾嘉嘉的问题上尽心尽力、面面俱到，可嘉嘉对此却很不满意，甚至越来越反感。

前几天嘉嘉想要去新华书店买本字典，书店其实离家不远，走路也只要十几分钟，可嘉嘉从来都没有自己去过，以前都是妈妈带着她去。于是嘉嘉约了家住在隔壁的同学李瑶，说好放学一起去。妈妈知道这件事以后强烈反对嘉嘉自己去买书，说她从来都没自己出过门，怕走路被车碰到，或者迷路，或者被人群挤到。嘉嘉反驳说我和李瑶一起去，再说我自己也能找到，我都这么大了自己去买个字典你也不同意。妈妈说你从来都没自己买过东西，根本不知道怎么买。再说隔壁那个李瑶又淘气又邋遢，以后不许你和他玩。嘉嘉气得大哭，可最后还是妈妈亲自去给她买的字典。

现在，嘉嘉对待妈妈的态度经常是气呼呼的，很少和妈妈说话。最重要的是她离不开妈妈的照顾，因为她自己一点自立能力都没有，妈妈不在身边她什么都做不了。

我们不禁为案例中的嘉嘉担心：她想要独立的愿望始终得不到妈妈的赞同和支持，可她终究要长大，要独自面对生活。那么在不远的将来，她能否有信心独立地面对人生呢?

生活中，许多家长总是以自己的愿望和感受来替代孩子的主观需求，忽视了孩子除了吃好穿好的需要外，还有渴望得到尊重、渴望独立自主、渴望自由创造的需要。其实这些需要的满足，才能使孩子建立起真正的自信，才能使孩子感到真正的快乐和幸福。

孩子的自我意识逐渐形成之后，他们会提出“我自己来”“我自己做”的要求，并跃跃欲试地尝试着做每一件事，这是孩子心理发展到一定阶段的正常现象。可是许多父母生怕他们做不好，总是包办代替，从而剥夺了孩子学习与锻炼的机会。当孩子到什么也不会做或什么都没信心做时，父母们却又经常埋怨和无奈，这对孩子来说是不公平的。所以，家长对子女最重要的教育态度，就是要学会尊重孩子的自我意识，学会尊重孩子渴望独立的愿望。

作为家长，应随着孩子年龄的增长和独立意识的增强，通过各种方式以实际行动给予支持，如对孩子表示信任、让孩子拥有独立的空间、给孩子支配时间的自主权、尊重孩子的选择、善待孩子的朋友等等，把自由和独立交给孩子，让孩子自主选择自由探索。只有这样，孩子才能在成长中建立起真正的自信，身心发展的巨大潜能才能得以挖掘。

2. 别把孩子当成“木偶”

从小就生活在父母的严密安排、照顾之下的孩子不但会缺乏独立能力，重要的一点是容易缺乏自我肯定观念，做事往往没主见，缺乏自信，就像是一个木偶，只能听从别人的安排。为了孩子的长远发展，千万别让你的孩子成为“木偶”。

孩子不是家长的木偶，他有自己的个性和天性，他应该得到良好的发展。然而在现实生活中，很多父母并没有意识到这一点，对孩子管得太严，孩子吃什么，穿什么，玩什么，业余时间干什么，上哪儿去，都要接受父母的严格管教，这样的家长完全把孩子当成了自己的木偶，使孩子找不到自我发展的空间，失去独立做事的自信。这是家庭教育的可悲之处。

小静的妈妈是一个十分细心的人，在小静的成长过程中，她总是事无巨细地替小静考虑得十分周到，孩子不管干什么，她都事先考虑到，替孩子做好，从不让孩子自己做，更别说让孩子自己作决定了。例如，她每天接送小静上学、放学，时时都会把孩子的吃穿安排好，就连喝牛奶插吸管这样的事，她也不让孩子做，总是自己做。

也许正是这样的家庭教育，使得小静的性格非常内向。在学校，小静从不主动去玩玩具或进行户外活动，而是四处游荡，非要等老师指定她去玩什么，她才去；每当老师请她进行选择时，她便犹豫不决，事事都要由别人作决定，自己无法作决定。别人都把小静形象地叫做“小木偶”。

小静的爸爸认为这样可不行，孩子不是父母的木偶，她应该养成独自生活的能力。小静的爸爸同孩子妈妈商量后，决定不再干涉小静做什么，也不催促她做什么。当小静特别想要自己脱衣服或者穿衣服时，他们就放手让她自己去穿；小静洗澡时，爸爸妈妈也尽量让孩子有充足的时间在澡盆里玩耍；吃饭时，爸爸妈妈让小静自己吃，而且不催促她……他们尽量把一切小静自己的事情都交给她自己决定。

经过一年多的锻炼，现在的小静已经是个独立自主的自信的孩子了，她有自己的眼光、自己的思维、自己的感受、自己的判断，不再是绝对听话、叫她干什么就干什么的“小木偶”了。

如果把人生比作一场马拉松比赛的话，那么人生的过程就是不断克服各种各样的环境的干扰和困难，直至到达终点。放开我们安全的大手，让孩子自己去感受比赛中克服困难的艰辛，想出办法来避免孩子受伤害，而不是通过束缚孩子的方式来避免意外伤害！孩子不是大人的木偶，作为家长我们应该放开我们的双手还给孩子自我成长、自我生活的机会。这样，我们的孩子才会自信、独立、积极地成长。

正如捧一把细沙，握得越紧，反而手中所剩越少，而那些从指缝中间漏掉的，全是因为自己太用力，太想拥有的缘故。生活中的许多事情都一样，过犹不及。所以，聪明的家长们，给掌心的沙子留点空间吧，这样也许就不会有沙子从指缝中漏掉了。不要把孩子抓得太紧，适当的时候就该学着放手。

具体来讲，这里有以下几点建议：

首先，不要强迫孩子按照父母的意愿来发展。如果家长的思维方式是“子女必须听我的话”，那就大错特错了，毕竟，孩子不是任由我们摆布的木偶。

其次，父母要研究孩子的优点、缺点以及问题所在，善于抓住他们心理的“软肋”。

最后，父母要想取得预期的效果，必须讲究点技巧和艺术。比如，要让孩子和不爱学习的同学断绝交往，最好的方法是鼓励他们加入新的交际圈，并获得良好的体验。

总而言之，在日常生活中，家长要从尊重孩子的角度出发，从孩子的发展角度出发，给予孩子足够的学习时间和空间，尽可能满足他们的合理要求，让他们自己去干，使他们的想象、创新、动手能力都得到充分的发挥；给予孩子较大的自由度去探索研究自己感兴趣的问题，促使孩子去关心现实、了解社会、体验人生，积累更丰富的经验和知识，建立起高度的自信心。现代父母应成为孩子学习的激励者、辅导者，各种能力和积极个性的培养者，而不是包办者、束缚者。

孩子的自信心是孩子自我发展的内在动力，是孩子全面发展的基点。一个孩子有了初步的自信心，去做力所能及的事情，爱动脑筋想问题，独立地从事一些活动，往往在身体、智力、情绪、性格、

意志等各方面才会发展得较快、较好。如果家长过分“关心”、“保护”，一切包办代替，孩子就会缺少锻炼的机会而影响自信心的形成，从而形成能力低下、性格懦弱、没有见地的消极性格品质。

3. 顺其自然培养孩子的兴趣

培养孩子的兴趣，关键是要善于发现孩子的兴趣所在，要接受孩子、尊重孩子、观察孩子，顺其自然地为孩子铺设好发展的道路，这样孩子才能在学习成长的过程中找到自己真正的兴趣爱好和前进方向，才能建立自信，信心十足地走好自己的发展之路。

现代家庭在对待独生子女的教育问题上，真可谓是煞费苦心。父母都希望能培养出高素质、高层次的子女来，于是，上“兴趣班”几乎成了孩子的必修课。大人不管孩子是否有这方面的潜能，只是一味地向孩子灌输着所谓的高雅艺术。而孩子呢，小小年纪，就要身不由已地学这学那，所得的结果却往往又令大人失望，真可谓是“可怜天下父母心”。做父母的都望子成龙，望女成凤，这固然是无可非议，但若是违背孩子的天性，去强迫孩子接受一种“特长”，从而在无意之中扼杀了孩子自身的兴趣，那么，家长们是不是就有“舍本逐末”之嫌了呢？孩子又能发展成什么样子呢？

邵太太曾经给女儿小凤报过一个钢琴班，可小凤没上几节课就说什么都不去了。她说她的手一放在钢琴上就变硬了，根本就没有感觉。邵太太说你看看人家现在的女孩都在学钢琴，不也都是从零开始的吗？可怎么说女儿都不愿意。

后来，小凤的爸爸说："不必过急，还是顺其自然吧！孩子没兴趣，你急也是白急呀！"想想这话也对，于是，邵太太转变了自己的看法。她分析了女儿学琴失败的原因，认为应该以理性的态度去面对女儿的行为。同时，邵太太通过阅读有关的家庭教育书籍，调整了自己的教育观念，决定在家庭中营造一种家庭艺术氛围，让孩子在温馨、愉快的气氛中学一些知识，这总好过强迫孩子去养成什么兴趣。

小凤的爸爸爱好书画，有空就忙于临摹、画画。原来邵太太是不同意让孩子学这个的，她说这个不实用，即使学了将来也无非就像你爸爸那样，没发展。可女儿时常在爸爸身边，久而久之，爸爸所做的事逐渐引起了女儿的注意。终于，小凤7岁那年，主动向爸爸提出："爸爸，我想学写字，你教我吧！"当时爸爸妈妈虽然很高兴，但也没当一回事，只是抱着试一试的态度让她跟爸爸学，出乎意料的是，女儿学写字却是非常成功。几个月后，小凤的隶书便写得很像样了。在习字过程中，邵太太一直不断地鼓励、表扬女儿，小凤的习字兴趣始终未减，还在9岁和10岁那两年拿了好几个书法奖。

"兴趣是最好的老师"。一个人如果做他感兴趣的事，他的主动性将会得到充分发挥。即使是十分疲倦和辛劳，也总是兴致勃勃、心情愉快。即使困难重重也决不灰心丧气，而是自信十足，百折不挠。如果让孩子去学他感兴趣的知识，学习的时间也许很长，但他丝毫不会觉得苦，反倒像是在游戏。天才的秘密就在于强烈的兴趣和爱好及由此产生的无限自信和热情。兴趣是勤奋的重要动力，爱迪生就是一个好例子。爱迪生几乎每天都在他的实验室辛苦工作长达18个小时，在里面吃饭、睡觉。但他却丝毫未以此为苦："我一生中从未做过一天工作。"他宣称："我每天其乐无穷。"难怪他会取得那么大的成就。

兴趣的作用如此重要，教育孩子更不能忽视孩子的兴趣，我们的家长也都明白这个道理。然而如何培养孩子的兴趣，是遵从孩子的自身意愿，还是由家长来选择发展，这才是问题的关键。

事实上，每个家长的人生观、世界观、价值观以及文化素养和所处的社会环境、生活经历等千差万别，他们对孩子培养兴趣的想法，具有很强的主观性，往往会受社会潮流和自我经历的影响与制约。如果要培养的兴趣，正好与孩子原本的兴趣巧合，那就如鱼得水，被孩子所接受，并在二者的共同努力下，获得极佳效果；倘若这种培养的兴趣，与孩子原本的兴趣相悖，那就会南辕北辙，被孩子拒绝，并在二者的抗衡打拼中两败俱伤。而在这种情况下，孩子显然是建立不起任何的自信和动力的。所以，家长要充分尊重孩子潜在的能力倾向和意愿倾向，顺其自然地培养孩子的兴趣和长处。

家长要避免“逼迫”孩子去养成一种“兴趣爱好”，应在孩子“自然”兴趣的基础上，帮助孩子开阔视野，增加“纵向深度”，对孩子的兴趣加以引导，让孩子尽可能地体验到成功的喜悦，建立起学习的信心和动力，这才是促进孩子心智充分发展的契机。孩子由此而形成的自信力，更是今后成功的重要基础。

4. 不要为难成绩差的孩子

孩子学习成绩的优劣只是一个短期不稳定的表现，对于孩子的长远发展来说，其远不如孩子的自信品质和其他一些积极的性格品质重要。过分对孩子的“不好”的成绩进行苛刻的责备会很容易伤害孩子的自信心和争取进步的积极性，这显然不符合我们教育孩子的初衷。

成绩不是衡量一个孩子优劣的标准，成绩差的孩子在学校的同学们和老师的面前，一直都扮演着失败者的角色。在学校里一直都是被老师重点关注的对象，接受着别的同学的不平等的眼光。而回到家里的时候，就是想避开那些偏见，但是有些成绩差的孩子回到家的时候，受到的待遇甚至比在学校还要糟糕，自己的家长对自己更加刻薄。所以，成绩差，不仅成了这些孩子学习上的包袱，更成了他们成长过程中精神上的包袱。

小明和晓峰是一对很要好的朋友，两家是邻居，每天都一起上学、放学，但是俩人的学习成绩却不一样。小明学习成绩很好，是他的父母的骄傲，也是他们生活的小区里公认的好孩子。可是晓峰的学习成绩却怎么也上不去，他的父母都觉得自己脸上无光。

每次考完试之后，他们对晓峰的惩罚就开始了，不仅给他选择了大量的课外习题，而且不准他出去玩儿，每天都关在屋子里学习，偶尔还接受体罚。有一次考完试之后，考的特别糟糕，晓峰都不敢回家了，他自己一个人在街上呆了好久，他的爸爸妈妈急坏了，找了好久。后来，在警察的帮助下才找到了晓峰。可是晓峰却不愿意回家，怕爸爸妈妈惩罚他，后来，他的爸爸妈妈都着急得哭了起来，晓峰也哭着对他们说："我在学校里就是个学习不好的孩子，老师连回答问题都不愿意叫我，回家了你们都不管我，也批评我，我不想回去，是怕你们再罚我做题，我做得头都大了，想出去玩儿都不行……"他的爸爸妈妈很后悔，他们从来就没想过孩子的心里怎么想，只顾着自己的面子，今天是他们的儿子给他们上了一课。

家长们要教育孩子懂得知耻而后勇，树立自己坚定的自信。有许多的名人，在他们没有成才之前，也曾经被人视为差生，可他们不以成绩差而感到羞耻，反而知耻上进，自信十足，终于成了影响古今的名人。大科学家爱迪生当年也是一名"差生"，被学校劝退，在母亲培养下成才；我国著名数学家苏步青也曾是一名"愚顽不化"的"差生"，成绩在班里排倒数第一，后来遇到了对他不抱成见的恩师陈玉峰才"浪子回头"，爆发出对学习的热情，终于成为一代宗师。我们在以上的事例中可以看出来，这些成功者都曾经是差等生，而都是因为有人赏识他们，给了他们自信，才成就了一番事业。所以，家长们不要难为成绩差的孩子，也许给予他们更好的关怀更能激发他们的自信心和积极性呢！

成绩的好坏并不能决定孩子的终身，决定[illegible]子一切的还是孩子自己的心理状态。因此，家长不要过多地为孩子的成绩发愁，要在怎样培养孩子信心上多动脑筋，要本着成绩不好没关系，尽了自己最大努力了就好的心态去鼓励自己的孩子。

家长不要因为孩子考试成绩上不去就全盘否定孩子，甚至把许多与学习毫不相干的事情都与他们不好的成绩挂上钩，这种做法不但不能激励孩子上进，反而会得到很多负面效果。每一个人都应该是全面发展的，每一个人都是希望得到掌声和受到表扬的，尤其是孩子。而成绩落后，并不意味着能力差，现在的社会需要各种各样的人才。只要有自信、有能力，任何一个孩子都能在社会上立足，并且成就一番事业。

有自卑感的孩子在做事情的时候，首先就认为自己不行，就越来越没有信心，甚至破罐子破摔。为了克服自卑心理，为了树立自信心，要时刻告诉孩子他能行，成绩只是一方面，并不能涵盖一个人的全部，对于孩子的成绩不要非常计较，要让孩子相信“天生我才必有用”。

孩子在考试考得不好的时候，常常会垂头丧气，他们自己也很想取得好的成绩。但是因为他们总在心里怕回到家之后家长会责骂自己，于是往往就没有了信心，在外表就给人一种弱者的表现，做什么事情都不会尽力而为，这对于孩子的自信心的培养是没有好处的。

因此，家长们要注意，成绩不能决定孩子的一切，同时对于成绩差的孩子不要为难他们，因为在他们的内心已经对于自己的能力进行了否定，如果家长们一再加以否定的话，那么孩子将永远都抬不起头来。

成绩差的孩子更需要家长的鼓励与支持，因为他们在考得不好的时候，是最需要别人来安慰和鼓励的，如果他们最亲近的人都不

鼓励他们的话，那么，孩子的信心就会受到更大的打击，甚至会自暴自弃。成绩的好与坏是衡量一个人知识层面的一个标准，并不代表一个人的全部，与其在成绩上为难孩子，不如教会孩子如何树立坚定的自信心，然后再接再厉，争取进步。

5. 让孩子多参加实践活动

古语说："纸上得来终觉浅，绝知此事要躬行。"实践出真知是颠扑不破的真理。让孩子进行实践其最根本目的就是要让孩子真正接触现实接触生活，在实践中建立解决实际问题的自信，从而锻炼孩子的动手能力，掌握生存技能。这正是家庭教育的根本意义。

"高分低能"的孩子在生活里并不少见，这是我们传统教育方式的一个败笔。事实上，无论一个孩子的学业成绩有多好，哪怕读到了博士学历，创造力的支点还是参加实践活动。因为平面的书本知识过渡到立体的现实生活是非常不一样的。培养孩子的实践能力是非常重要的，这关乎孩子在以后的社会生活中的实际能力和自信的强度。纸上谈兵的人即使再有能力再有自信，充其量无非也就是盲目的自满和自负。

孩子在幼儿期间，主要是用形象思维来解决问题。可现在的知识性教育都是从大人的抽象思维出发，不是非常适合幼儿的思维方式，这样就有可能造成知识与实践的脱节，扼杀孩子的实践能力。

8 岁的小刚是个学习成绩优异又听父母话的乖孩子。小刚的爸爸妈妈一心想让孩子读好书，平时在家里什么都不用孩子去做，小刚所有的时间几乎都用来学习书本知识和一些“特长”了。

前不久的一天，小刚家里来了很多客人，妈妈忙着动手准备饭菜，爸爸帮忙打下手一时忙不过来，就让小刚到厨房的厨柜里拿几根香葱出来，结果小刚磨蹭了半天，竟然从厨柜里拿来了几根韭菜交给爸爸，弄得爸爸妈妈啼笑皆非。一个 8 岁的孩子连香葱和韭菜都分不清，明显是孩子平常的实践太少，缺乏生活实践常识的结果。客人走了之后，爸爸妈妈心里如同打翻了五味瓶一样复杂，爸爸给小刚讲了一个故事：

郑板桥 52 岁时始得一子，视如掌上明珠，但他从不溺爱孩子。他说：“读书做官是小事，重要的是要使孩子明理，要让孩子多实践，做个好人。”在他病危时，他要儿子亲手给他做馒头，儿子不会做，他便叫儿子请教厨师。最后，儿子费了九牛二虎之力才把馒头做成。这时，郑板桥却已经断了气，儿子发现茶几上有张纸条，上面写道：“淌自己汗，吃自己饭，自己事情自己干，靠天、靠人、靠祖宗，不算好汉。”儿子这才明白了父亲临终前要他亲手做馒头的用意。

爸爸妈妈说：“小刚，以前我们没有意识到要让你多实践，只是把注意力都放在你的学习上了，现在看来这样做很不科学。以后爸爸妈妈和你一起努力，把学习和实践融合起来，希望你能理解我们的苦心。”从那以后，小刚的爸爸妈妈经常鼓励小刚做一些家务，并且按照小刚自然课本上的要求给孩子买了一些家庭实验的工具，支持孩子自己动手做实验。小刚参加了几次学校组织的社会实践活动，暑假期间他还报名参加了夏令营。

现在的小刚看起来比以前自信活泼很多，学习成绩也没有下降。爸爸妈妈对他也很放心。

小孩子天生好奇、勇于体验，这是人要生存不得不具有的本能，就在这种深入活动的过程中，孩子的认知能力不断提高，也因此对自己的能力更具信心。这种对新环境的好奇及实践，是与恐惧相伴而生的。由于大人已渐失体验的勇气，因此常在孩子面临未知的新环境时，因同情孩子的恐惧心而直接帮助孩子，提供大人的解决方法。一旦孩子习惯于依赖家长所提供的选择，就很少再有机会去自己动手动脑寻求解决问题的办法了。所以，家长有时对孩子的过多包办或者过多不必要的担忧和疼爱会使孩子丧失许多实践的机会，不常动手做事儿，自然就不常动脑思考问题了。

其实，孩子成长的过程就是体验如何做事的过程，是不断实践和尝试的过程，家长不需要过分注重孩子实践所得的结果。孩子通过一次次的失误，终究能在时机适合时领悟成功，从而建立起独立解决问题的自信。从小培养孩子的实践能力，还可以使孩子对自己的聪明才智产生足够的信心，培养他敢说敢做的精神和坚持到底的顽强意志，这些对孩子今后的发展将有深远的影响。同时，让孩子自主独立、动手实践也是激发创造力的必要前提。所以，家长在教育孩子时要给孩子留有更大的发展空间，鼓励孩子多参加实践活动，以帮助孩子进一步地发展。

孩子毕竟不能永远生活在家长的庇佑之下，他们迟早有一天要独自面对生活和社会赋予他们的使命。这个现实的使命显然不是光靠抽象的书本知识就能承担的。父母作为孩子的第一任老师，应该懂得实践对于孩子的重要意义，并且应创造有利条件鼓励孩子从小事做起，勇敢地投身到各种实践活动当中，在实践中培养孩子的自信和意志。这对孩子来说就是最实在的关爱。

6. 宽容 VS 纵容

在宽容的教育下长大的孩子必然会是一个理智、成熟、自信的人；在纵容的教育下长大的孩子则容易成为一个任性、固执、自卑的人。很多家庭都不在意宽容与纵容之于孩子的教育效果，事实上，宽容而不纵容才是最科学的教育方式。

宽容与纵容虽一字之差，但相距甚远。宽容是指孩子做了错事以后，家长以一种宽大的胸怀接纳孩子的过失，并不去计较追究，只是及时地、技巧性地引导、提醒、启发，使孩子的内心深处受到自责，感到悔恨，促使孩子认识错误，改正错误；纵容则是对待孩子的错误和不良习惯，家长不是进行批评教育，而是鼓励、表扬、纵容孩子天马行空、我行我素、一错到底。实践证明，学会并利用宽容的教育方法要比纵容孩子的教育方法好得多。

某作家的女儿是个很纯净的女孩。女孩儿初涉爱河，与一个男友朦朦胧胧地好上了，并怀了孕。她很着急，没对家人讲，便找一个朋友把事情解决了。后来她家的另一个朋友偶然知道了这件事，如临大敌地向她爸爸“揭发”了这件事。作家很平静地对这位朋友说：“我知道这件事，她已经告诉我了。她这么大了，想尝试一下，很正常的。”事后，他教育女儿说：“你长大了，很多事可以自己选择、决定，但是要清楚地认识到什么该做，什么不该做，这也是对自己的负责和爱护。”

这件事使女儿很感激，后来，她去了美国，无论遇到什么样的事她都沉着冷静，自信处理，游刃有余。

这是宽容孩子的典型范例。宽容的力量是惊人的，它是一种谅解，一种尊重，更是一种激励。在这种氛围下长大的孩子通常遇事不惊，有条有理，自信十足。

生活中有不少家长，信奉“严师出高徒”“棒下出孝子”等传统的教子理论，对孩子期望高，要求严，要求孩子成绩确保前几名，中学上重点，大学上名牌……孩子小小年纪就被套上了沉重的枷锁，学习负担太重，精神压力太大，完全丧失了天真烂漫、活泼稚气的一面，这种“爱的严厉”其实是对孩子天性的扼杀。

古人说得好：“攻人之过勿太严，要思其堪受；教人以善勿过高，要令其可从。”家长们必须要学会宽容，宽容对待自己的孩子，当然这决不意味着放纵孩子为所欲为。给孩子一个宽松自由的空间，孩子才能轻松、快乐、健康地成长。

小妮在小学二年级时，有一次和妈妈说过这样一件事：班级开班会，老师让大家说说自己都做过什么不对的事，比如有没有拿过别的同学的东西。小妮很自豪地对妈妈说，自己曾拿过同桌的一块橡皮，很好看，在班会上还给同学了，老师还当场表扬了自己。

妈妈心里很奇怪：孩子并不缺少什么，怎么会做出这样的事？在班会上自己承认了，还以受到老师的表扬为荣，这说明了什么问题？和孩子爸爸商量后，取得一致的意见：孩子还不懂得，拿别人的东西这件事本身就不对，是不应该做的；在班会上，自己承认了错误，承认错误本身是对的，但事情的前提是自己做错了事，不应该因为这件事受到老师的表扬而感到自豪。小妮的爸爸妈妈并没有声色俱厉地批评孩子，也没有表扬孩子，而是借用后来生活中的一些事，来让孩子明白了这个道理。

对孩子宽容，就是不能过度批评孩子。孩子犯的错多是无心之错。即使是故意犯错，孩子也不会想到有多么严重的后果，只是觉得好玩、有趣。家长在批评孩子时，只要指出问题的本身就行了，不要过分地夸大错误的性质和危害，以免在孩子幼小的心灵中，形成对外部世界的恐惧，造成不敢大胆做事、缩手缩脚的自卑性格。

受到父母宽容和赏识的孩子，会在愉快中接受父母的建议，时刻记住自己的失误，并在以后逐步改进或改正，这样就会建立起对于正确行为的自信心。还有些时候，孩子往往会出于好意却做了错事。这时，即使造成了比较大的损失，家长也不要暴跳如雷，甚至伤害孩子。应该告诉孩子：“谢谢你的好意，但是你的方法错了，结果让父母非常伤脑筋，以后应该这样……”

对待孩子宽容，绝不等于放纵，也不等于孩子犯了错误不闻不问。这里所说的宽容，是指父母对孩子所犯一般性错误行为暂时不作指责和批评，经过父母和孩子双方冷静思考后，再来共同确定或者找出解决问题的办法。父母对孩子宽容的教育方法，就是要求父母对孩子的过失进行全面地了解和分析再发表意见。这种后处理的办法既体现家庭教育的正确性，同时也给孩子留有审视自己正确与否的时间。

心理学告诉我们，小孩子的过错行为具有偶然性和盲目性，并没有构成一种习惯，而这种偶然性，又往往是由于好奇心和喜欢模仿等原因造成的，并非是孩子有意识的错误行为。在这种情况下，父母的宽容是对孩子的理解。孩子体会到了父母的理解，会更加珍惜父母的宽容，加倍努力使自己的语言和行为更规范，尽力把自己要做的事情做好，让父母满意。

教子箴言

父母要学会宽容，就应该保持冷静头脑，多了解，多分析，选择正确的方法，让孩子接受自己的教育。要知道，宽容的教育，才能够维护孩子的自尊心，从而保持和增强孩子的自信心。

7. “在人格上，我们是平等的”

父母在与孩子交流时，一定要在平等的状态下进行。平等地做孩子的知心朋友，了解并欣赏孩子的优点，及时帮助他们解决烦恼和疑惑，这样才能更好地培养孩子的自信和自尊，有助于孩子人格的健康发展。

很多父母或许都有同样的感受，孩子越大，越难以沟通。然而细想想，家长也许确实存在一些不恰当的教子习惯：是否给孩子申辩的机会，让他们说出真实感受；批评孩子的时候，是否用手指指着孩子；当孩子与自己的想法不一样时，是否火冒三丈；最后谈话结束，是否会给孩子一个拥抱？亲子间的沟通，作为父母是要有些策略的，哪些话能说，哪些话不能说，都应该考虑，这样才能达成有效沟通。更为重要的一点是，在平等的民主的教育氛围下长大的孩子才能维持良好的自尊水平，才能保持并养成自信的人格素质。

6 岁的小歌在上幼儿园。一天，妈妈在去接小歌放学的时候，幼儿园的贾老师告诉她，最近花园里的花都开了，可不知道是哪个孩子总是偷偷地去折。今天吃过午饭的时候她去花园，看见小歌手里正拿着两朵刚折下来的鲜花。贾老师批评了她，可这孩子脾气很倔，死活都不承认花是她折的，还和老师耍了一通脾气。

妈妈很生气，回到家以后问小歌：“你喜欢花可以，可是不能去折你不知道吗？花儿长在那里是给大家欣赏的，折下来以后就只能给你自己玩儿了，你这样做既是不遵守纪律，又是很自私的行为，你知道吗？”

小歌理直气壮地说："那花不是我折的，我从来都没折过！我一直都遵守纪律，还得过小红花呢！"

妈妈生气地说："不是你折的怎么会在你手里？那你说是谁折的？"

小歌犹豫了半天，说："反正不是我！"

妈妈大声地说："犯了错误不承认，不知道改正，你还学会撒谎了！"她忍不住挥手朝小歌的后背打了一巴掌。看着孩子哭得委屈，妈妈也有些后悔自己太激动了。不过她想一定得让孩子受点教训，一晚上都没理她。

第二天，妈妈刚到幼儿园贾老师就走了过来，说："真是对不起，昨天我错怪小歌了。那花是班上的另一个小朋友折的，是她折完了送给小歌的，并且说好谁都不许说。看到我昨天批评了小歌，她今天主动和我承认了。今天我已经给小歌道歉了，是我太武断了。"

回家之后妈妈很认真地向小歌道了歉，让孩子原谅她。开始的时候小歌还很冷漠的样子，后来看妈妈真的很难过，她就笑了。她拉着妈妈的手说："知错就改就是好孩子。不过妈妈你以后要相信我，要不然我们就没办法做朋友了哦。"

听到孩子这么说，小歌妈妈心情很复杂：看来任何时候都应该和孩子平等地交流啊！就像孩子说的，这样才能和孩子成为"朋友"。

生活中有很多家长放不下父母的架子，总是"高高在上"地面对孩子，认为自己在教育他的过程中有"特权"。但事实上，这样是很难与孩子达成沟通的，从而也无法实现教育孩子的真正目标。

曾经有个 14 岁的中学生被人怀疑偷了一辆自行车，父母知道后第一反应就是动手打孩子。孩子一再申辩自己冤枉和无辜，父亲根本不相信自己的孩子，只是强调孩子给家里人丢脸了，让他没脸见人。后来这个孩子在极度的自卑中失去了所有的朋友，学习成绩也一落千丈，做什么事情都没有勇气，变得没有任何一点自信，最后由于严重的心理障碍而辍学了。

现代家庭教育中，家长最好的选择就是把教育孩子的过程变成与孩子一起成长的过程，为孩子创造一个适合成长的正常环境，要平等地对待孩子，鼓励、引导孩子走自己选择的并适合自己的成长之路，这样才能培养出自信、积极、乐观的孩子。在整个过程中，家长与孩子的沟通是否平等、顺畅决定着这场“战争”的结局：双赢还是双亏。

只有我们父母放下做家长的架子，不把自己的意志强加给孩子，真诚、平等地和孩子进行沟通、交流，才能让孩子的自我意识得到实现，才能在教育过程中让孩子给自己合理定位，也才能培养出孩子的自信品质和勇于进取的精神。

8. “你的选择也许是对的”

孩子在成长过程中会逐渐地形成独立意识，其表现主要是产生了对事物的主观认识以及有意识地选择。这是孩子进入社会性人格角色的积极因素。孩子的选择可能还是幼稚不成熟的，但对他来说，这份选择的得出与一个成人所做出选择的过程是一样的。尊重孩子的选择是为孩子建立自信感的重要前提。

“可怜天下父母心”，大人所做的一切都是为了孩子，父母们都想利用自己的经验、阅历来为孩子选择更有前途、更加光明灿烂的人生道路，但是在做出选择时能不能听取并尊重孩子自己的意见呢？孩子的路毕竟要靠他自己来走。

前几年轰动一时的“大学生动物园硫酸伤熊”事件就是一个反面的例子。

仅仅是为了验证一下“狗熊到底笨不笨”，身为清华大学四年级学生的刘海洋，竟将硫酸泼向北京动物园内的国家一级保护动物狗熊。一个本该有着美好前途的名牌大学生，用硫酸毁了黑熊，也毁了自己的大好前程。这件事的确令人痛心，也发人深思。刘海洋本人的话也许会给人们一点启示：“我从小就是大人眼中的‘好孩子’，但我却从来没觉得有什么好的，我不善言辞，没有自信，更没有什么好朋友。我想报考生物专业的愿望也被母亲无情地剥夺了，而我对生物的爱好已到了走火入魔的地步，这才一时糊涂，犯下了不可饶恕的错误。”当初在填报专业时，刘海洋曾经和母亲争论过好长时间，母亲说生物专业不吃香，没前途，硬逼着他填机电专业，最后他是哭着填了现在的专业。这也是刘海洋平生第一次鼓起勇气反抗母亲对他的包办，可最后还是以失败告终。假若刘海洋真的如愿以偿地选择了自己钟爱的生物专业，能够进行正规、系统的研究，是不是就有可能避免悲剧的发生了呢？正是由于母亲从小对其的大包大揽，使其失去了起码的选择权利和发展空间，才使其由一个活泼可爱的孩子变得自卑孤僻，沉默寡言，最终导致心理障碍，走上了一条畸形的道路。

这场悲剧事件发生后，刘海洋母亲现在是否明白自己的教育方式差在哪里了呢？

我们越来越发现西方的教育体制强于我们的传统教育方式。西方国家的孩子在某些方面上确实强于我们的孩子，比如自信感、创造力、探索力等等。我们的孩子考试成绩大都比他们高出许多，但是，我们差在了哪里呢？在西方，孩子的自主选择是一种必须呵护的权力，因为自主选择的才是孩子所自信的。可是，在中国，很多孩子是大人幸福的“工具”，孩子必须在家长的欲望中上小学、初中、高中直至大学……但是，学成之后，孩子却变成了一个缺少自主能力的人，遇到真正的问题和困难时，往往显得不自信，没勇气。

与中国教育不同，在西方，无论是家庭还是学校，尊重孩子的自主选择都是教育者必须具备的教育理念。和西方孩子的自由散漫、无拘无束相比，中国孩子最缺少的就是自我信任。家长的意志代替孩子的选择，这是中国传统式教育的一个劣根。因为从小就缺少自主学习的意志，孩子在失去自我信任的基础上，就逐渐变成了一个“学习机器”。这种缺少自主选择和自我信任的孩子，虽然可以考到好的成绩，却很难有同等智力的西方孩子的成就。因为缺少自我信任，中国孩子往往毕业后很难独立成就自己的事业。长期缺少独立自主的意志，这些孩子随着年龄的增长，反而往往变得十幼稚和缺少自信。

从人格层面上来说，孩子具有同家长一样的自主意识。当然，孩子的认知能力有限，作为监护人，家长自然可以干预孩子尚不成熟的处事方式。但我们教育孩子的初衷是什么？自然是培养孩子的良好的人格素质和成功素质。那么由此出发，家长要明白，性格与能力的养成不是朝夕之事，也不是要等孩子长大后才做的事。家长要学会尊重孩子自己的选择，给孩子充分的自主空间和历练机会。

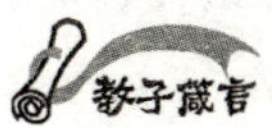

任何孩子都可以具有坚强的自信，但前提是要发挥出孩子的主观能动性。要让孩子健康成长和发展，家长必须尊重孩子的自主选择。这并非是父母推卸责任，而是培养孩子的自主能力和自我信任感，让他们逐渐成熟起来的必要选择。

9. “你的地盘儿你做主”

孩子是一个独立的个体，虽然现在他需要父母的扶持和帮助，但这并不意味着他不需要属于自己的空间。在这片仅属于他自己的空间里，孩子往往具有强烈的自我意识和自主意识，如果这片空间被剥夺，那么孩子则容易失去自我，变得依赖、怯懦，从而无法建立自信感。父母的怀抱是孩子躲避风雨的“避风港”，但却不是禁锢孩子的“苑囿”。

很多家长对孩子过分保护，导致孩子从小没有独立空间，事事由父母操纵，样样由家长裁定，孩子自由选择的余地非常小。这种家教方式抹杀了孩子的个性，容易使他们产生自卑心理，遇事唯唯诺诺，缺乏独立生活、学习的信心和能力，影响孩子健康发展。

事实上，孩子最希望在家庭中获得的是自由、信任和平等。这些父母越俎代庖的行为不仅会对孩子的成长产生无形的障碍，而且常常引起孩子的反感，激发亲子间的矛盾。一项调查显示，翻看孩子私人物品、训斥打骂子女、过分干涉子女行为成为孩子“不喜欢父母”的三大“罪状”。

立春今天和妈妈吵了一架，哭得很伤心。晚上她在日记里写道：“我都上四年级了，是个大孩子了。可妈妈总是把我当成小孩子。今天我放学的时候看见妈妈在看我的日记，我真的很难过……”

事情是这样的：不知道为什么，这几天立春显得郁郁寡欢，不太爱说话。妈妈问她怎么了，她应付着说没什么事，可妈妈紧张孩子，看见孩子这样心里很担心。立春有记日记的习惯，每天晚上都会很认真地记录一天都发生了什么事。她的日记本就放在房间的抽屉里。

下午妈妈在给她打扫房间的时候，忽然想起来立春这几天一定有什么事瞒着她，孩子肯定把事情记在日记里了。虽说偷看孩子日记没什么道理，可这毕竟是出自关心孩子。妈妈打开立春的日记一页一页地翻开读起来，原来孩子真的是长大了，她有很多想法都没有和妈妈说过。最近几天立春和好朋友小雅闹别扭了，起因是她们一同看中了一个手链，可手链只有一条，被小雅抢着买走了，所以她很生气也很伤心。看到这里妈妈笑了一下，原来就这么小的一件事情。她看得专心却忘记了时间，这时候立春已经放学回来了。

立春打开自己房间门的时候看见妈妈在翻看自己的日记，她当时愣在了那里。妈妈赶紧解释说是出于关心她才这么做的。立春哭着说："关心我就偷看我的隐私？我都这么大了你还总拿我当小孩，不给我点自由空间。你这是不尊重我！"妈妈尴尬地说："女儿和妈妈之间还有什么隐私，我不是担心你有事自己处理不好吗！你还是个孩子，要什么自由空间，什么事都要和妈妈讲，妈妈会帮你处理好所有的困难。"立春什么也没说就哭着跑开了。

不要以为孩子什么都不知道，不要以为什么都为他们设计好就是爱他们，孩子也需要自由，需要一个属于自己的空间。如果让他们感觉到自己是父母手中的棋子，那孩子就会失望、依赖，这还何谈自信，何谈成功？

实践证明，家庭教育的最佳方式是充分尊重孩子的自由意识和主体意识，把他们当作家庭普通一员对待，既不特殊，也不忽视。尽可能满足他们的合理要求，让他们自己去干，使他们的想象、创新、动手能力得到充分的发挥。即使一时做错了，也不要大惊小怪，而应晓之以理，使其懂得什么是正确、能做的，什么是错误、不能做的。给孩子自由选择的机会，孩子的选择体现了孩子自己的爱好与内心的需要。给孩子属于自己的自由空间，让孩子用自己的思维支配自己的行为，这不仅可以培养孩子的独立性和创造性，还可以有效培养现在孩子普遍缺少的自我信任感。

家长对孩子行为的不当干预，不仅会束缚孩子的求知欲，而且会挫伤孩子的自信心，对他的智力发展和人格形成都有不利影响。如果你想把孩子培养成参天大树，而不是一株小小的盆景，那就把他放到广阔的天地里去，让孩子在自由的空间里尽情飞翔。

10. “我在听，说下去”

在日常的家庭教育中，很多家长不自觉地在忽视地听、假装地听、有选择地听孩子说话，真正能做到全神贯注听孩子倾诉的人很少。这些家长往往忽视了倾听也是一种教育，忽视了自己的倾听对孩子的重要性。认真地倾听孩子说话有助于孩子的自我肯定，从而建立起自信感。

随着孩子一天天的成长，很多家长都想能与自己的孩子多进行沟通，了解孩子的学习、生活和内心世界。但很多时候孩子不爱说话，或者有的孩子说话杂乱无章没有目的性。家长忙工作忙家务劳累了一天，哪里还有心情去听孩子鸡毛蒜皮的“絮叨”？于是强忍着心不在焉地听孩子说话，或者干脆就打断孩子的诉说。有的家长习惯于在孩子还没说完的时候就妄加评论。很少有家长能在孩子与其说话的时候放下手中的家务去注视孩子的眼睛，认真地听孩子诉说。殊不知，孩子的自信在很大程度上就是在这个时候被损伤的。

其实，每个孩子都希望自己的讲话能受到重视，得到被尊重的需要。

家长们长期这样下去必然会令孩子失望、灰心，久而久之也就变得不自信甚至没有要求自信的意识了。

袁太太的女儿媛媛5岁了，活泼可爱，特别开朗。上了幼儿园以后孩子觉得一切都那么新鲜好奇，每天晚上回来都要给妈妈讲今天幼儿园发生什么事啦，今天老师表扬谁、批评谁啦，今天学什么儿歌、故事啦。袁太太工作很忙，每天下班都累得不愿动弹。刚开始的时候她不想扫孩子的兴，就耐着性子听媛媛说着小孩子的杂七杂八的事，后来她觉得实在无聊就干脆一边看电视一边听孩子在一边说，女儿对此意见很大。

有一天吃过晚饭后，媛媛搂着妈妈的胳膊坐在沙发上看电视，孩子今天显得特别高兴，她说："妈妈，我今天得了一个小红花，我们老师表扬我了。"袁太太说："嗯！真不错，媛媛真是个好学生。老师为什么表扬你了啊？"媛媛得意洋洋地打开了话匣子："很多小朋友都不知道保护幼儿园的环境卫生，他们可真不是好孩子，是不是，妈妈？"袁太太眼睛盯着电视新闻，说："是，他们不是好孩子。"女儿接着说："今天我们在小游乐场做游戏，小军他们几个男孩子把吃剩下的果核都扔在滑梯上了，我就想，滑梯这么脏，别的小朋友可怎么玩啊！于是我就把果核扔到垃圾箱去了。老师看见了就表扬我了，还给我加了一朵小红花。妈妈，我很高兴，你高兴吗？"袁太太此时已经把注意力全都放在了新闻联播上，根本没听见孩子的话。媛媛抬头一看妈妈没听自己说话，用力地推了妈妈一下，然后生气地说："妈妈不关心我！以后再也不和你好了！"

袁太太看孩子生气了，赶紧起来哄女儿，对她说："对不起媛媛，妈妈走神了。妈妈保证下次不会了，原谅妈妈好不好？"女儿这才消气。孩子毕竟是孩子，刚一坐下就又开始了滔滔不绝地说话。袁太太有了刚才的"教训"，就附和着孩子的话，时不时地发表一下评论。媛媛又不乐意了，她说："妈妈，我还没说完呢，你乖乖听着就好了，别打断我说话。要是在我们幼儿园，老师一定会扣你的礼貌分。"袁太太看着孩子认真的样子，若有所思地点了点头。

做孩子忠实的倾听者，付出的是时间、耐心和包容，收获的却可能是孩子的自信、自尊和进步。作为孩子的父母，只有真正的换位思考，对孩子的诉说才会认真听下去。否则，没等孩子说两句话就不耐烦了，那就会伤了孩子的自信心。因此，学会认真倾听、乐于认真倾听，学会从孩子的倾诉中感受和把握孩子的喜怒哀乐，了解孩子在想些什么，要求什么，努力什么，或为孩子的成功而喝彩，或用父母的体贴去化解孩子的烦恼，肯定孩子战胜困难的勇气，才能培养出孩子的自信，教育出优秀的孩子。而且惟有如此，我们才能心中有数、有的放矢做孩子的思想工作，不断提高对孩子教育的质量和水平。

家长要明白一个道理，那就是：认真听完孩子的话，也是在对孩子进行教育——鼓励孩子自信、自尊的教育。孩子在同你交流的时候，你要全神贯注地倾听，让孩子知道你在注视着他，你尊重他，你想要了解他。这样孩子就会产生一种自我认同感，体会到自己是被别人所重视的，也就有利于孩子自信心的建立和巩固。

第五章　该赏识的不仅是孩子的成功

“赏识出自信”，这是一个最为普遍的教育理念。然而，很多家长都不知道该如何赏识自己的孩子，认为孩子一无是处。实际上，赏识教育的主旨不单是要求赏识孩子的长处、强项或者成功。难怪那么多的孩子懦弱、自卑，这是家长们难以掩盖的失误事实。

1. 给孩子一份特有的自信

从容自信的处世能力，是生存于当今竞争社会中的人不可缺少的重要人格素质之一，而人们能否拥有这个素质，却与他们从小的成长经历、所受到的言语刺激或行为鼓励等不无关系。

所谓人格，指的是人的稳定心理特征的总和。这里的稳定性的含义是，人们在不同情况下所表现的同样的、常规的状态。比如，有人不管在顺境还是逆境，都能保有坚定的信念，充满信心，而有人即使一帆风顺，也总是自怨自艾。

如果孩子能形成一种从容自信的人格，那么，他将受用一生。至少，和别人相比他会离成功更近一步。所以，家长在教育孩子的过程中不要忘记，给你的孩子一份特有的自信。

小巍这几天显得忧虑不安，马上就要去参加奥数比赛了，他是要代表自己所在的学校去市里参加考试的，整个学校的老师和领导都对他寄予厚望。

小巍今年10岁，头脑聪明，学习成绩优异。前些天经过学校几次的选拔考试，他在同年龄段的学生里脱颖而出，学校决定派他代表学校参加今年的奥数比赛，能否取得名次关乎整个学校的名誉，这使小巍感觉压力很大。后天就是考试的日子，晚上，小巍躺在床上翻来覆去睡不着。

妈妈早就观察到孩子的情况，她轻轻地走进了儿子的卧室，坐在床上笑着说："小巍，怎么这么晚了还睡不着啊？是不是因为要考试了紧张啊？"小巍把头枕到了妈妈腿上说："是啊妈妈，这么多人在看着我呢，我总觉得心里没底，没有信心。万一发挥不好，取不上名次可怎么回学校啊?”妈妈抚着他的肩膀说:“儿子,你长大了,你看你的肩膀多么的坚硬,我相信任何压力都压不倒一个男子汉。你知道吗?有你这么优秀的儿子我和爸爸多骄傲。全学校几百人报名参赛,你考了第一名,这说明你确实有这个实力。你要做的不是承受这件事带给你的压力,而是享受你的成就感,把压力看作动力,尽力发挥出你应有的水平。最后的结果不是我们谁能控制的。至少现在,你就在不断地取得胜利,你能代表整个学校去比赛,不觉得很有成就感吗?”小巍笑了,他说:“妈妈,你真能给我打气。我现在踏实多了。我相信自己很棒。”妈妈又说:“孩子,一个人的命运是掌握在自己手里的。你以后要走的路还很长,不过你要记得自己什么都不怕,坚信自己很优秀很顽强。也就是说你的人格也是由你自己掌控的,只要气定神闲,胜似闲庭信步,那么,舍你其谁呢?”小巍看着妈妈的眼睛,说:“我记住了妈妈,舍我其谁!”

对于每一位家长来说,给孩子以信心,就是给了他通向成功的一架梯子,孩子可以依靠它,扶着它,一步一步向上,爬向每一个成功的高度。

有一句教育名言这样说:让每个孩子都抬起头来走路。“抬起头来”意味着对自己、对未来、对所要做的事情充满信心。任何一个人,当他昂首挺胸、大步前进的时候,在他的心里都会有诸多的潜台词——“我能行”、“我的目标一定能达到”、“我会干得很好的”、“小小的挫折对我来说不算什么”……假如孩子都有这样的心态,那么就肯定能形成健全向上的人格,不断地取得进步和成功。

一个孩子如果从童年起,在各种活动中不管成功与否都能受到家长的表扬和鼓励,其自信心就会得到增强。如果以后没有遇到意外的挫折,他就会形成“成功型”的个性。家长要经常给予孩子积极的肯定,即使在孩子经过努力,却未取得成功的时候。保护他的自信和热情,才能使他看到希望,进而激发起一种积极向上的精神。

2. 赏识就是要唤醒孩子的自信

每个孩子都有自信的资本，关键在于家庭教育要怎样去“唤醒”孩子的这种资本。我们谈赏识教育，其实赏识教育的最大意义就在于让孩子去赏识自己，去信任自己。在家长欣赏的目光中，孩子才能昂起头，遇到任何困难都敢说“我能行”。

自信是一个人成才素质中的重要因素。其实，一个人的失败，就是在关键时刻不相信自己，认为自己不行而导致的。自信与自卑是对立的，自信心越强，成功的几率就越大；自信心越弱，就会进一步导致自卑。家庭教育中一个相当重要的方面就是树立和培养孩子的自信心。家长要想真正让自己的孩子抬起头来做人，就要增强孩子的自信。

这个学期小李担任二年级的班主任。开学第一天，小李走进教室看着她的学生们兴奋的样子和一张张稚嫩的笑脸，心中有说不出的愉悦，但在第四组的角落里有一位矮个子女孩始终低着头，没有一丝笑容，也没有新开学的那种欣喜。于是，小李走过去问：“你叫什么名字？不舒服吗?”她轻轻地说了句“我叫小红”就再也不开口了。“挺内向的孩子。”小李心想。于是在安排座位时小李让她坐到第一排，这样也许会觉得跟老师的距离近些，不会对老师感到害怕。可是第二天她竟在教室门口抱着妈妈的腿哭着不肯进教室，不管怎样她就是不进教室，随后，她妈妈有点不耐烦地跟小李交代了几句就走了。小李劝她道：“先进教室吧，同学们都等着你呢。”可她还是一句话也不说，仍站着一动不动。当小李带着学生做操回来时，却看见她趴在自己的座位上，就这样她度过了漫长的40分钟。在同学们用异样的眼光审视和议论中熬过了没有欢乐的一天又一天……

后来小李侧面了解到，原来在小红3岁时父母就离婚了，之后，妈妈又出去打工，把她托付给外婆照顾。而她的外婆除了管她吃三顿饭外其余的都不太管，不管她穿着怎样的衣服，不管她梳着怎样的头发，甚至有时连早饭都没吃，就乱七八糟地来到了学校。她外婆喜欢打麻将，做事缺乏耐心，对她偶尔的错误轻则呵斥，重则打骂，给她幼小的内心上了一把锁，让她总感觉自己没有别人乖，没有别人讨人喜爱，自己的一言一行都是错误的。从那以后，她胆怯了，内向了，快乐与撒娇也不属于稚嫩的她了。鉴于这个情况，小李几次找小红的妈妈深入细致地谈了她在校的行为、情绪及与同学的交往情况，严肃地告诫她："再这样下去孩子就会毁了！你赚钱不也是为了孩子好吗？目前孩子最需要的不是你的钱，而是你无微不至的关心和疼爱，需要你们家长唤醒她内心的自信。"她妈妈意识到问题的严重性，表示一定积极配合，把现有的工作辞掉，找一份离家近的工作，每天回家陪她，以抚慰她心灵的创伤。就这样，在两个星期后小李发现小红有了些变化：穿的衣服变得干净了，扎起了漂亮的蝴蝶结，精神也好多了。小李走过去摸着她的头说："你变得越来越漂亮了，老师也更喜欢你了。"她看着老师，脸上露出了一丝甜甜的笑容。

为什么这个孩子不敢和同学们交往呢？归根结底，是她自己的内心在作祟，总自认为是一个"没有别人乖，没有别人讨人喜爱，一言一行都是错误的"的孩子，这就是缺乏自信心的表现。因为家长在她的生命里，没有给予她太多的关心，也就是没有唤醒她的自信，

希望别人注意自己是每个小孩天生的需要。这就需要家长们真正赏

识孩子，唤醒孩子的自信，这样孩子才敢于在别人面前做自己的事情。自信心可使孩子不怕困难，积极尝试，奋力进取，取得更多的知识和经验，争取更好的成绩。

鼓励和赞扬对增强孩子的自信是很有益的。多倾听孩子的想法和建议，让孩子自己想办法解决面临的问题，这能使孩子感到自己的智能和潜力，只有他们自己认可了自己的能力才能真正树立起自信心。还要让孩子多与人交往，参加集体活动并积极贡献自己的能力，多在众人面前表现自己，就会更进一步地增加自己的自信。家长们要以自尊心、荣誉心来激发孩子去做某件事情，帮助他们在成功中巩固自己的自信，慢慢增加事情的难度，那么孩子就会越来越自信，就会每天都在做事情中巩固这种感觉。

每个人都有自尊，孩子也不例外，如果孩子没有了自尊就没了自信。所以，家长一定要学会赏识你的孩子，给孩子以尊重感，让孩子在赏识和尊重的目光中肯定自己，建立自己独特的自信，从而积极地面对困难，面对生活。

著名作家海伦·凯勒说过：“假如一个人有了高飞的冲动，他又怎会甘于在地上爬行呢?”这就是说，如果一个人有了要成功的理想和能力，那么他就不会甘于做一个平庸的人。而自信心就是这种冲动的源头。家长们要培养孩子向高飞的冲动，只有拥有足够的自信，孩子才能一飞冲天。

3. 用欣赏的眼光看孩子

> 孩子的自信的建立在很大程度上来自于父母的态度——如果父母经常赏识、鼓励自己的孩子，那么孩子则能给自己一个较优秀的定位进行自我肯定，自信心就会慢慢成熟并发展起来；如果父母经常苛求、责备孩子，那么孩子则会给自己一个较消极的定位进行自我否定，就会逐渐变得自卑，形成唯唯诺诺、畏首畏尾的消极性格。

心理学家威廉·杰姆斯曾说过："人性最深层的需要就是渴望别人的赞赏，这是人类之所以区别于动物的地方。"对于家庭教育来说，父母的赏识可以发现孩子的优点和长处，激发孩子的内在动力，让孩子建立起可以战胜困难的自信和勇气。请多给孩子一些赏识吧，哪怕所有人都看不起他，你都应该满眼希望地去欣赏他、赞扬他、鼓励他，努力挖掘孩子身上的亮点，为他感到自豪和骄傲，帮助他树立起自信，让他在人生的长河中自强，脚踏实地，一步步迈入成功的殿堂。

爱因斯坦小时候并不是一个天资聪颖的孩子，已满 4 岁的爱因斯坦还不会说话，很多人都怀疑他是个"低能儿"。但是，担任电机工程师的父亲，却对小爱因斯坦非常有信心。他为儿子买来积木，教他搭房子。小爱因斯坦每搭了一层，父亲便表扬和鼓励一次。在这种激励下，爱因斯坦一直搭到了十四层。上学后，爱因斯坦仍然显得很平庸，老师曾向他父亲断言说："你的儿子将一事无成。"大家的讽刺和讥笑，让爱因斯坦十分自卑，他甚至不愿去学校，害怕见到老师和同学，但是父亲鼓励他："别人会做的，你虽然做得一般，却并不比他们差多少，但是你会做的事情，他们却一点都不会做。你表现得没有他们好，是因为你的思维和他们不一样，我相信你一定会在某一方面比任何人都做得好。”父亲的鼓励，使爱因斯坦振作了起来。

爱因斯坦的母亲贤惠能干，文化修养极高，她对小爱因斯坦也百般鼓励。有一次母亲带他到郊外去游玩，别的孩子有的游泳，有的爬山，玩得不亦乐乎，只有爱因斯坦一个人默默地坐在河边，静静地凝视着湖面。当亲友们对爱因斯坦母亲问道：“您的孩子为什么总是一个人对着湖面发呆？是不是神经有毛病？还是趁早带他去医院看看吧！”她十分自信地对他们讲：“我的小爱因斯坦没有任何毛病，你们不了解，他不是发呆，而是在沉思。他将来一定是位了不起的大学教授。”

众所周知，爱因斯坦成为了现代最伟大的物理学家，并于 1921 年获得了诺贝尔物理学奖。人们称他为 20 世纪的哥白尼和牛顿。

这个案例告诉了我们一个伟人是如何从自卑走向自信，并最终取得了辉煌成就的。当然，不是每个孩子都能成为爱因斯坦，但是对于家长们来说，哪一个爸爸或妈妈不想把自己的孩子当成爱因斯坦来教育呢？那么，就请赏识你的孩子。

可是现实生活中却往往不是这样。孩子是父母生命的延续，看到自己的孩子呱呱坠地来到世界，面对一个新的生命，无论是父亲还是母亲，都会感到无比的喜悦。孩子在一天一天长大，会笑了，能坐了，会站了，能走路了，会说话了，父母都是用欣喜和赞赏的目光注视着孩子。孩子逐渐长大了，不知不觉地，很多父母流露出的眼光中，赞赏的成分越来越少了，苛责、挑剔的成分越来越多了。孩子总是感到以前自己是爸爸妈妈的好孩子，可是现在不管怎么努力，爸爸妈妈总是不满意，因此在心理上背负着沉重的负担，难以树立起良好的自信感。调查表明，孩子进入小学阶段后，大部分父母对孩子的表扬都越来越少。

进入小学以后，很多家长赏识孩子往往只有一个标准——“分数”。于是对大多数孩子来说，一旦进入不了前几名，甚至落在第二名之后，便被认为是失败者。

台湾著名作家三毛写过一篇散文《一生的战役》，说：“我一生的悲哀，并不是要赚得全世界，而是要请你欣赏我。”这个“你”，是她的父亲。有一天，父亲读了三毛一篇文章，给她留条：“深为感动，深为有这样一枝小草而骄傲”。做女儿的看到后，“眼泪夺眶而出”。三毛写道：“等你这一句话，等了一生一世，只等你——我的父亲，亲口说出来，肯定了我在这个家庭里一辈子消除不掉的自卑和心虚。”

影星潘虹也有段文字写给妈妈：虽然你对我也关注也理解，但未听过你亲口对我说一句赞赏的话，我就总是心有不甘，就总觉得我得到的荣誉还不够完整，我要让你骄傲。这是我的孝心，也是我的好强，更是我的不自信。

林肯曾说过：每个人都希望受到赞美。一个人，无论是大人还是孩子，都渴望受到别人的重视，人人都有自尊，人人都需要自信。对于孩子来说，由于年龄小，心理还很幼稚，他们心灵最强烈的需求，也是最本质的渴望是得到父母的赏识。心理学、教育学的研究表明：儿童的年龄越小，越需要外界的鼓励，特别是父母的鼓励。一个孩子如果在童年时代缺少被赏识，会直接影响到他个性的发展，甚至可能导致他一生的个性缺陷。

在现实生活中，很多家长随意选择评价标准，盲目比较，对孩子求全责备。那么，做父母的看到自己的孩子不如别人家的孩子优秀，又该怎么去赏识孩子，怎么去为孩子树立良好的自我信任感呢？

第一，平常心看孩子。父母应该从内心深处杜绝“攀比孩子”的想法，不要用别的孩子作例子来给自己孩子压力，要用一颗平常心来对待孩子暂时的不足，对孩子多一些鼓励，多一些欣赏。科学的教育意识与能力应该成为每一位家长的自觉追求。

第二，看孩子的进步。父母应该学会全面看问题。比较有两种，一种是横向比，一种是纵向比，看孩子的进步，不仅要横向地看孩子和别人的差距，更要纵向地看孩子比从前取得了哪些进步。哪怕是些许的进步，都值得你去夸奖和欣慰。

第三，承认孩子间有差异。每个孩子的性格和特点都是不同的，拿自己孩子跟别的孩子的长处相比，这样做实际上是忽视了孩子之间的差异，父母应当接受并承认孩子之间的差异，帮助孩子学会取长补短。而且，当看到自己的孩子和别人有差异时先不要着急，这种差异未必就是差距。孩子跟别人的差异性往往是其个性形成的开始。

第四，尊重孩子的天性。要尊重自己孩子的天性，不要盲目跟风。其实，做父母的只有找到适合自己孩子的发展道路，按照孩子的天性去培养他，让孩子按照他自己的特点成长的时候，他才可能获得自信和成功。

当你以赏识的眼光去看待孩子的时候，孩子能从你的眼光中感受到信任、嘉许、激励和力量，这就是赏识的作用——让孩子自信、勇敢起来。所以，收起你的埋怨和唠叨，用赏识去培养一个优秀的孩子吧！

4. 让孩子“闪亮”起来

每个孩子都会有自己独特的优点，如果你能找到孩子的优点，并恰当地对他的优点加以肯定和欣赏，那么，孩子就一定能感受到自己的优秀，从而找到自信的源泉。我们说的优点就是孩子的闪光点。

每个孩子都有可取之处，生活中的许多小事都会体现孩子的闪光点，只是孰重孰轻罢了。如果注意，那么孩子的闪光点可能就是一瞬间发生的小事或某一个简单的动作、某一句好听的日常礼貌用语等等。辟如，小椅子倒了，他扶起来了；积木掉了，他捡起来了；小朋友请他吃东西，他说谢谢了；别人的爷爷奶奶来了，他说“爷爷奶奶好”了。很随意的却是不容易的，很少有家长会去发现这些小细节，有的就是发现了也不会注意。

张老师班上有一位叫丽娜的小朋友，每天来幼儿园时，总是拉着妈妈的手不放，还恋恋不舍的地说：“妈妈，早点接我，早点接我。”每天她都是在张老师的劝说下，才满眼含泪地松开妈妈的手。今天，丽娜的妈妈在临走时，悄悄地对张老师说：“我女儿从小被我娇惯坏了，特别依赖我。性格很怯懦没有自信，我很发愁，麻烦老师照顾她一下。这几天，丽娜感冒了，我又不能陪她来上幼儿园，所以她不愿意来。”听了这些话，张老师开始留心注意丽娜。

在活动区游戏时，丽娜静静地坐在椅子上，于是张老师走过去，轻轻问她：“丽娜，你喜欢玩什么？”她说：“我喜欢看童话书。”“那老师和你一起看好吗？”丽娜高兴地点点头，于是张老师和她一起看起书来。开始是张老师讲，讲着讲着，丽娜也不由自主的跟着讲起来，张老师高兴地说：“丽娜，你真棒！能自己看书讲故事，你愿意把故事讲给小朋友听吗？”“愿意。”于是张老师叫了好多小朋友来听丽娜讲故事，丽娜很高兴，讲得也更起劲了。

第二天，丽娜和妈妈一早就来到幼儿园，妈妈手里还拿着几本书，她对张老师说：“张老师，太谢谢你们了，丽娜以前不愿意上幼儿园，可今天一早说，妈妈，我要上幼儿园，快，咱们别迟到了，我要讲故事给小朋友们听呢！老师还夸我故事讲得好呢。”望着丽娜妈妈高兴的样子，张老师说：“每个孩子都有自己的长处和不足，咱们不能把注意力都放在孩子的不足上。要善于发现孩子的闪光点，作为家长，您要注意孩子的长处并且用它来激励孩子。这样孩子做事才有自信和积极性。”

从那以后，丽娜的妈妈就特别注意孩子的优点，哪怕是一件极小的事，只要丽娜表现得好妈妈就会夸奖她、鼓励她。丽娜妈妈发现孩子的闪光点越来越多。现在，丽娜已经成为一个懂事、自立、自信的少先队员了。

从心理学角度而言，人都是喜欢听好话接受表扬的。对于未成年的孩子来讲，更是如此。他们对什么都好奇，但又表现出幼稚、信心不足等弱点，而对自己的每一点小小的进步都渴求得到认可和肯定。然而，我们有些家长认为督促学习完全是为孩子好，不必总是哄着、捧着，所以批评、训斥甚至打骂多，鼓励、表扬少。殊不知，这样会严重伤害孩子的自信心和自尊心，甚至会使孩子产生逆反心理，结果事与愿违。

每个孩子都有自己的优点和缺点，不管是多么差的孩子，他都有自己值得骄傲的闪光点。当孩子有稍许进步的时候，应及时予以肯定，帮助他们树立前进的信心；当他们做错了事，应在批评的同时，换一个角度找一找他的亮点，从中激发他的兴趣，改正他的缺点。家长要努力寻找孩子身上的“闪光点”，用感情培育它，用道理巩固它，用行动呵护它，就会有意想不到的收获。

教子箴言

“尺有所短，寸有所长。”每个孩子都有自己的闪光点，关键在于家长如何去发掘。你以不同的心情去看同样的风景的时候，风景也会显得不同。所以，孩子在你眼里的表现取决于你看待孩子的心态。要保持一颗懂得欣赏孩子的心，笑对孩子。你的微笑，就是帮助孩子自信起来最好的动力。

5. 笑对孩子的错误

懂得宽容别人，也要懂得宽容自己的孩子；容许别人犯错误，更要容许自己的孩子犯错误。对于孩子，宽容是一种最好的说教，是建立自信的最好苗圃。一定要微笑面对孩子的错误，让孩子在宽容快乐的环境下成长。在宽容和接纳中长大的孩子，将来必能心胸宽阔，自信十足。

孩子毕竟是孩子，难免犯错误，而且在很多情况下，孩子并非是故意地犯错误的。所以，当孩子了犯错误之后，作为家长，应当正确对待，只有这样，才能让孩子在不断的错误中吸取教训，总结经验。也只有这样，才能不至伤害孩子的自信，督促孩子更好地前进。

每个人在孩提时代都容易犯错，有时是无意的，有时是因为能力不济。面对孩子的一次次犯错，很多父母往往轻则言语斥责，重则棍棒相加。“不打不成才”、“棍棒之下出孝子”之类的话在民间颇为流行。但家长们是否想过，如此严厉地对待孩子所犯的错，那么孩子在下一次再遇到同样的事情的时候还能否有勇气、有信心去做？孩子的自信心会受到怎样的打击？

一天，小宝的妈妈接到老师打来的电话，说发现小宝在饭馆请同学吃饭，让她问问是怎么回事。

等小宝放学回来，妈妈问他：“你是不是请同学吃饭了？”

小宝支支吾吾地说：“是这样的，我前几天当上了足球队长，同学们让我请客。”

“他们让你请客你就请客，你这么听他们的话？你们刚上中学，才多大的孩子啊？动不动就请客，这是什么坏风气！”妈妈说。

“他们也请过我，我不好意思不回请人家。”小宝回答。

“那你请客的钱是从哪里来的呢？”

“是……是我从爸爸钱包里拿的。”小宝的声音小得像蚊子。

“你爸爸钱包？你怎么找到你爸爸钱包的？”

“趁他洗澡的时候，从衣服里拿的。拿了100块钱。”

妈妈想发火，可是忍住了。问他：“你知道自己错在哪里了吗？”

“我……我不该拿爸爸的钱。”

“可是同学让你请客，你没有钱怎么请呢？”妈妈问小宝。

“这，我也不知道。”

“孩子，你们还小，在学校的主要任务是学习，不要动不动就学社会上互相请客吃喝的坏习气。再说，你虽然是拿爸爸的钱，可这也是小偷行为，这些你都知道吗？”妈妈语重心长地说。

“我知道错了。”小宝真诚地对妈妈说。

“还有，以后遇到这种事情要诚实地和爸爸妈妈说，不应该瞒着我们请同学吃饭，更不应该私自拿爸爸的钱。如果你告诉了我们，我们会和你一起想办法，这样不是更好吗？”

“我知道错了妈妈，以后一定会改的。”

“好吧，妈妈相信你，知错就改还是好孩子。”

这个案例中的妈妈非常好地用“微笑面对孩子错误”的宽容的方法使孩子认识并改正了错误。她的教育方法无疑是成功的，既没有大动干戈，打击到孩子的自尊，又很好地保护了孩子独立面对问题的自信，相信这个孩子在以后的成长路上一定会信心十足地面对各种问题。

其实，孩子在犯了错误之后，除非他没有意识到自己的行为是一种错误，否则的话，他本身就会有一种负疚感和自卑感的。例如，当孩子因为考前没有认真复习而在考试中考砸了，那他就难免后悔，下决心会在下次考前认真复习的。此时，家长只需要提示一下，孩子就很容易改正自己的错误。而如果这时家长对孩子严厉责怪的话，孩子仅剩的一点自信和积极性就都很难保住了，这当然不利于孩子的长期发展。

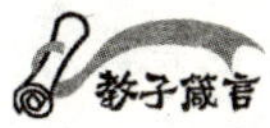

法国作家罗曼·罗兰说："人生应当做点错事。做错事，就是长见识。"家长们要记住：犯错误是孩子的权利，父母要正确对待孩子的每一个错误，用微笑去给孩子的成长指明方向，不要用眼前的小错去打击孩子的自信，这是得不偿失的错误的教育方法。

6. 在错误中看孩子的优点

每个孩子都免不了会犯这样那样的错误，而孩子正是在不断犯错误、纠正错误的过程中成长起来的。所以，重要的问题不在于孩子是否犯错误，而在于父母采取何种态度让孩子认识并纠正错误。批评、打骂只会瓦解孩子的自信，打消孩子的积极性；善于在孩子的错误中发现优点，用赏识的态度去教育孩子纠正错误，往往更能帮助孩子建立自信，取得进步。

生活中，一般孩子在小时候听到家长的表扬往往很多，随着孩子长大，听到的表扬会逐渐减少，有的孩子几乎与表扬无缘了。而听到家长批评的情况恰恰相反，由少到多，批得越来越严重，有的孩子甚至常受到"狂轰滥炸"式的批评。这种现象正常吗？家长的做法符合教育规律吗？

每个孩子都是在周围人的肯定、否定评价中认识自己，寻找方向，不断前进的，家长对孩子的评价至关重要。肯定性评价会使孩子获得愉快的心理体验，产生激励作用，促使孩子自信；否定性评价会使孩子心里不愉快，一方面可能反思问题，努力改正，另一方面也可能减弱自信，产生自卑。这就看教育者如何使用肯定和否定评价了。任何一个人，渴望被别人肯定的心理需要都大大超过被别人否定的心理需要，这就是为什么要坚持看到孩子优点、表扬为主、激励为主的原因。批评也有促进作用，但一旦批评过度，孩子就容易变得怯懦、自卑，过犹不及。家长也想表扬孩子，但往往觉得找不到值得表扬的优点，这该怎么办？

公交车站里，一对母女正在等车。一阵大风把妈妈的帽子撩了起来，妈妈想用手按住帽子，可是手里还提着包，非常不方便。看到这个情形，女儿对妈妈说："妈妈，我给您拿包吧。"妈妈犹豫了一下，把包递给了小女孩，然后整理她的帽子。没想到风更大了，小女孩一不小心，把包掉在了地上的水坑儿里。小女孩马上把包捡了起来，一脸的不安。妈妈的脸色立刻变得非常难看，厉声训斥小女孩："你怎么连个包都拿不住啊？你看，包都脏了，你让我怎么拿？怎么这么笨……"

小女孩没有出声，眼泪却哗哗地涌出来，母亲的训斥伤了孩子的自信。以后再有这样的情况，她还会主动从妈妈的手里接过包吗？

而如果妈妈的反应不是这样的呢？

妈妈看到女儿不安的表情，先从孩子的手中接过皮包，用纸擦干净，然后对孩子说："没事的，你看，皮包擦擦就干净了。"

"我不是故意的，妈妈你不怪我吧？"小女孩小声地问。

"当然不怪你。你能主动帮我拿皮包，说明你很有自信，还乐于助人，真让妈妈高兴！"妈妈抚摸着女儿的头说。

"可是皮包掉在水坑儿里了。"小女孩还是很沮丧。

"我知道你不是故意的。每个人都有不小心的时候，妈妈也犯过这种错误，不过妈妈以后就特别注意了，相信你也会吸取教训的！"

"嗯，我以后不会再犯这种错误了妈妈，我还想帮你拿包，好吗？"小女孩说。

"好啊，妈妈相信你！"说完，妈妈又把皮包交给了小女孩。车来了，母女俩高兴地上了车。

现实生活中，家长发现孩子的错误并不难，难的是从错误中发现孩子的优点，并用赏识的态度和语言设计充满爱心的教育场景，在对孩子的赏识中完成“润物细无声”的教育。要想找出孩子在错误中的优点，必须首先了解孩子犯错误的过程，通过对过程的分析发现孩子的优点。另外，必须对孩子敢于承认错误的优点给予赏识。如果孩子已经认识到并承认了自己的错误，家长就不应该再穷追不舍，而应该鼓励和肯定孩子敢于认错的勇气，保护好孩子敢作敢为的自信心。

缺点人人都有，何况是孩子呢？每个人都要一分为二地看问题，发现孩子的优点，多多表扬孩子，找到孩子的缺点，及时帮助孩子把缺点改掉。但是人无完人，家长不能求全责备，要允许孩子犯错，孩子也好，大人也好，都是在改正错误的过程中，不断地走向自信、成熟的。

教子箴言

诗人泰戈尔意味深长地说过：“当你把所有的错误都关在门外时，真理也要被关在门外了。”不要把孩子的错看得太过严肃，这会严重地挫伤孩子的自信。要允许孩子犯错，并在错误中找出孩子的长处，鼓励孩子再接再厉，不要失掉前进的信心。

7. 好心做错事，也值得嘉许

孩子的每一个动机都值得我们注视，而结果如何并不重要，结果往往不是孩子所能控制的；孩子的每一个善意举动都值得我们嘉奖，即使这种善意有时不能带来“善果”。给孩子以再接再厉的自信和勇气，比纠正孩子的错误更加重要和珍贵。

经常会有这样的情况发生：晚饭前，孩子主动帮助妈妈端盘子，可一不小心摔了一跤，盘子碎了。这就是典型的“好心做了错事”。

该如何应对孩子的“好心做错事”？这是一个既简单又复杂的问题，处理得好了，既达到了家长“教孩子该如何做”的目的，又不会伤及孩子的自信自尊，利于孩子健康成长；处理得不好，不仅达不到家长的目的，还会伤害孩子的自我信任感，使孩子以后没有信心再去实施自己的“善意”。

楠楠此刻正在接受妈妈的批评，看着她眼泪汪汪的样子和妈妈严厉的表情，似乎是楠楠犯了什么严重的错误。仔细听才知道不是这么回事。

今天早上楠楠和妈妈从姥姥家乘公交车回家，车上人很多，特别拥挤，站了近半个小时她们才有座位。过了一会儿，上来了一个肚子有些大的女士，就站在楠楠的旁边。楠楠心里想：“我们课本上学过，坐公交车时要礼貌让座。更何况现在还是奥运会期间，我更应该讲礼貌。这个阿姨一定是孕妇，可乘务员为什么不帮助她找个座位呢？不管了，我让她坐我这。”于是她站了起来，对那个女士说：“阿姨，您坐我这吧，我站着。”没想到那个女士看了看她，不但没坐，还没有出声。楠楠接着说：“阿姨，您坐吧，您不是孕妇吗？你看，车上的提示语都写了要给孕妇让座呢。”这时候妈妈才知道楠楠在让座的事，看见那个有些胖的女青年铁青的脸色，她赶紧拉着楠楠坐下，并且道歉说：“真对不起，孩子太小不懂事。”“不懂事你不好好看着！谁是孕妇啊？给我让座，这是什么意思，有眼无珠！”看来这个女青年也确实挺尴尬的，满车的人都在偷笑。楠楠还没明白怎么回事，就被妈妈生气地拉下了车。

“你没事让什么座，就算是让座你也不看好了！人家是孕妇吗？”妈妈还没消气，脸色通红地说。楠楠说：“我们学过要礼貌让座，我以为那个阿姨是孕妇嘛，她肚子那么大。”“你还有理了！人家肚子大是因为胖的，一看她年纪就知道还差不多是个学生。你不问清楚就这么认定人家是孕妇，给人家让座，人家多尴尬啊！还怪人家骂。以后不许你这么多事，记住了吗?”

楠楠委屈地点了点头。

案例中的女青年自然有不对的地方，小朋友还小，即使是让你尴尬也是出自善意，不至于出言不逊。可想想楠楠的妈妈，她教育孩子的方法恰当吗?

孩子出自好意，讲究公德给人让座，这是无可挑剔的，原本是值得表扬的。可孩子还小，认知力不强，好心却做了错事。妈妈没有重视孩子善意的动机，只是看到了孩子的“错误的结果”，并且批评她“多事”，这就意味着孩子不该讲公德。可想而知，孩子会受到什么样的影响，孩子的自信心又会受到多么大的打击。

当我们只重视事情的结果而忽视孩子的动机时，我们就无法进入孩子的内心世界，无法体会孩子想把事情做好却失败时的感觉，当然就无法用体贴的心情去安慰孩子。这时，如果再加以严厉的责骂，“践踏”孩子的善意，那么时间一长，孩子就会认为自己没有能力去用善意对待他人，甚至自己什么都做不好，自信心就会被“瓦解”。孩子的善意，需要肯定和鼓励。当孩子的“善意”常常得不到我们的肯定和理解，那么他就会用负面、消极的眼光去看待这个世界。

孩子的每一个积极的善意都值得家长去夸奖和赞美，即使他在好的动机下做了错事。在孩子还小的时候，过分注重孩子做事的结果只能打击和伤害孩子向往美好的自信和愿望。这自然有悖于我们教育孩子的初衷。

8. 抓住孩子的潜力和优势

每个孩子都具备成才的潜质，每个孩子都具备自己独特的优势，关键在于孩子能否激发出自己这些潜在的“资源”。家长在教子细节中要注意发现孩子的潜力和优势，然后把它放大开来，鼓励孩子肯定自己，不断树立对自己的信心。在自信中，孩子就能把自己的“潜力股”很好地开发出来，取得一个又一个进步。

奥地利心理学和精神分析学家弗洛·伊德说：“人人身上都蕴藏着无限大的潜能，有意识用在工作、学习的能量不到总能量的5%。有95%的能量没有被发挥出来，它深深埋藏在我们体内。”

没有一个孩子天生是“笨蛋”，也没有生来就不自信的孩子。作为家长，帮助孩子激活智慧潜能，让孩子意识到自己独特的优秀，帮孩子树立稳固的自信，远比让孩子机械地背几百首唐诗宋词、会快速计算要有用得多。有的家长一双眼睛只是盯在孩子的学习上，而忽略了孩子的潜质，如此的“鼠目寸光”只能压抑孩子，阻止孩子建立自信感。有的家长对孩子的缺点和不良的行为习惯发现得十分及时、十分准确，并且不遗余力地去“夸大”，去“定格”，总认为孩子这也不是，那也不对。这样的“发现”，只能助长孩子的自卑，扼杀孩子的自信。而孩子的潜质并不是人人都能发现的。所以，请家长们千万记住这一点：也许你没有发现，但未发现并不等于没有。

小邦是个调皮的男孩子，头脑很机灵，学习成绩却不太好。小邦爸爸因为工作关系长期出差在外地，所以他一直是由妈妈带着。每次开家长会老师都要和小邦妈妈谈很长时间，说这孩子很聪明，可就是学习不努力。平时在班级是“孩子王”，经常号召一些同学一起调皮捣蛋，大错不犯小错不断，很让老师们头疼。

小邦妈妈管理孩子很严格，写检查罚站是家常便饭，可小邦的情况一点也不见好转。渐渐地，妈妈开始有些对他心灰意冷了。有一次小邦的班主任打来电话，说小邦组织了班级所有的男生要和四年级的一个班打架，幸亏老师发现得早，否则后果不堪设想，让家长问问是怎么回事。小邦妈妈气得浑身直发抖，打了小邦两巴掌，流着眼泪对他说：“你说，这是怎么回事！你刚10岁，就学社会上的流氓地痞打架斗殴？还纠集了那么多人，你说，如果哪个孩子出了事，你能负起责任吗？你怎么这么不争气，不让妈妈省心啊！”小邦看见妈妈哭了，心里很难受，他说：“对不起，妈妈。四年级的那些大孩子欺负了我们班的一个同学，还侮辱我们班级。我也是一时气愤才做错了事。妈妈您别伤心了，以后我不会了。”

第二天，小邦爸爸从外地回来了。了解了这件事以后，他对孩子妈妈说：“男孩子淘气一点倒是挺正常的，而且小邦这孩子很会号召同学，也很有正义感，据说在班级人缘也很好。我们能不能从这些方面着眼去激励他建立学习上的自信，取得进步呢？”小邦妈妈听了一愣，说：“咱们思考问题的方式的确不一样，我从没注意到咱孩子还有这个潜质。”

爸爸和小邦详细地谈了一次话，他发现孩子的情绪有些沮丧，甚至有点自卑，以前妈妈和老师经常批评他，使得孩子认为自己一无是处。爸爸说：“儿子，爸爸认为你有很多优点，比如你的组织能力，你的正义感，这些都是你的潜力。还有你的数学成绩不是很好吗？这说明你很聪明，这就是你的优势。你要自己意识到自己的潜力，路遥知马力，在以后的人生路上，你很有可能因此而取得成就。虽然现在有些毛病，但我认为你完全可以改正，你说呢?”小邦虽然流了眼泪，却重重地点了一下头。

现在小邦已经上了初中，不仅成绩上突飞猛进，而且还做了班长。他以后的理想是成为一名出色的刑警队长。

案例中的小邦爸爸是位出色的家长，他认识到了孩子潜在的能力，并成功抓住了问题的关键打开了孩子心里的“锁”。这把“锁”在很多孩子的心里都存在，而它往往是由施教者——家长或是老师锁在孩子心里的。许多家长都不会转换自己看孩子的角度，眼光总是盯在孩子的缺点和错误上。这样做的后果是导致孩子不自信、不积极，甚至心灰意冷不思进取。而事实上每个孩子都有着巨大的潜能和优势，可能孩子自己都无法意识到，家长也可能没有发现。

正确的教育观应该是家长如何发现孩子的潜能和优势，如何正确地帮助孩子发掘出来，激励孩子朝着自己潜在的优势方向前进和进步，不要只看到孩子的缺点和不足。这就是打开孩子心里不自信的那把“锁”的“钥匙”。

“世有伯乐而后有千里马，千里马常有而伯乐不常有。”每个孩子都有成为“千里马”的潜能，关键是是否会有“伯乐”出现来让孩子认识自己的潜能，让孩子树立起对于自己的肯定和信心。毫无疑问，做为家长，你就是孩子的“伯乐”。

9. “我们无条件相信你，孩子”

孩子的心灵是敏感的，它是为接受一切好的东西而敞开的。孩子的感知力超乎家长的想象，怀疑会令孩子感到挫败和自卑。家长对孩子的怀疑是造成孩子不自信、不积极、不自立的主要原因之一。

一些妈妈经常抱怨孩子长大了，不如小时候开朗了，有什么话都不愿意说，什么事都不积极做。还有一些情况，比如，有的孩子不自信，有的孩子懦弱，有的孩子没主见，等等。家长们为此忧心忡忡，却没有想想，这都是什么原因造成的呢？

家长们，你们有没有怀疑过你们的孩子？怀疑过他们对一件事情的处理和解决能力，或者怀疑过他们撒谎、懒惰、偷东西？如果有的话，或许我们就可以解答前面所提出的疑问了。

于太太5岁的女儿在一些大孩子的撺掇下，拿走了爷爷的50块钱，买来玩具和零食与小朋友们分享。事实查明后，面对惊慌失措的女儿，于太太硬着心肠举起巴掌，在孩子娇嫩的小屁股上印上了一片绯红的手印。于太太一边打她，一边难过，希望她能快点长大，能够体谅自己的一片苦心。

周末，于太太从单位回到家里，晚上给女儿洗澡时，爷爷告诉她，女儿又拿走了他15元钱。正在浴盆里的孩子立刻尖叫起来：“不是我拿的！就不是我拿的！”上次的事距今不足一个月，没想到她竟然一错再错。于太太的目光不由得严厉起来。女儿像一只受惊的小鸟，哭得凄凄惨惨，晶莹的泪珠成串地滚落下来。

“不是你，难道是爷爷冤枉你！”于太太强忍着怒火说。“就是，”女儿哭得泣不成声，“就是——冤枉我……”爷爷也生气了：“这孩子，怎么承认的事儿还要反口啊？”原来，爷爷把这事告诉了孩子的小姑，脾气急躁的小姑打了孩子一巴掌，孩子就承认了钱是自己拿的。

既然已经打过了，于太太实在是不忍心再教训她了。不过，还是拉过女儿，狠狠地批评了她一顿。女儿也不说话，只是不停地哭，一副小可怜的模样。想到她毕竟才5岁，大人还会重复犯错误，何况一个不懂事的孩子，哪能一两次就教育成功呢？看女儿哭得那么伤心，于太太决定带她到新房去住，一路上还不停地给她讲故事，启发她做好孩子，要诚实。

第二天清晨，电话突然响了，是爷爷打来的，要求孩子接电话。于太太轻轻摇醒女儿。女儿睡眼朦胧，只听她简单地“嗯、嗯”了两声，就挂断了电话。于太太问她怎么了，她小声地说：“爷爷的钱买了凳子，他忘了，以为是我拿的。他刚才告诉我，我没有拿他的钱，是他错怪我了。他向我说对不起。他说，以后不管什么事情，只要没有做，就无论怎样都不能承认。”看着孩子闪烁的目光，于太太心中异常难受。

我们经常会看到这样的父母：他们要求孩子吃完饭在房间里学习半小时，结果却每隔五分钟进去看一下孩子是否在偷懒；他们要求孩子去买件东西，也总担心孩子把多余的钱买零食吃；孩子要报名参加一项比赛，他们会问：“你能行吗？”

父母们的这些行为，往往会导致孩子的逆反甚至自卑，因为自己得不到信任而产生自我的不信任感。而父母们却认为自己的怀疑是有根据的，这就更加滋长了孩子的叛逆和自我否定情绪。孩子健康的成长过程最需要的是正面的“信任”、“鼓励”、“欣赏”、“支持”；最排斥的是负面的“怀疑”、“打压”、“诋毁”和“斥责”等。我们都追求让孩子的世界里充满自信的阳光，扫掉阴霾。可事实上，往往因为我们的一个怀疑、一句话、一个眼神，就会深深地伤害到孩子的自信。

另外，作为孩子的依靠，作为孩子的至亲，家长要注意与孩子保持亲密的距离。经常性的怀疑会令孩子失去家庭的温暖和关怀感，体会不到母爱父爱，进而渐渐地失去对父母的信任和自我信任。谁言寸草心？报得三春晖。母爱博大，父爱深沉。但请记得正确地让你的孩子感受到你的爱，切勿适得其反。

家庭是孩子的避风港和加油站，是孩子最应得到信任、理解和支持的地方。家长们要特别注意：在任何时候都要站在你的孩子的立场上看待问题，在任何时候都不要怀疑你的孩子。因为孩子会认为："就算全世界都不相信自己，父母也会站在我身边。"家长的信任，是孩子自信的重要基础。

10. "你做得真棒，继续"

要想培养孩子的自信品质，肯定和激励是必不可少的教育方法。"行百里路半于九十"，在孩子做某一件事的过程中，家长的激励和赏识往往可以让孩子振奋精神，自信十足，克服苦难，取得成功。在做事过程中赏识孩子是培养孩子自信的最好捷径。

每个做家长的都希望自己的孩子能充分自信，积极进取，但都不希望自己的孩子成为一个只知道读书不会动手做事情的"书呆子"。动手做事是孩子成长发展的基础，也是对孩子自信心的很好的锻炼，是孩子必须具备的一项基本素质。家长要注意让孩子在做事过程中成长，要在孩子做事情的过程中去赏识孩子，并赞赏孩子在做事情的过程中有他们自己的想法。这样，孩子就能将潜在能力很好地发挥出来，并产生充分的自我信任感和成就感。

小光是一个聪明的孩子，非常喜欢自己动手做手工。但是，小光的爸爸却很讨厌儿子把家里弄得乱糟糟。

有一次，老师留了家庭作业，是手工制作，让孩子们自己想做什么就做什么。这是小光最喜欢的了，他回家以后就兴致勃勃地动手做了起来。

他自己弄了很多硬纸片，准备了胶水、剪刀等工具，准备做一架飞机，因为他的理想就是当一名飞行员。可是，正当小光要大干一场的时候，爸爸回来了，看到小光在做东西，然后看到家里被他翻得很乱，就不让小光继续做下去了。小光告诉爸爸，这是老师的作业，爸爸想了想，说："你要做什么？我帮你做吧！"于是，也没等小光同意，爸爸就做了一架飞机，做得很漂亮，可是，小光一点高兴的样子都没有，爸爸催促他快去睡觉，他只好回到房间里去了。

晚上，爸爸看到小光的房间里的灯还亮着，就很生气，他正准备去训斥一番的时候，突然在门缝里看见小光在做飞机，而自己的飞机正被儿子当作样品来参考。看得出来，孩子很认真，每一个部分都用尺子标出长度，爸爸在门外站了好久，他忽然觉得自己很过分，又觉得小光确实是一个好孩子。于是他进屋向孩子承认了错误："儿子，你的飞机虽然没有爸爸做得好看，但是，你能这么认真实在是很难得啊，爸爸觉得你很棒，而且爸爸以后再也不反对你自己做东西了。"小光感到很惊讶，爸爸能跟自己道歉，而且还夸奖自己，觉得很高兴，干劲十足地做好了自己的飞机。从此以后，小光做什么事情都非常认真，也更加自信了。

家长可以在孩子动手做事情的时候来观察孩子，观察他们做事有什么独到之处。发现了就一定要赏识孩子，孩子有了他们自己做事情的方法，家长不要干涉，这对于孩子的能力和自信心是一个很好的加强过程。

有时候，家长往往忽视了对孩子做事情的具体指导，导致家长说什么孩子不明白。甚至有的孩子把父母事后的讲道理视为“唠叨”，很是反感。家长要及时地捕捉到孩子的需要和情绪，要在孩子做事的过程中帮助孩子，并且鼓励和肯定孩子，让孩子积极乐观地完成手上的任务，培养孩子的自信心，使他能够敢于尝试，勇于进取。

要认识到孩子动手做事是成长的基础，是孩子手脑结合，身心和谐发展的过程。给孩子多一点动手做事的机会，在孩子做事的过程中给予积极的具体的指导，特别是在孩子遇到困难不想坚持下去的时候，父母一定要及时给予鼓励和肯定，为孩子加油助威，给孩子以自信和动力。这样成长的孩子，必将是一个优秀的孩子。

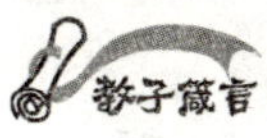

随着孩子对于外部世界的认知的加深，他就逐渐地有了自己的做事情的方式，家长要放手让孩子自己去做一些事情，这对于他的成长很有利也很有必要。而家长对于孩子在做事情过程中的良好表现也要不断地加以赏识和鼓励，在孩子做事情的过程中去赏识他，那么你的孩子就会更加自信。

11. “想法不错，爸爸妈妈支持你”

赏识孩子的想法，委婉地帮助孩子找出不足，支持孩子按照自己的想法去努力做事，这是培养自信孩子的重要方式。要知道，当孩子的想法得到你的认可的时候，他会产生前所未有的自信和动力。

孩子懂事以后，便开始思考这个世界，思考他所遇到的每一件事，并会逐渐产生自己的想法和观点。大人和孩子的世界观确实不同，但在孩子成长的过程中，却一直在向大人靠近。他们对自己世界的事情发表意见和想法，说明他们有了独立的思考意识，这是非常可贵的。这时，父母应该赏识和支持孩子的想法、理解孩子的心情、倾听孩子的诉说，在孩子想要发表自己的想法和观点，做自己的决定时，给予积极的支持和尊重。赏识孩子的想法，不仅可以进一步锻炼孩子的思考意识和行动能力，而且可以通过赏识来建立和加强孩子的自信心，促进孩子的前进动力。千万不要忽略和压制孩子的想法，不要否定孩子的决定，即使他们说得不对，即使他们的想法幼稚可笑，也不能嘲笑和打击他们。不要总是以大人的思维来要求孩子，而应该让孩子做下去，允许孩子把自己的观点表达出来并付诸实践。所以，家长们一定要学会告诉孩子："我们支持你这样做!"

小旺上了小学五年级，即将面临中考。他特别喜欢踢足球，最近市里在举办"少年足球培训班"，经过三个月的训练，如果表现好的话可以参加市里的少年足球队。小旺当然跃跃欲试，可是中考在即，虽然他学习成绩一直不错，但为了考重点中学，学习不能有丝毫放松。小旺担心爸爸妈妈不同意他参加培训，考虑良久，决定和爸爸妈妈好好商量一下。

一天吃晚饭的时候小旺说："爸爸妈妈，市里在举办足球培训班，表现好的话能进市少年队。你们知道我一直爱好踢足球，我想经过培训我一定能顺利录取。所以，我想报名参加。你们同意吗?"

爸爸妈妈相互对视了一下，妈妈说："小旺，你今年就要中考了，虽然你成绩不错，不过你知道考重点初中竞争很激烈。你报那个培训班难免要耽误学习时间。我和你爸爸好好研究一下再说吧。"

晚上休息时小旺爸爸对妈妈说："儿子大了，能自己拿主意这是好事。男孩子嘛，自己做的决定自己能负责，这样才有自信，才是真正的男子汉。我看咱们别过分干涉了，小旺一直挺懂事，这也是锻炼他的一个机会。"

第二天早上，妈妈对小旺说："儿子，你既然决定了，我和爸爸都支持你这么做，不过你要做好心理准备，方方面面每种可能都要想到，要为自己的想法和决定负责，明白吗?”

在后来的选拔赛上小旺落选了，没能进入市里的足球队。不过他顺利考上了重点初中。小旺没有灰心丧气，也没怨天尤人。爸爸妈妈看到他这样很欣慰。

赏识、支持孩子的想法，就是对孩子的尊重。尊重孩子自己尝试的愿望，给他们选择的权利，有助于培养孩子提高自信水平，有助于他们健康地成长。一般父母习惯站在自己的角度对孩子的想法和行为做出评价，约束孩子的选择。长此以往，父母会觉得很累，因为渐渐地孩子就会丧失自我决定与自信的能力。今天的社会变迁迅速，孩子将来要面临各种各样的选择和决定，自信的缺乏只会带来恐惧、紧张。台湾心理学家黄月霞认为：“支持孩子的选择观点，有利于孩子发展。孩子有这方面的训练，在面对心理压力前，将会有较少的焦虑和恐惧，能想出种种答案。”

问题解决技巧在日常生活中很重要。人生永远离不开问题，如果能不为问题所屈服，问题会使生活更有趣。如果知道如何去解决问题，问题反而成为令人兴奋的假想敌人。真正快乐的人并非是没有问题的人，而是知道如何去解决问题的人。若是你赏识、支持孩子对自我世界的决定，那么，他会因而发展出独立解决能力和面对困难的自信能力，从而会有一种成就感、自我价值感和责任感，这对孩子的一生来说都是很重要的。

家长不妨给孩子提供独立做事情的机会。如果你真的爱他，就让他自己做选择，支持他在他力所能及的范围内做一些可以做的事情。这样不仅锻炼了孩子的独立性，也给孩子提供了自我表现、自我肯定、自我信任的机会。同时，这也让家长拥有了更多的时间来做自己的事情，何乐而不为呢?

赏识和尊重孩子的想法和选择，是锻炼孩子自立自强，培养孩子自信的基础。那么，具体来说，家长需要怎样做呢？

第一，有意识地交给孩子一些任务，锻炼孩子独立做事的能力。随着孩子年龄的增长，爸爸妈妈要逐步教孩子自己的事情自己做。做之前提出要求，鼓励孩子认真完成。如果孩子遇到困难，家长可在语言上给予指导，但是一定不要包办代替，让孩子有机会把事情独立做完。

第二，鼓励孩子做事情要有始有终。孩子好奇心强，什么都想去试试，但是随意性很强，做事总是虎头蛇尾或有头无尾。所以交给孩子做的事情，哪怕是很小的事情，爸爸妈妈也要有检查、督促以及对结果的评价，以便培养孩子持之以恒，认真负责的好习惯。

第三，可适当地让孩子了解一些父母的忧虑和难处。提出一些问题，引导孩子独立思考和选择，大胆发表自己的见解。让孩子感到家庭的美满幸福，要靠爸爸妈妈和自己的共同参与，进而增强孩子对家庭的责任心和自我价值感。

第四，鼓励孩子勇敢地承担责任，让孩子学会对自己的行为后果负责。无论事情的结果是好是坏，只要是孩子独立行为的结果，就应该引导并鼓励孩子勇于承担责任。家长一定不要替孩子承担后果，否则，容易给孩子提供逃避责任的机会，淡漠孩子的自信感。

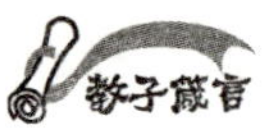

说到底，孩子的自信来自于两个方面。一方面是外界环境对于自己的评价态度；另一方面是孩子自身的自我定位和自我评价态度。我们说赏识和支持孩子的想法和选择，就是对孩子肯定的积极的评价，而且这也可以让孩子产生自我肯定意识。所以，这是一个一举两得的科学的教子方法，可以有效地培养孩子的自信心，养成孩子健全积极的人格品质。

第六章　表扬是动力，但要注意方法

想让孩子自信起来，经常性的表扬自然是少不得的。但是，要想把表扬做到适得其法，却并没有想象得那样简单。教育最注重细节，表扬作为一种重要的教子方法也不例外。

1. 好孩子是夸出来的

家长必须改变教育观念：好孩子的标准是既要学习好，又要身心健康，人格健全。而自信心作为一种成功素质，对孩子来说是尤其重要的。家长要善于发现孩子的可取之处，并鼓励、夸奖孩子的点滴成长，以促进孩子的自信水平，教育出优秀的好孩子。

儿童教育学家的一项研究曾引起许多教育人士关注，研究表明，孩子经常受到家长夸奖和很少受到家长夸奖的，其成才率前者比后者高5倍。其中的奥秘就在于经常受到夸奖的孩子往往具有高度的自信心，从而能轻松面对所遇到的各种困难。其实，中国伟大的教育学家陶行知早就指出：教育孩子的全部秘密在于相信孩子和解放孩子。而相信孩子，解放孩子，首先就要学会夸奖孩子，没有夸奖就没有教育。

在一些家长看来，孩子很少有做对的事情。其实所谓“做对的事情”，是相对于孩子的既定目标而言的。当孩子完成了自己设定的目标，或者和过去相比有了进步，这些就是孩子做对的事情。夸奖孩子的意义就在于此，积极地评价孩子的每一个进步，而不是只看到孩子取得的最终成绩。只有这样，孩子才能逐渐肯定自己，相信自己，超越自己，变得更加优秀。

明明放学后慢慢腾腾地往家走，同学小景拉着他说：“明明，你怎么了啊？垂头丧气的。”小景是明明的好朋友，两个孩子从小在一个幼儿园，现在读小学了又是同学，关系非常要好。明明说：“你怎么一点都不在乎啊？今天发布期中考试的成绩，我数学还是没及格，打了55分。回家又要挨妈妈‘轰炸’了，我最怕我妈批评我。”小景笑着说：“你可真是胆小，你数学不是一直不好吗？我记得你以前都是打30多分，和我的语文成绩差不多，你妈妈都应该习惯了。我这次语文打了47分，嘿嘿，比以前又进步了呢，下次我要争取及格。”

明明回家后对妈妈说了考试的情况，妈妈表情里有“恨铁不成钢”的气愤和埋怨，也有点哀伤。她说：“明明，你什么时候能给妈妈争口气啊？你的数学成绩一学期多了从来没及格过，除了30多分就是50多分。你比别人笨吗？我看你就是懒惰，学习不认真。你看看舅舅家的表弟，人家还比你小呢，每次考试都是班上的前三名。现在社会的竞争压力特别大，你不用功学习努力考个好大学，以后后悔都来不及啊！”

明明不耐烦地听着妈妈的话，这些话他已经能背下来了。每次妈妈批评他都是这些，除了和舅舅家的表弟比较就是以后如何如何。看妈妈还要说下去，他小声地反驳道：“妈妈，我最近一直在努力学数学，而且这次考试我进步了挺多呢！人家小景语文成绩也不及格，他爸爸妈妈还夸奖他有进步了呢！”

妈妈的“轰炸”终于来了，她生气地指着明明说：“你还知道辩解了！考试不及格你还有理了？我和你爸爸辛苦供你上学，你看你打那点分对得起我们吗？你怎么不和学习好的孩子比呢？要我夸奖你，你也得有值得我们夸奖的地方啊……”

明明此刻只能低着头，默默地接受着“暴风雨”。

我们很难相信案例中的明明能在学习上建立什么自信，估计孩子的成绩也很难会有什么起色。案例中这个妈妈的做法怎么能帮孩子建立起自信，给孩子以学习的动力呢？

事实上，每一个孩子都有很多可取之处，他们每天都在争取着或大或小的进步。能否将这些进步持续下去、扩大下去，从而建立起自信心去取得更大的成绩，是决定孩子能否取得成功的“量的积累”。而父母的夸奖在这里则起着“催化剂”的作用。你的孩子无法做到十全十美，但你一定要看到他的每一个闪光点、每一个进步，支持他、激励他以良好的心态去做到更优秀。

清代的颜无先生便是一位深谙教育心理“适时夸奖”之妙的教育家，他留下的那句名言——“数子十过，不如奖子一长”实在值得我们咀嚼、体味。可见，在一个孩子成长的历程中，得到夸奖是非常重要的，是能产生积极的作用的。儿童对自己的评价大多来源于周围人对自己的评价。如果周围人给他的评价是积极的、肯定的，那么他就会觉得自己能行，就会在生活中树立起自信心。反之，如果周围的人总是给他传递一些消极的评价，如批评、打骂等，孩子就会觉得自己一无是处，从而在心理上产生自卑感、无能感，甚至产生破罐子破摔的想法。

成功父母与失败父母的区别是，前者将孩子对的东西挑出来，把他的优点挑出来，而不明智的父母，一眼就看到孩子的缺点。作为家长，要时刻关注孩子的每一点细微的进步，每一个小小的闪光点，都要及时夸奖和鼓励，让孩子产生成就感和自信感，促使孩子不断进步。

2. 每天夸一句，自信多一点

每个孩子都具备成才的潜质，年幼的他们并不清楚自己有什么潜在能力。他们不知道该如何发掘自己的这些潜力，而总是依靠别人对自己的评价来定位自己，这就是孩子的可塑性。家长对他们的夸奖、鼓励，是让孩子自信起来的最大动力。

人们常说：“好孩子是管出来的。”就是说孩子的成才需要靠父母的管教，它的潜在意思是：处于懵懂时代的孩子认知能力很差，家长要强制地严厉地管理孩子的行为。这是传统教子方法中典型的“大棒政策”。

事实上这是家长教子的一个严重误区。现在我们认识到，“好孩子是夸出来的”。试想，还有什么比孩子主动、积极地要求自己的进步更有教育意义吗？而孩子的这种意识完全是来自于父母的肯定、鼓励以及支持，还有重要的一点就是孩子自身的自信态度。事实上这两者是相互促进的：家长越是夸奖、鼓励，孩子就越是自信，就越能取得进步；孩子越是自信，越是积极进取，得到的夸奖也就越多。所以，家长若能给孩子积极的鼓励、夸奖、褒扬，为孩子营造一个积极向上的心理氛围，那么孩子就会自信起来，从而斗志昂扬地健康成长。

小志是个“问题孩子”，对于学习从来都没有什么自信。在学校不仅学习成绩不好，而且学习态度极不认真，上课不听讲、扰乱课堂秩序，下课淘气，搞恶作剧吓唬女同学，和同学打架。回家以后从不主动做作业，不是看电视就是玩玩具，经常把家里搞得“一片狼藉”。

小志妈妈是个医生，平时工作很忙，一有时间就去学校和老师谈孩子的问题。可小志始终就是这样一副样子，恨铁不成钢之余，小志妈妈总是很严厉地管教小志。批评教育不管用，有时甚至打骂并用，可孩子就是不求上进，反而变本加厉，愈演愈烈。

小志妈妈心力交瘁，有时真想就这么让他放任自流。后来有一天，市里面来了一批教育专家组织了一次“教子研讨会”，小志妈妈买了票去参加。会上小志妈妈详细地说了自己孩子的情况，向专家求助。专家了解了情况以后把小志当成案例来给与会的家长们讲解。他们说：“每个孩子都能自信，每个孩子都是好孩子，可每个家长，不见得都是合格的家长。拿小志的情况来说，他不过是一个9岁的小孩子。上小学以前包括幼儿园时期孩子为什么不是现在的样子呢？从上小学起，小志妈妈忙于工作，就很少和孩子沟通，甚至从来没有夸奖、表扬过孩子。这是很不正常的现象，很不利于小志健康心理的发展。与之相反，小志妈妈经常批评甚至打骂孩子，这是造成小志现在的情况的主要原因。”小志妈妈红着脸站起来，说：“我也不想整天和孩子像仇人一样，见面就是‘苦大仇深’的样子，我也想和孩子亲近，可一看到他不思上进的样子我就气不打一处来。我就是想夸奖他，他也得有值得我夸奖的地方啊！”专家笑着说：“这就是你的失误之处。你始终站在同一个角度去看待孩子。每个孩子都有自己的可取之处，都有自己的闪光点。而且这些闪光点是随着你的不断发现不断赞扬而增加的。比如小志，从他上小学开始你就忙自己的工作，孩子这么小就能自立、照顾自己，这是不是值得你表扬呢？你一味地批评甚至打骂孩子，他在心里给自己的定位就低了很多，就开始自卑，自暴自弃，也就成了现在的样子。你越是告诉他怎样做，他就往往故意反着去做。我这样说你能明白吗？听你的介绍，我们认为小志是个很聪明、有主见的孩子，我们相信只要你教育得当，孩子一定能迷途知返。你不妨每天都夸孩子一句，真心地找出他的一个优点。鼓励他，帮助他，每天笑着面对孩子。这将是小志乐于看到并愿意接受的。”

孩子的成长过程是一个需要不断汲取健康因素的复杂过程。这里的“健康因素”就是指正面的、积极的、向上的、阳光的暗示、评价以及定位。如何让孩子获得这些“健康因素”是父母们的职责所在。如果孩子每天面对的是家长的指责、批评甚至恶语相向、拳脚相加，不要说是孩子，就是一个成人也无法保持自信的态度，保持积极的心理。孩子会因此变得缺乏自信，缺乏进步的动力，灰心丧气，性格古怪，何谈健康成长？

积极地去夸奖孩子，发现孩子的每一个可取之处是科学的教子方式。在得到认同的情况下，孩子会感觉到自己的价值所在，他会更加努力地争取进步，并且能以一个良好的心理状态去面对成长路上的诸多问题。

家长的夸奖，可以帮助孩子看到自己的优点和优势，激起孩子

奋力取得成绩的勇气和自信。每一天都夸孩子一句，你就会发现，孩子每天都会比昨天更加自信一点。

3. 表扬是孩子进步的阶梯

随时都要看到孩子的进步，尤其是在孩子表现不好或者成效不明显的时候，不要打击孩子的信心和积极性，而是应该善于发现孩子哪怕是一点点的进步。对孩子的表现给予夸奖，对孩子的进步给予赏识，这将会让孩子建立并巩固做好事情的信心和勇气。

许多孩子在学习或者生活中都会有很多让家长不满意的地方，成绩没有别人好、做事没有别人快、脑筋没有别人聪明等等，但是，他们没有看到的是孩子一直都在进步。怎样引导孩子建立自信继续进步，这才是最重要的。

家长应该重视孩子的进步，在孩子看来，自己取得一点点进步，都是自己努力的结果，如果这时候的孩子得到了家长的表扬和鼓励，那么他们的自信心和积极性就无疑会大大地增加。可是，大多数家长不会站在孩子的角度看问题，他们总是用大人的标准来要求孩子，总认为如果取得一点小小的进步就给予表扬，孩子就会骄傲的。但是，孩子毕竟是孩子，他们还很小，有时候没有办法达到家长的要求，这就好比明明是一辆汽车，却偏偏让它跑出飞机的速度来，这不现实，只能与自己的期望是越来越远。这样一来，孩子就失去了前进的信心。

家长要善于发现孩子的每一点进步，尤其是在孩子表现不好的时候，就更不要打击孩子的自信和积极性，而是要指出孩子的进步并真诚表扬。

小陈是一名老师，妻子是一名医生，他们的儿子今年10岁了。其实他的儿子是个很优秀的孩子，但是，就是作业总是不好好做，因为这件事情，他的妻子没少呵斥儿子，甚至动手打孩子，而且每天都看着孩子做作业，可是效果也不好。时间久了，孩子产生了抵触的情绪，作业总是做得乱七八糟，甚至于故意不好好做。他的妻子很无奈，什么办法都用过了，就是不见起色。

后来，小陈告诉他的妻子，儿子他来管，不要妻子插手，于是他就亲自去指导儿子做作业。他检查孩子作业的时候，惊讶地说："儿子，你的作业有很大进步啊！看看，你的作业比昨天整洁多了，而且还少错了一道题，有进步啊！"在表扬的过程中，小陈偷偷观察孩子的表情，他发现，儿子的眼睛里闪过了一丝自信。于是，他趁热打铁地说道："我相信你能做得更好！"紧接着，他又指出了儿子的毛病在哪里，孩子也很高兴地改掉了错题。此后，每天小陈都鼓励孩子，孩子每天都有进步，慢慢地，孩子把所有的毛病都改掉了。他的妻子不明白小陈用了什么魔法，小陈说道："孩子是有进步的，要根据他好的变化尽量把他往优点上引导，形成了习惯，他自己就改掉毛病了。"

如果家长们对于孩子的进步不给予赏识，反而过于苛求，这样就会导致两种状况。一方面，有的孩子由于顽皮成性，就会对家长产生逆反心理，家长的话在孩子面前没有权威。另一方面，也是最为重要的一点，就是会让孩子产生自卑心理，从而失去继续进步的自信和动力。孩子们需要的是家长的理解和支持，如果自己最亲近的人都不支持他们，那么势必就会给孩子造成一个巨大的心理阴影。

家长们不要无视孩子的进步，不要因为孩子进步太小而没有达到自己心中的标准就对孩子进行全盘否定，认为孩子是无能的，这无疑是对孩子的一种伤害。虽然家长有时候也是无意的，但也许就在无意中，家长们就会伤害到孩子的自信心。

能否发现并表扬孩子的进步，会影响到孩子学习和做事的效果，还会影响到孩子对学习和做事的态度，也会对孩子的性格产生影响。对孩子的进步不给予肯定、赞扬甚至否定孩子的进步，那么孩子的学习态度肯定会受到打击，认为自己即使努力了也不会被家长认可，很可能就会产生自暴自弃的想法，这是很危险的。

当孩子在学习或者生活中取得进步，哪怕是很小的进步，作为家长，都应该真诚地夸奖孩子，对孩子说："孩子，你比昨天进步多了，继续努力，明天还会比今天更好的。"当孩子得到了家长的赞同和鼓励的时候，他们往往会继续坚持和努力，每天都会有一些变化。虽然只是一些细微的改变，但孩子的自信心就会越来越强，也就会越来越往好的方面发展了。

孩子们有了进步，就要及时地给予鼓励和赞扬。那么，孩子就会在得到赞扬之后继续保持进步。哪怕是微不足道的一点小小的进步，都是孩子向好的方面发展的开始，可是如果家长对孩子的进步视而不见的话，对孩子自信心的打击是很大的。所以要想让孩子自信起来，取得更大的进步，就从你的表扬开始吧。

4. 表扬的"比较艺术"

夸奖孩子，有利于激励孩子上进，增强孩子的自信心。但夸奖也要讲求方法。家长在夸奖自己孩子的同时切忌贬低他人，这样将不利于孩子健康人格的形成。

我们知道，没有夸奖就没有教育，但一味地滥用夸奖，恐怕也不是教育孩子的灵丹妙药。"夸"孩子讲究恰当性和准确性。如果夸得不恰当，孩子就会受到消极的影响，也就起不到激励作用。当然更不能在夸自己孩子的同时贬低了别人，否则孩子会盲目自负，唯我独尊，以后你想改过来都很难。

丹丹上小学一年级，是个活泼可爱的小女孩。她很聪明，平时学习成绩不错，加上爸爸妈妈特别娇惯她，所以全家人都拿她当掌上明珠看。

爸爸妈妈对丹丹的学习成绩很满意，经常引以自豪。每次丹丹向爸爸妈妈汇报成绩时，爸爸妈妈都会夸奖她说："我女儿就是棒，每次考试都是班级前几名。比起你大伯家的表哥，真是不知道强出去多少。他每次考试都是倒数，你要在学习上多帮助表哥哦！"对于爸爸妈妈的夸奖丹丹早都习以为常了，不过她还是颇为得意。

丹丹的表哥叫小北，他们俩在同一个班级，而且两家还是邻居。两个孩子经常一起做作业。小北头脑没有丹丹聪明，但他是属于那种比较踏实勤奋的孩子，虽然学习成绩不太好，但其他方面表现都不错。丹丹经常取笑小北说："哥哥，你怎么这么笨啊！每次考试都排在倒数几名。如果你成绩再不提高的话，以后在班级不许说我是你妹妹了哦，我可嫌丢人。"

前几天爷爷过生日，全家人都聚在一起。吃过饭以后爷爷让丹丹和小北每个人当着大家的面背诵一首古诗，说背得好的话给红包，亲戚们也都兴致勃勃地逗两个孩子。丹丹平时不太喜欢背诵，不过她还是勉强背了一首唐诗。而小北从小就乐于背诵诗词，他用稚嫩的嗓音慷慨激昂地背诵了岳飞的一首《满江红》，博得了大家的喝彩，全家人都说小北在这方面有才华。爷爷也高兴得满面红光，夸奖了小北。这时候丹丹不乐意了，她大喊着说："表哥就会背几个破古诗，其余的他什么都不会。每次考试他都倒数，他怎么会比我优秀呢？我学习比他好多了！"话还没说完，她就红着脸流着眼泪跑出去了。

屋里面的亲戚们面面相觑，都不知道这孩子是怎么回事。丹丹的爸爸妈妈也觉得孩子的表现确实有点丢自己面子，都红着脸觉得特别不好意思。爷爷说：“丹丹是很聪明，不过聪明反被聪明误啊！也不知道你们大人平时都是怎么教育孩子的，这孩子攀比心理、嫉妒心理太强了。自信过度，就是自负啊！”

丹丹的爸爸妈妈很久没有抬起头来。

在现实生活里，家长们在夸奖孩子的同时偶尔把自己的孩子和别的孩子做个横向比较，这是很正常的。每个孩子都有各自不同的优点，正确的横向比较应该能让孩子多看到别人的长处，多向别人学习。孩子往往会以家长对自己的评价来定位自己，如果家长看到的都是别的孩子的缺点和不足，借此来突显自己孩子的优点，夸奖自己的孩子而贬低别人，那么，孩子就容易在心里形成一个“我比某某强”的暗示。长期下去这会助长孩子的攀比和骄傲心理，形成盲目自负的性格。而自负完全不等同于自信，自负的孩子一旦遭遇挫折就会演变成为自卑。可见，这对孩子的健康成长是极为不利的。

孩子都喜欢受到表杨和鼓励。夸奖得当，可以巩固其优点，增加他的自信，促进他不断进步；如果家长夸奖不当，经常夸自己的孩子而贬低别人，就会使孩子骄傲，进而看不起别人，认为只有自己好，别人都不如自己，甚至当有人说别人好，没说他好，他就难以接受。这是因为孩子年龄小，自我意识刚开始萌芽，他还不会全面地看问题，不能正确地评价自己和别人。家长还要适当地指出他的长处和短处，使孩子明白人人都有长处和短处，小朋友之间要互相学习，帮助孩子正确评价自己。

教子箴言

孩子对自己的评价是以成人对他的评价为基础的，所以父母要正确评价自己的孩子，不能在夸奖自己孩子的同时去贬低别人，用别人的不足来比较自己孩子的长处，以免孩子对自己产生不正确的定位，进而养成不健康的竞争心理和自负心理。

5. 夸聪明不如赞努力

那些经常被夸奖为聪明的孩子，往往把成绩看成是自己的聪明所得，把结果看得比什么都重要，一遇挫折就容易灰心丧气，且不愿意也不敢接受新的挑战；而那些被夸奖为努力的孩子，则更愿意做出新的大胆尝试，会尽自己最大的自信把事情做好。所以，表扬孩子的时候要多夸努力，少夸孩子的聪明，这样更利于培养孩子的自信心。

聪明是一种个人资源，从大人到孩子，人人都会为自己拥有这一资源而自信和自豪。所以，孩子都愿意别人夸他聪明，甚至有很多孩子为了得到聪明的“头衔”，常常在同伴面前装作不怎么努力的样子，但回到家里却拼命地学，从而保证好的成绩。这样的孩子很容易形成虚假的“自信”，稍遇挫折就容易失去信心，灰心丧气，甚至把失败归结为自己不再“聪明”的原因上，从而走向自卑的消极心理。

所以，作为家长，在夸孩子的时候，不要只是虚荣地夸孩子说：“你真聪明!”不妨更具鼓励性地夸奖孩子：“你努力了！你很棒!”

张女士是一个大学讲师，她曾经历过这样一件事：一个周末，她到一位美国的教授朋友家中做客，并想请教这位外国朋友教育孩子的“洋方法”。一进门，她就看到了教授6岁的女儿。小女孩满头金发，大大的蓝眼睛让人觉得特别美丽。她不禁在心里称赞小女孩长得可爱。当她把带去的礼物送给小女孩的时候，小女孩微笑着向她说：“谢谢。”声音很甜美。她禁不住夸奖道：“你长得这么漂亮，真是可爱极了!”这种夸奖方式在中国是极为平常的，但是，那位美国教授却并不领情。在小女孩离开后，教授的脸色一下子就严肃下来，并对张女士说：“你伤害了我的女儿，你要向她道歉。”

张女士感到非常奇怪和尴尬，说：“我只是夸奖了您的女儿，怎么伤害她了呢?”教授坚决地摇了摇头，说：“你是因为她的漂亮而夸奖她。但漂亮这件事，不是她的功劳，这取决于我和她母亲的遗传基因，与她个人基本上没有关系。孩子还很小，不会分辨，你的夸奖就会让她认为这是她的本领。而且她一旦认为天生的漂亮是值得骄傲的资本，就会看不起长相平平甚至相貌丑陋的孩子，这就给她造成了误区。其实，你可以夸奖她的微笑和有礼貌，这是她自己努力的结果。”教授耸耸肩，继续说：“所以，请你为你刚才的夸奖道歉。亲爱的张，这就是我要表现给你的我的教子方法。”

张女士感触很深，并且很正式地向教授的小女儿道了歉，同时赞扬了她的微笑和礼貌。

表扬孩子的时候，更应该表扬孩子的努力，而不应该把重点放在孩子的聪明与漂亮上。因为聪明与漂亮是先天的优势，而不是值得炫耀的资本和技能，但努力则不然，它是孩子后天争取来的，从而更应该予以肯定。

聪明与努力，是孩子取得优异成绩的必要因素。作为父母，如何夸赞孩子的这两个因素是值得推敲的。家长应主动将往昔对孩子“赞扬性”的教育，刻意转变为“鼓舞性”的激励，把“你真聪明”转变为“你真努力”，当他堆砌一次积木时，这成功是他努力的结果；而积木倒了，应鼓励他：“只要再努力一次，你肯定会成功的……”最后的结论是：“由于你的努力，你终于成功了!”这种转变的结果，会得到出乎意料的奇迹。再遇到什么挫折，他不仅不会垂头丧气，而且还会说：“因为我不够努力，只要再努力一下，就会成功的!”孩子能具有这样的自信，不正是家长追求的目标吗?

有这样一个测试，研究人员让一些幼儿园的孩子做了几道题，然后，对一半的孩子说："答对了8道题，你们很聪明。"对另一半说："答对了8道题，你们很努力。"接着给他们两种任务选择：一种是具有一定挑战性的，即可能出一些差错，但最终能学到新东西的任务；另一种容易完成，即孩子是有把握能做得非常好的。结果2/3的被夸聪明的孩子选择容易完成的；被夸努力的孩子90%选择了具有挑战性的任务。

孩子的自信心是由于征服了一些困难才产生的，并不是被夸作聪明而支撑起来的。总是夸奖孩子聪明的另一个缺陷是，随着时间的推移，孩子会开始把好的结果与自己脑子聪明划等号，如果他把一件事情完成得很好，会认为这仅仅是因为自己的聪明罢了。一旦他遇到了挫折，也很可能就此断定"我并不聪明"，随后逐渐失去学习的自信。相反，当家长夸奖孩子很努力而不是很聪明的时候，意味着你在鼓励他继续努力学习，遇到挑战和挫折的时候要迎难而上，即使结果并不是所期望的，他也会明白，这是因为自己不够努力。因此，父母应该积极引导孩子关注完成任务的过程，赞赏他为取得成功而付出的努力，称赞他所使用的方法和策略，将赞美的重点放在"努力"而不是"聪明"上。

总之，赞美孩子的前提是要更加看重孩子是否尽了力，是否在原来的基础上有了进步和提高，如果有，则要赞美孩子通过自己真真切切的努力而得来的那部分东西。

教子箴言

经常称赞孩子聪明，会使孩子在面临众多的任务选择时，放弃那些可能失败但能使自己学习到一些新知识和新方法的任务，选择自己一定能够成功的任务，以便于向他人展示自己真是很聪明。其实质就是孩子对于自己能力的不自信，缺乏真正意义上的自我信任感，缺乏迎接挑战的勇气，这显然不利于孩子的健康成长。所以，与其夸孩子聪明，不如夸孩子努力。

6. 趁热打铁，表扬要及时到位

表扬是激励孩子树立自信心、争取进步的动力和手段，但不科学的表扬方法往往达不到预期的目的。相反，当父母夸奖孩子的方式出现问题时，孩子就有可能因受到错误的暗示而受到严重影响，从而形成“偏差”的人格和性格。

孩子需要赞扬，就像小树需要阳光雨露。如果说孩子的成绩和进步是幼苗，那么夸奖就是肥沃的土壤，幼苗依赖土壤茁壮成长。从小到大，每个孩子都需要源源不断的鼓励，父母的热情夸奖可以帮助孩子掌握更多的技能，提升智商和情商，并逐步培养起自信。而且，被高涨的情绪渲染，他们可能会自觉自愿地让自己来个“三级跳”，把眼前的事做得更好，似乎在用事实告诉你“好孩子多半是夸出来的”的论断一点都没错。但是，千万别以为这是件再简单不过的事，表扬也不是那么容易“达标”的。

夸奖孩子要夸得及时，要夸得到位。所谓“及时”，是指时间层面来说，孩子今天做了值得夸奖的事，就不要拖到明天去表扬，明天孩子可能已经对这件事模糊而失去激情了。所谓“到位”，是指细节层面来说，孩子取得了进步或者做了好事，夸奖要做到细致和深入，不要敷衍了事。这样才是科学的“赏识教育”，否则就无法起到激励和培养自信与进取心的效果。

现在的孩子大多都是独生子女，在家里都是被娇惯着长大的，所以有人说现在的孩子无论是在家庭里还是在社会上都没有多少自信感。

比如8岁的女孩小鸥，她是爸爸妈妈的掌上明珠。最近学校组织了一个“环保志愿者”活动，就是老师带着一些小学生在课余时间去街道身体力行地清洁卫生、宣传绿色环保等口号的一个活动。小鸥爸爸妈妈认为这是锻炼孩子的一个好机会，就劝小鸥报名。小鸥就这样不情愿地参加了这个活动。

小鸥第一次随志愿者协会出去活动是爸爸亲自陪她去的。同学们都热情洋溢地参加劳动和发传单、做演讲，小鸥也被这样的热情所渲染，拿出了在家准备好的演讲稿进行旨在宣传环保的演说。小鸥的嗓音本来就清脆动听，再加上爸爸妈妈帮忙完成的演讲稿写得很精彩，所以有很多人都聚集在小鸥的周围为她鼓掌喝彩。回到家后爸爸马上就向妈妈表扬小鸥说：“咱们女儿今天表现得很自信，演讲很成功，人们都为她鼓掌。小鸥的嗓音清亮，语言流畅，演讲时声情并茂，眉飞色舞。以前还看不出来咱们女儿在演讲方面这么有天赋呢！小鸥今天太值得咱们夸奖了！下次再有活动让妈妈也去看看，好吗小鸥?”小鸥听着爸爸的夸奖很满足，得意洋洋地笑了。

志愿者协会第二次组织活动是在一周以后，小鸥这次显得很积极，前好几天就在写演讲稿。爸爸因为出差不在家，所以这次是妈妈陪小鸥来的，果然是像爸爸所说的那样，小鸥的演讲很精彩，几乎成了整个活动中最大的一个亮点。回到家以后妈妈虽然也很高兴，但毕竟她已经知道了小鸥上次的表现，爸爸又不在家，所以就没太当回事。等第二天晚上小鸥爸爸回来的时候，妈妈才简单地夸奖了小鸥几句，说女儿很棒，妈妈挺自豪。小鸥本来就因为困了而情绪不高，听见妈妈的表扬也不太精彩，于是心里想：“其实也没什么大不了的，其实我们同学谁都能做好这件事。”

那以后的活动小鸥兴致一直不高。爸爸妈妈研究了一下才明白，原来是妈妈的表扬出了问题。

孩子无论是对待自己还是对待其他事物的看法大多都来自父母的评价和态度。当父母对孩子的某个行为或是在一件事上的表现评价很高很及时的时候，孩子自然会重视父母的表扬，并会在以后自信十足地继续努力；若是父母的夸奖和评价“迟到”了，或是很潦草地敷衍了事，孩子则会觉得父母没有重视自己做这件事，而自己做得也不够好，也就会失去了继续的激情。就像案例中的小鸥妈妈一样，由于夸奖来得不及时，没有“趁热打铁”，而且表扬也不“到位”，所以使小鸥对一个难能可贵的锻炼自己的机会失去了热情。

所以，家长对孩子的夸奖和表扬并不是一个简单的形式问题，它需要认真对待。如果真的欣赏孩子的某个行为某个表现，那就要及时、到位地表扬孩子，让他能建立起自信再接再厉，不断进步，健康成长。

千万别小看你无意中对孩子做出的只言片语的评价，还有你的表情、语气和目光，它将成为孩子再上台阶的动力或阻力。因为他们脆弱的内心需要得到他人尤其是父母的肯定。你的表扬很重要，你开口之前应该掌握的标准更重要。

7. 表扬不可“打折扣”

夸孩子要有一个“度”，经常滥用夸奖会让孩子对父母的表扬动机产生怀疑，进而怀疑自己的能力，不利于孩子真正地形成自信心。并且，不切实际的夸奖会严重影响孩子的自我评价、定位和心理健康。

在引导和鼓励性地夸奖孩子的同时，夸要夸在点子上，不能大夸、胡夸、乱夸。有些家长在孩子众多的群体里，大夸自己的孩子怎样怎样好，不切实际地“吹牛皮”，这样会让孩子有一种人人都不如自己的感觉。而当真正面对问题的时候，孩子往往会不知所措、灰心丧气甚至弄虚作假，做表面文章。其实这样的孩子的心理是严重缺乏自我信任感的，他们甚至无法准确地给自己定位——我行吗？我能做好吗？这就是缺乏自信的表现。

还有的家长完全是为了自己的面子，当着孩子的面在别人面前胡夸。孩子会想我真的是父母所说的那样吗？到后来孩子自己也不知道什么是好，什么是不好。这样，孩子就容易变得怯懦，畏首畏尾，是很难取得真正的进步的。

彬彬原来是一个诚实懂事的乖孩子，学习成绩又好，亲戚、老师、同学没有不喜欢他的。彬彬的父母经常引以为傲，总是在亲戚朋友面前夸赞自己的孩子如何懂事如何优秀，当别人表示羡慕、敬佩时，他们的脸上都笑开了花，觉得这样“很有面子”。

彬彬本身的确是个好孩子，也确实值得父母夸奖、表扬。但彬彬父母不知是出于什么心态，总是有意地夸大孩子的优点。比如，有一次彬彬参加了省里的一个小学生作文竞赛，事实上参加这种比赛的孩子几乎都能拿到一个“鼓励奖”或者叫“参与奖”。那次彬彬获得了一个三等奖，爸爸妈妈特别高兴。正巧那几天彬彬爷爷过生日，家里来了很多的亲戚和朋友。吃饭的时候大家都谈论自家和别人家的孩子怎样怎样，彬彬的爸爸妈妈口若悬河：“我们家彬彬学习成绩没说的，每次考试不是第一就是第二。老师和我们谈好几次了，说给孩子转到重点学校去上实验班吧，在这上学容易把孩子耽误了。我们说其实在哪都一样，不成才的孩子送去重点也成不了才，是金子在哪里都能发光嘛！这不，前几天彬彬代表他们学校去省里参加作文大赛，得了个第三名。要我说啊，咱们做家长的根本就不用和孩子操太多的心，懂事的孩子自然知道上进。不懂事的孩子管了也是没用，听之任之算了。”

彬彬听到爸爸妈妈当着这么多人的面这样夸奖自己，当时觉得有些不好意思，而且他自己明白爸爸妈妈夸大了自己得的那个“三等奖”。不过时间久了他也就习惯了，比如他们常说“我家彬彬每科都90多分，不偏科”，而事实上彬彬的数学成绩就不是特别好，只不过别的科目好，可以掩盖过去。慢慢地，彬彬甚至就认为爸爸妈妈说的都是真的了，别人问起时，他自己也会说得和爸爸妈妈说的一模一样。

现在，彬彬就快上初中了，他的学习成绩下降了不少，而且变得少言寡语，经常是低着头，一副“我不优秀”的样子。他的爸爸妈妈现在也很发愁。

生活里这样的例子不少，父母喜欢在众人面前夸奖自己的孩子，往往是夸大其词、不切实际。他们的这种做法其实也是出于对孩子的爱：或是希望孩子达到自己理想中的样子，或是希望孩子能取得自己无法取得的成功，填补自己的失望。而这种自私的爱极易使孩子形成一种“虚幻的自恋情结”，不利于孩子脚踏实地地建立自信心，争取进步。

夸奖孩子要采取节制的态度，尤其是要实事求是。父母对孩子的爱，不应该咄咄逼人和夸大事实。如果孩子扮演了父母“理想的自我”的角色，被父母拿着去到处炫耀，到处展示，他就会觉得自己非常地了不起。他感到自己填补了父母的失望，享受到了父母从来没有享受过的成功。但是，当他稍遇挫折，稍有人没有及时称赞他，他的内心就会非常痛苦，并由此掉入“自卑”之中。父母给孩子这样一种错误的爱，会让孩子沉浸在一种幻觉中，令孩子脆弱。我们要夸奖和爱孩子现在的样子，而不是我们幻想中的孩子的样子。

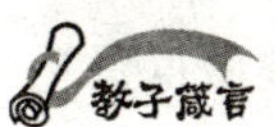

家长夸奖孩子应该是从“以一种健康心态去促进一种健康心态”的角度出发，讲究实事求是，有针对性地鼓励孩子建立自我成就感，树立自信心。不切实际地夸奖孩子或许也是出自爱孩子的心理，但这样的方式可能会适得其反。

8. 敷衍了事不如不表扬

对于孩子来说，父母的夸奖是自己最渴求的财宝。然而，“财宝”也往往存在“美中不足”的情况。教子是一个漫长的过程，有些父母难免会出现“不耐烦”的情绪，夸奖孩子时敷衍了事，不认真对待。那么，长此以往，孩子就会产生自己不够优秀的心理体验，从而失去自我信任。

父母对孩子的夸奖切忌敷衍了事，必须是具体的，越具体越好。有关专家认为，最好是了解孩子做事情的过程，把孩子的良苦用心和艰难努力都看在眼里，然后再夸奖孩子。例如，孩子在写完作文之后，你在认真阅读的基础上可以这样说：“这篇文章的开头很好，你能想出这样的典故作为文章的开头实在不容易；中间这个事例写得很详细完整，说明你经过了仔细的观察。结尾的一句话也比较精彩，用它来点题很恰当……”这样，你把孩子在作文上所花费的辛苦都一一说了出来，愉快自信的笑容立刻就会洋溢在孩子的脸上，孩子就会自信地面对下一次的作文任务。

如果你笼统地对孩子说：“你真聪明”、“你真棒”，孩子听了以后会觉得很茫然，不知道自己到底好在哪里，也不知道自己怎样才能做得更好。而且，对于大一些、已经有了思考和判断能力的孩子来说，他们会觉得父母之所以这样其实是在安慰自己，一定是自己做得不够好，自己太笨了，从而难以取得自信的动力。

5岁的露露在上幼儿园，这孩子哪方面表现都不错，就是吃饭的问题愁坏了老师。露露吃饭挑食很严重，菜里不能放葱、姜、蒜，不吃肉类。就算这些都达到她的要求，让她顺利地吃一顿饭也还是很难。露露从小就有吃零食的习惯，往往到吃饭的时候她就不饿了，也没有任何食欲。而且露露吃饭的速度慢得吓人，吃饭就像是数米粒一样。在幼儿园里经常是露露刚开始吃，别的小朋友却都已经吃完了跑出去玩去了。这样露露就更不愿意吃饭了，老师要是要求她把饭吃完她就会哭起来，所以每次老师都要费尽心思地哄着她吃饭。

不过，前一段时间老师发现露露的吃饭情况好转了许多，不太吃零食了，每天到吃饭时间她都不像以前那样四处躲藏了，而是和小朋友们一起主动坐到餐桌前，吃饭时也不再像原来那样“精雕细琢”了。老师表扬了露露，说：“露露小朋友最近爱吃饭了，取得了进步，小朋友们要向露露学习啊!”

不过这种情况没维持多久，最近露露的“老毛病”又犯了。老师不得其解，就和露露的妈妈王太太谈了这个问题。原来露露回家也和妈妈说了这件事，说老师表扬她爱吃饭了，王太太随口夸奖了孩子一句，也没太当回事。老师说：“我也没有认真具体地表扬露露这件事，看来咱们的失误就在这。”王太太也恍然大悟地说：“对了，以前有一段时间露露总是主动帮我做家务，但是也没有持续几天，看来也是这个原因。我工作一直比较忙，看来是忽略了教育孩子，没有重视夸奖孩子的问题。”老师说：“看来夸奖孩子还真不能敷衍了事，以后咱们双方都要注意了。”

家长表扬孩子在生活里是很平常的一件事，但有很多时候这些表扬却都没有对孩子起到有效的作用。有的家长甚至认为表扬孩子只是个形式问题，让孩子知道家长注意到你的进步就可以了，这完全是教子过程中的一个错误观念。

你在夸奖孩子的同时，孩子也在关注着你的态度，他也在审视自己的行为，在给自己做一个评价。如果你夸奖孩子的态度不认真，敷衍了事，那么孩子会形成一种模糊的概念，不知道自己哪做得好，哪做得不好，无法建立起应有的自信。甚至他会觉得父母对他不够重视、不够关心，这些都是孩子健康成长的不利因素。

只有建立在以事实为依据的基础上，发自内心的夸奖才会使孩子产生感情的共鸣，才会真正地有力量。如果只是追求夸奖的形式，言不由衷，辞不达意，不仅起不到激励作用，相反还会使孩子产生自卑和反感的负面影响。

作为家长，要注意到孩子取得每一个进步和每一次小小成功的每一个细节，细心观察孩子身上的优点和长处，然后再从细节上细致地给予肯定和赞扬，具体、认真、及时、适时夸奖，这样的夸奖才会促进孩子建立起再接再厉的信心和勇气，才能起到夸奖的真正作用。

9. 公开场合的表扬更有力

在很多情况下，表扬和鼓励是促进孩子积极进取的最重要技巧之一。这一技巧的运用可以帮助孩子建立自信和自尊，使之成为能正视现实、克服困难，而不是追求完美主义的人。尤其是在人前表扬孩子，不仅能增强孩子的自信心，更能加重孩子对家长的信赖感。

但是很多父母并不这样认为，他们认为，在人前表扬孩子很容易造成孩子爱虚荣、骄傲自满的倾向；一些被当众夸惯了的孩子，有一点好的表现没被注意到，就会感到委屈，甚至有的孩子为了得到夸奖而弄虚作假，这样对孩子的成长非常不利。所以他们不喜欢在别人面前表扬孩子，但却喜欢在别人面前数落自己孩子的“缺点”。

一天，妈妈带晨晨到同事李阿姨家做客，李阿姨的孩子玲玲和晨晨差不多大，这天刚好也在家。两位妈妈一说起对孩子的教育就滔滔不绝，像是有说不完的话。可是，不同的是，晨晨的妈妈总是在数落晨晨的缺点，而李阿姨却在不住地夸奖玲玲。

“晨晨在家里脾气那叫个大，上次把我们家的门锁都给摔坏了，跟我和他爸说起话来一点儿礼貌都没有，大吵大叫，真让这孩子烦死了。”

李阿姨听了以后对晨晨说：“晨晨可不能这样，你妈妈对你多好啊，把你养这么大多不容易，你得孝顺你爸爸妈妈。你看我们家玲玲多乖，从来都不跟爸爸妈妈吵嘴，我们说什么她就听什么，是不是玲玲？”

“就是啊，玲玲多乖，你看晨晨也不好好学习，数学这次又考了60多分，你说我和他爸都挺聪明的，怎么生了这么个笨儿子？”

“你也别这么说啊，孩子只是没考好试嘛。玲玲这方面就不用我们操心，每次都能考90多分或100分……”

谈话就这样进行下去，一边是对晨晨的“讨伐”，另一边是对玲玲的“赞美”。晨晨垂头丧气的样子和玲玲自信开朗的笑容形成了鲜明的对比。

像晨晨妈妈这样不仅不在别人面前表扬自己的孩子，反而在别人面前数落自己孩子的缺点的家长不在少数。在家中的表现、学习成绩等等，这些都是孩子的“隐私”，而晨晨的妈妈却在别人面前大说特说，损伤孩子在别人面前的自信和尊严，其实这种做法本身就是对孩子的“不尊重”。所在，在这里要警告家长们一句：如果你不习惯在别人面前表扬自己的孩子的话，那你也千万不要在别人面前批评自己的孩子。

俗话说：“数子十过，不如奖子一功”，“赞扬如阳光，批评如利剑”。作为家长，不应该吝啬自己对孩子的溢美之词，只要有助于培养孩子良好的习惯，增强自信心，父母就要慷慨地给予表扬，当着众人又何妨？

一次，燕燕的爸爸请几位朋友来家里吃饭，几杯酒下肚，几个人开始谈论起各家的儿女，可是他们都是在夸奖别人的孩子，却没有一个夸奖自己的孩子。

这时，燕燕的爸爸非常兴奋地说道：“你们都别互相吹捧了，我还就觉得我们家燕燕好，我这女儿既聪明又听话，还特别关心别人。就前几天，我干活累了，他还帮我捶肩揉背呢。女儿的小手捶在我的肩膀上，别提有多舒服了！”

说这话的时候，燕燕爸爸的几个朋友都用羡慕的眼神看着他，其中有一个朋友说：“燕燕真是个好孩子，我们真羡慕你！”

“其实你们的孩子也都很好，只是你们光挑他们的毛病，却忽略了孩子的优点。”燕燕的爸爸对朋友们说。

燕燕在自己的房间里听到了爸爸和朋友们的谈话，心里高兴极了，她决心以后更加努力学习，不辜负爸爸对自己的赞赏！

其实，每个孩子都有自尊心，作为父母，应该清楚地认识到这一点。尤其在别人面前，孩子的自尊心更加强烈，当着别人的面批评和训斥孩子，将会大大地伤害孩子的自尊；而如果能在别人面前表扬孩子几句，则会让孩子更加自信。那么，作为父母，何乐而不为呢？所以，作为父母，不仅要学会表扬孩子，更要学会在别人面前表扬自己的孩子，这样才能增加孩子的自信！我们应该把对孩子的赏识扩展到别人的面前，要善于当着别人的面赏识和尊重自己的孩子，让孩子充分感觉到你对他的重视和欣赏，从而激励孩子产生无穷的力量和信心。例如，当跟别人说起自己的孩子时，不管孩子是否在场，都要怀着赏识和尊重的心态去谈论他，应该说：“我的孩子很棒，我很喜欢他！”经常把孩子的成绩和作品拿到别人面前欣赏，通过自己和别人对孩子的赏识和夸奖，激发孩子的自信心和上进心，你可以说：“看我儿子又得三好学生了！”“看我女儿的画多漂亮！”

总而言之，赏识教育的理论告诉我们，对孩子要多赞扬、多鼓励，少批评、少责骂。经常对孩子赞扬、鼓励，尤其是当着别人的面赞扬孩子，能使孩子产生成就感和荣誉感，从而增强他们学习和做事的自信心。

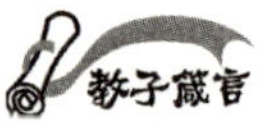

表扬孩子的初衷无非是为了让孩子体验成就感和尊重感，增强

孩子的自信心和进取动力，那么不妨将对孩子的表扬公开在某些有其他人在的场合，这样往往更能满足孩子对荣誉感和成就感的需求，从而促使他树立起“我很棒”的自信观念，努力争取更大的成绩。

10. 物质奖励不等于百分百的鼓励

有些家长在孩子取得了些许进步或成绩之后，往往会用物质奖励的方法去表扬、鼓励孩子，长期这样的结果是孩子习惯与家长讲条件，并以此相要挟。事实上这不但不利于孩子树立正确的自信观念，还严重影响孩子成长的心态，长此下去，不利于孩子健康人格的形成。

生活中，一般孩子都难免有些任性心理，这在不影响孩子的正常心智发展的前提下显得很正常，家长一般也不会求全责备。然而对有些家长来说，最见不得的就是孩子生气耍脾气，只要孩子一闹就什么都答应，什么都要依顺孩子，还要百般讨好孩子哄他高兴。孩子稍有“不如意”，长辈们就心疼得不得了。

于是就会出现这样的情况：宝贝，告诉爸爸妈妈、爷爷奶奶、姥姥姥爷，你为什么又生气了啊？谁惹我们宝贝了啊？告诉我们你想要什么，肯德基还是变形金刚？让爸爸马上去买，乖乖的别耍脾气了，听话啊！

动辄以“买东西”讨好孩子，这是教子方式中的严重错误。

欣欣家是个典型的“1＋2＋4”模式的家庭。爷爷奶奶、姥姥姥爷都在一个家庭里生活，这可宠坏了欣欣，在家里他就是“小祖宗”，向来“说一不二”，全家人都要围着他转。稍有不满意的地方就满地打滚嚎啕大哭，这招还真灵，每次都能很快奏效，全家人都会赶紧过来哄他，提什么要求都会满足他。

奶奶、姥姥从欣欣小的时候就特别注意孩子的营养问题，每天换着样地做饭给孩子吃。做好了还担心孩子不喜欢，总是问“这个好吃吗？那个喜欢吗？”现在，欣欣最讨厌的事就是吃饭，每到吃饭的时候都要发一通脾气，不是说不好吃就是说不爱吃。为了哄孩子好好吃饭全家人都想尽了办法，经常以“给你买玩具”为条件和孩子做交易。到后来欣欣的各种玩具光小汽车就摆满了半个房间。欣欣也乐于接受这样的交易，看到什么好东西就要挟大人给买回来。有一次他看电视广告里有一款新推出的“四驱车”，就一个劲地嚷着要，可这款玩具还没在大陆地区上市。没办法，最后爸爸是托一个去香港出差的朋友才买了回来。

最近家里打算送欣欣去上幼儿园了。可欣欣死活不愿意去，爸爸妈妈再三地哄、劝、讲道理都不成，就问欣欣：“儿子，只要你去上幼儿园，要什么我们都给你买，好吗？”欣欣听到这句话才破涕为笑，摸着小脑袋想了半天，才说：“我不想玩玩具汽车了，爸爸妈妈，你们给我买一辆真汽车吧，我开着车去上幼儿园。否则我就不去！”

听到欣欣的话，全家人都傻了。

一个过于任性的孩子是很难形成真正的自信心的，这样的孩子一旦遇到困难和坎坷，往往就会怨天尤人、灰心丧气甚至自暴自弃，所以曾经有儿童心理学家这样说过：“任性是孩子自信心的天敌。”毫无疑问，对孩子过分的物质奖励极容易助长孩子的任性而不利于孩子的自我信任感的形成。

家长们出于疼爱之心，对孩子千依百顺，有求必应，甚至经常以各种方式“奖励”、“贿赂”孩子，这于情可以理解，但于理却难以讲得通。我们爱孩子，是希望孩子能够健康快乐地成长，当然这里的健康是指身体、心理全方面的。但如此爱孩子，会有助于孩子健康成长吗？

经常性地用“买东西”的方式“奖励”孩子，会严重刺激孩子的占有欲，使他们觉得什么东西自己都可以得到，什么东西都容易得到。这会使孩子在未来的人生道路上深受其害，当他独自去面对生活的时候会受到现实反差的强烈打击，一旦他发现现实不符合自己的意愿，他就会感到强烈的挫败感，从而走向脆弱和自卑，甚至扭曲自己的世界观。

可见，用“买东西”的方式讨好、奖励孩子是有悖于我们的教育初衷的“本末倒置”的行为。家长在孩子的成长过程中绝不要因孩子任性或是自己的溺爱而失去原则。

科学的教育理念是在孩子的成长过程中施予他积极健康的人为因素，使其受到正面的鼓励和影响，显然，过分的物质奖励的鼓励方式不在此列。想要培养出一个自信的优秀孩子，鼓励和表扬当然必不可少，但物质奖励千万要慎而重之。

第七章 批评是鞭策，但要讲究科学

著名教育学家夸美纽斯曾说："树木如果不去常加修剪，它们便会回复到它们的野生状态"。也就是说，批评也是一种重要的教育方式。可是，作为家长们最常用的一种教子手段，批评也是讲究方法和艺术的。用不好，孩子的自信心恐怕就保不住了。

1. 批评也是进步的动力

赏识是培养孩子自信心最有力的教育方法，但是，孩子毕竟只是孩子，一味地赏识也容易令孩子的自我定位出现偏差，这样，稍遇困难挫折，孩子就会不知所措，灰心丧气。可见，要培养出自信的孩子，恰到好处的批评纠正也是不可或缺的。

对一个孩子自信心的培养过程其实就是让孩子不断地正确认识自己、提高自己的过程。这其中主要的一方面当然是不断地肯定、赏识孩子，让孩子产生对自己积极的评价，从而树立对于自己的自我认同感。但是，对于如何让孩子正确、客观地认识自己、评价自己，从而树立科学的自信观来说，批评的作用也同样不可忽视。

8 岁的男孩谢思齐是一个很令家长头疼的孩子，他头脑聪明，活泼好动，但做事从来都是有始无终，一遇到点困难就打退堂鼓。谢思齐的妈妈一直都信奉要对孩子进行赏识教育，可是显然，现在孩子表面上看来是自信满满，可实际上在面对困难的时候还是只能做“表面文章”，真遇到问题了，就以一副“这个问题我不行”的态度偃旗息鼓了。

谢思齐的数学成绩一直不太好，在数学学习上他也一直没有什么信心。上个学期的期末考试，谢思齐的数学只打了 60 多分，在班级里面属于中下游的水平。回到家以后，妈妈拿着他的试卷看了一会儿，说：“齐齐，你这次考试进步很多了，你看看，后面的应用题都能作对一道了，我记得以前你的应用题都是空着的。再接再厉，其实你很棒的，你知道吗？”对于妈妈这样鼓励的话，谢思齐早已经习以为常了，他垂头丧气地说：“这破数学也太难学了，我天生就没有数学细胞，哪像英语，我每次考试都是班级的前两名。”

这时候谢思齐的爸爸拿起了他的考卷，看了一会儿，他把谢思齐叫了过去，表情严肃地说：“咱们来分析一下你丢分的地方。你看，这道题你是怎么算的？这么简单的一个算数你都能算错？我看不是，是你的态度不认真，太粗心大意，算马虎了！”看着爸爸有些严厉，谢思齐低头没有出声。爸爸接着说：“你头脑很灵活，数学原本应该能学得不错，可是为什么一提到数学就垂头丧气？就是你的学习态度不认真，养成一种消极的习惯了。连自信都没有，做什么事能做好？”听着爸爸少有的严厉的话，谢思齐抹起了眼泪。

从那以后，爸爸经常检查他的作业和习题，一发现有不满意的地方就批评他。时间一长，谢思齐的数学成绩还真的提高了不少，最重要的是他现在在学习态度上很端正，遇到难题也会努力求解了，自信心提高了很多。看着儿子的进步，谢思齐的妈妈笑着对老公说：“你还真有办法，用批评就让孩子自信起来了。”

实际上，恰到好处的批评也是促进孩子进步的一种动力，它能使孩子客观地认识到自己的不足和不优秀的原因，从而有意识地改正自己的错误，弥补自己的缺陷。长期下去，孩子就能取得让自己满意的进步，从而树立踏实而科学的自信心。

合理的批评应该是教育的辅助手段之一。前苏联的著名教育学家马卡连柯曾经指出：“批评应当是教育”，“合理的批评制度不仅是合法的，而且也是必要的”。中国青少年研究中心的专家也说过，没有批评的教育是不完善的教育，没有批评的教育是一种虚弱的教育、脆弱的教育、不负责任的教育。

因此，从父母的教育方式上来说，合理的批评是正当的教育行为，这关系到孩子的自我评价、自信水平和健康成长，是家庭教育中不可替代的方法之一。合理的批评能帮助孩子学会自律、自我约束，能使孩子明白做什么事情是对的，为什么要坚持下去，什么事情是做不得的，应当怎样改正，能帮助孩子建立自信，教会孩子自己学会做判断、做决定，增强他们的心理承受能力，磨炼他们的意志。

可见，对于孩子的教育，一味地夸奖、表扬并不一定就能收到良好的效果。就培养孩子的自信而言，恰当的批评也是一种好方法。

孩子自信心的来源是对自己客观而科学地认识和评价，家长恰如其分的批评，往往能让孩子更全面地认识自己，从而保持长处，弥补不足。这对于孩子建立起踏实而科学的自信无疑非常重要。所以，偶尔对听惯了赞誉之词的孩子“泼一下凉水”未尝不是一件好事。

2. 批评是调料，教育最重要

批评孩子的目的是让孩子认识到自己的错误，从而改正错误，树立起能够“做好”的自信，取得进步和成绩。显然，家长对孩子的批评不是“为了批评而批评”，更不是“为了生气而批评”。对于教育孩子来说，批评只是一味作料，不可或缺，但也不能成为“主料”。

每个孩子都有自己的优点和不足，这是再正常不过的。对于自己的优点方面，每个孩子都能产生自我优越感和自信感；而对于自己的不足方面，如果认识不清，或者过于放大，那么孩子就会产生自我否定感和自卑感。如果这个时候父母再针对孩子的不足方面大加批评贬斥，那么无疑会大大刺激孩子的自我否定和自卑。事实上，恰如其分的批评是一种帮助孩子建立自信的很好的方法。针对孩子的不足方面，批评的最终效果还是教育，还是旨在让孩子改正缺点，弥补不足。如果把批评和教育很好地融合起来，那么就能让孩子很容易地接受，从而客观认清自己的不足之处，树立起取得进步的自信。

今年9岁的小金是个“慢性子”女孩，从小到大，小金做什么事情都是慢慢吞吞的，这让妈妈很是发愁。比如每天早上起床的时候吧，七点钟上学，妈妈五点钟就得叫小金起床。小金穿衣服就得用去十分钟，再加上叠被子，洗漱，收拾书包，吃早餐，两个小时的时间都不够小金“磨蹭”的，几乎每天早上小金都是在妈妈的催促声和唠叨声中踩着时间去上学的。特别是吃饭，小金吃饭就好像是“数米粒”一样，一顿早饭常常要吃半个多小时。

小金妈妈是个急性子，做事干净利落，每次吃饭时她都会批评小金：“我这么利落干脆的性格，怎么就把你生成这样！你看看你，做什么事都比人家慢上好几拍，这么大的孩子了，做什么还都磨磨蹭蹭的，将来还能有什么出息！”每次妈妈这样批评她，小金都是低着头默不作声。后来，干脆，每次吃饭时妈妈只要一开口，小金就赶忙放下碗筷说道：“妈妈，我吃完了，我不饿。”到最后，小金几乎就不吃早饭了。

现在的小金无论是在家里还是在学校都是一副唯唯诺诺的样子，做什么事情都毛毛躁躁，慌慌张张，惟恐谁说她“磨蹭”。看着孩子自卑的样子，小金妈妈更是气不打一处来。

这个案例中的家长在教育孩子批评孩子时，就没有很好地把握方法。孩子本来就对自己的“慢性子”有些自卑，你再大加批评，语言粗暴，那么只能加重孩子的自卑情绪，让孩子更加地不知所措，唯唯诺诺，那么孩子怎么会有自信去改正自己的不足呢？拿这个案例来说，家长可以批评孩子，但要指出问题所在，就事论事，把恰如其分的批评放在教育孩子的大前提下，以合理的切入点来引导、鼓励孩子建立起自信，改正不足，取得进步。

批评孩子的目的不在于批评本身，而在于教育、激励孩子。也就是说，教育才是批评的最终目的，而批评只是教育孩子的一种手段。切不可本末倒置，把批评作为“主料”当作是对孩子的教育方法。要知道，每个孩子都是有上进心的，每个孩子都需要自信来支撑自己去取得进步和成绩。批评一旦不得其法或者批评过度，那么只能扼杀孩子的自信心，使孩子停滞不前甚至自暴自弃。

任何之于孩子的批评都应该是和教育孩子联系在一起的。批评加教育才能帮助孩子树立自信，改正不足；一味地以“发泄”自己、“教训”孩子为目的的批评只能伤害孩子的自信，打击孩子要求进步的积极性，从而使孩子沉沦于自卑等消极情绪中自甘落后。

3. 批评不要伤孩子的“心”

怎样批评孩子，这个仅是家长的态度问题，更是家庭教育的一个方法问题。批评得当，恰到好处，那么孩子就会积极改正，努力进步；批评得不当，那么孩子的错误不仅得不到改正，而且还容易伤及自信，适得其反。

孩子在成长的过程中总免不了犯这样或那样的错误。责备是对孩子某一方面过错行为的指正，是对孩子说服教育的一种手段。孩子有了过错，作为家长、作为长辈批评教育孩子是必要的，但是，如果批评教育时，不注意策略，常用大声训斥等不当方法，结果往往是收效甚微或适得其反。所以我们在这里呼吁，责备孩子时，千万不要图一时之愤怒，伤了孩子的“心”。

8 岁的冰冰模仿水手的样子，站在客厅的沙发上，挥动着晾衣竿

"打旗语"。就在冰冰玩得来劲的时候，突然发出一声可怕的声音，原来手中的晾衣竿不知怎的把客厅的水晶大吊灯打碎了。

顿时，玻璃碎片满地都是，冰冰吓得愣住了。

冰冰妈妈闻声冲了进来，见状气得脸色都变了，她绷着脸收拾好地上的碎片，一声不吭地走出房间。在一旁的冰冰看着妈妈的神色和举动，害怕得半天都回不过神来，心里十分歉疚：我以后再也不这样了，妈妈肯定生气了，我以后玩的时候要小心了，不能再惹妈妈生气了。

冰冰打坏了吊灯，他能意识到妈妈有多生气，思想上本来有接受妈妈责骂的准备。但是妈妈并没有责骂他，而是采取了一种沉默的方式来表示自己的生气。妈妈这样的做法反倒很快让冰冰意识到了自己的错误，这样，孩子就能积极地改掉自己的毛病，努力去争取进步。而当孩子意识到自己的"成绩"之后，他就会变得更加自信，更有成就感。但是在现实生活中，并不是所有的父母都有这样的"肚量"。很多父母一见到孩子犯错误，立马就是一顿劈头盖脸的责骂，甚至是打骂。殊不知这样的做法对孩子的成长很不利，长期下去，孩子就会觉得自己全身都是毛病，没有可取之处，从而无法自信起来，积极起来，遇事往往畏缩、自卑，不知所措。

那么，当孩子犯了错误之后怎么办？要不要批评呢？要如何批评呢？在相关的教育专家看来，事实上，批评并非一无是处，关键在于如何掌握好技巧，不要在批评的同时伤害了孩子的幼小心灵。下面介绍一些批评孩子而又不会伤及孩子心灵的技巧：

第一，以低于平常的声音责备孩子。"低而有力"的声音会吸引孩子的注意，孩子会感觉到你有重要的话要讲。另外，较低的声调让孩子觉得你较冷静，乐意接受你说的话；加之较低的声音必须集中注意才能听到，可以感染孩子，控制激昂的情绪。因此，这种低声音的"冷处理"往往比大声训斥"热处理"效果好。

第二，用"暗示"的手段责备孩子。直接批评孩子，容易遭到孩子的抵制，不妨讲点策略，用责备他人的相同过错来暗示孩子。那个"他人"最好是孩子所熟悉的故事、电视中的角色。孩子犯了错，如果家长能心平气和、借彼喻此地启发孩子，能使孩子很快明白你的用意，乐意接受批评和教育，而且保护了他的自尊心和自信心。

第三，用“沉默”的手段责备孩子。正如上面的例子中的冰冰妈妈所使用的方法一样，“沉默”也是一种很有效的责备方法，沉默也能达到责备的效果。孩子到了一定年龄阶段，就能够分辨简单的是非、善恶、真假、美丑，一旦做错了事，心里便会担心父母责骂，并等待他们的责罚，如果正应了孩子心里所想的，他反而有一种“如释重负”的感觉，对批评及过错也就不以为然了。相反，如果父母以沉默对待，严肃地凝视孩子一会儿，孩子反而会“不自在”起来，进而能反省自己的错误。

第四，责备孩子要“适时适度”。责备孩子要适时，孩子有了缺点错误应及时给予指出。及时的教育能使孩子把过错和愧疚联系起来，加深对过错的记忆和认识。如果迁延时日，孩子意识中的行为活动已经淡忘，这时再教育效果就差多了。责备孩子不光要适时也要适当，更不能有先入为主的思想。孩子有过错，但事情尚未查清时，千万不要随便批评，以损伤孩子的自尊、自信。

第五，责备孩子而不是“羞辱”孩子。责备是对所做错的事予以教导使他们改正，羞辱是对做错事的人给予伤害。做错的事纠正后就消失了，但是伤害却会长期地挟制孩子的心灵。既然如此，家长在指责孩子的过错时，就千万要留意自己的用词，针对事情陈述，并用期待的口气相信他会改进，而不是打击他的自信，让他抬不起头来。

第六，责备孩子得告之责备的理由。俗话说得好“动之以情，晓之以理”，批头盖脸地指责与批评，对于孩子改正错误的帮助其实不大，反而会令孩子失去进步的勇气和自信。孩子若有真诚的反省态度了，为人父母者就可以不必太追究，相反，此时如果还是唠叨个不停，反而会使孩子产生厌烦甚至是抵触心理。父母当然也不能无缘无故地责备孩子，而是每一次的责备都应该把理由说个清楚明白。孩子还小，辨别是非的能力较弱，很多时候孩子犯错只是因为他无法清楚地知道事情好坏的区别，因此在责备孩子时最重要的是要让孩子明白自己到底错在哪儿，自己为什么会受到批评。

总之，父母对孩子的教育方式，对孩子的未来有着莫大的影响。家长在批评孩子的时候，批评的是孩子所发生的错误行为本身，而不是孩子本人，所谓对事不对人。因此，对于孩子要始终充满着信心，相信孩子一定能够改正，从而使孩子也相信自己，肯定自己，不失自信。走近孩子吧，把握批评的技巧，让批评成为孩子进步的真正动力。

孩子受到大人的指责后情绪也必然低落，不单是指责的事情让他难过，更多的难过是他觉得大人不再欣赏他、不再相信他了。所以，批评孩子一定要注意掌握方法，不要让孩子产生“我的错无法弥补”的消极情绪，否则孩子一旦自信受挫，那么不要说再接再厉争取进步，就是这个错误本身，孩子都不会有信心去改正了。

4. 批评的“天时地利”

对于孩子来说，批评是一剂“猛药”，用得对症，用得得法，那么事半功倍；用得不得法，不合时宜，那么则会适得其反，打击到孩子的自信心。而在批评孩子的过程中，时间场合的选择就是一个很重要的问题。

对于很多家长来说，批评孩子是教育过程中在所难免的。该赏识的方面要赏识，这样才能给孩子以鼓励；该纠正的方面要纠正，这样才能让孩子有前进的方向；改批评的方面也要批评，这样才能让孩子改正不足。确实，适宜的批评可以刺激孩子锐意进取，改正缺点，树立自信，但是，批评孩子也要注意方法，批评的时间场合如果把握得不好，那么对孩子来说这将是一个很严重的打击和伤害。

东升是一个三年级的小学生，聪明伶俐，活泼开朗，学习成绩也比较好。可就是有一点，他特别好动，有些淘气，爸爸妈妈和老师想尽办法劝他改正都收效甚微。其实东升也一直在努力，可他就是改不了自己爱玩爱淘气的习惯，这一点他自己也很注意，甚至有些不自信。

前几天，东升的叔叔婶婶带着堂弟来他家做客。晚上吃饭的时候，全家人热热闹闹，东升和弟弟也有说有笑。忽然电话响了起来，东升的妈妈起来接电话，原来是东升的班主任打来的，告诉东升妈妈，今天上数学课时东升在课堂上搞小动作，不仅自己不认真听课，还扰乱课堂秩序，影响别的同学听课。老师希望家长能和孩子谈谈。

东升妈妈再坐到桌旁时脸色明显不对，东升的婶婶问了原因，妈妈就把这件事说了。婶婶也说这一点要批评孩子，需要好好教育一下。东升妈妈当场就“爆发”了出来，她让还没吃完饭的东升站在面前，承认自己的错误。东升红着脸低着头，什么也不说。气急之下，妈妈踢了他一脚，接着又是一顿“不争气”“没记性”的大批特批。叔叔婶婶都劝东升妈妈别太激动，说这样教育孩子起不到好的作用。东升抬起头恨恨地看了妈妈一眼，大声地喊道：“我就这样了，我就是没记性，我不能给你争光，你以后别养我了！”说完就快步跑了出去。

这个案例中的东升妈妈犯了一个很严重的错误，那就是没有掌握好批评孩子的时间和场合。她批评孩子的方式本来就不好，不仅言语冲动，没有就事论事地指出孩子的错误，而且还动手打了孩子，这是万万要不得的。最为重要的一点是家里现在的场合不对，在这样的场合下是不应该批评孩子的。有这么多人在看着，无论怎样的批评对于孩子来说都是一种不尊重，孩子都会觉得自己的自尊和自信受到了伤害，从而也就无法从心底接受教育，家长的批评也就失去了应有的价值和效果。

不要以为和孩子就可以不去计较“面子”问题，实际上孩子的这方面心理不弱于成人，甚至比成人还要敏感。家长不分时间地点地批评孩子，这会严重伤害孩子的自尊心和自信心，那么孩子就无法树立起改正错误争取进步的意识，甚至还会产生强烈的逆反心理，“破罐子破摔”。这是每个家长都不愿意看到的，这种批评教育的方式显然也是一种失败的方法。

正确的做法应该是在一个安静、温馨的气氛下，在没有外人在场的一个时间里，与孩子沟通、交流，指出孩子的不足，批评孩子的错误，并提出切实可行的正确的建议，为孩子指明应该努力的方向。这样，才能很好地保护孩子的自信与自尊，才能得到孩子发自心底的呼应和接受，也才能收到良好的教育效果。

批评孩子也要讲究时间场合，而且这恰恰也是比较重要的一点。在某些公开场合里，家长的批评往往会成为伤害孩子自信心的工具，容易使孩子产生自卑和逆反等消极情绪。而如果孩子为此而失去自信，那么则是很难再弥补的。这样，批评就失去了意义，而教育也就失败了。

5. 批评的是行为而非孩子本身

每个孩子都会不可避免地犯错，批评指正对于成长中的孩子来说是很重要的教育方式。但是要知道，批评孩子并非是否定孩子的一切，批评的是孩子的错误行为，而非孩子本身。如果简单粗暴地全盘否定，那么势必会极大地挫伤孩子的自信，从而影响孩子改正不足和争取进步。

在批评孩子之前，家长们一定要弄清楚自己批评孩子的目的所在。

要清楚，批评只是一种教育孩子的手段，是一种教育孩子改正错误的方法，批评本身绝不是目的，而批评孩子也绝不是对孩子的惩罚。在弄清楚这一点之后，我们可以得到这样的结论：批评孩子，要批评的是孩子的错误行为，而不是否定孩子本身。

6 岁的佟佟在妈妈的监督下趴在自己的小书桌上做作业，刚开始还乖乖的，但只要妈妈一扭头，他就开始在作业本上画起小人来。一番“斗智”后，妈妈生气了，大声批评道：“你这个没用的东西!”

佟佟对这句话的理解只能是妈妈这样说就是在否定自己的能力。在 7 岁之前，大多数孩子只能按照字面意思来理解大人的话，他们还没有足够的能力区分哪些话应该当真，哪些话只是父母在气头上说说而已。即使现在的孩子看起来要比我们小时候聪明很多，但孩子总是孩子，他们还是会因为被父母说成“你这个没用的东西”而感到伤心，甚至变得自卑。

所以，家长的批评应针对孩子的行为，而不是人格，并应该给孩子指出正确的行为方式。可以这样说：“我看你根本没在写作业，但八点以前你必须把所有功课写完。”必要时，父母还可以强调一下这种错误行为的后果。如：“如果你不能在半小时内把作业写完，就赶不上看你最喜欢的动画片了!”

小业是一名初二男生，从小就很聪明，自尊心很强。望子成龙的母亲相信，只有严厉管教才能让孩子学有所成。但是，小业从小学开始就很爱撒谎，常常逃课去上网。每次母亲都会严厉责骂他：“你一辈子都不会有出息!”小业到初中后成绩更是一路下滑。现在母亲最担心的是，孩子没有学习自信心了。

提起学习和生活，小业显得很痛苦。他说无论在家还是在学校，妈妈事事都要管教他。他拼命想摆脱妈妈无止境的啰唆和批评，成功的喜悦对他来讲是种非常难得的享受。

做父母的对孩子的“出息”与否，要从长计议，不要一棒子打下去，把孩子看扁了。否则，父母对孩子的否定，会让孩子从小在“一锤定音”的消极定论中丧失勇气和自信。

可见，批评孩子千万要注意不要全盘否定孩子，要就事论事，指出孩子的错误所在，然后给予纠正。切忌在批评孩子时伤害孩子的自尊和自信。那么，在批评孩子的时候家长都要注意哪些细节呢?

第一，要在孩子冷静的时候批评他，如果他不冷静，先不要理他。

第二，先耐心地听孩子把事情的经过说一遍，即使是你看到他犯错误了，也要让他再说一遍。在他说话的过程中，不要打断他，用心记住他讲话过程中你所想反驳他的要点。

第三，等他说完了，你把他犯的错误说给他听，最好用“第一点、第二点……”的方式说，点数不要多，让孩子一下就能听明白自己犯了几点错误。

第四，说完后，再听听孩子有什么意见。如果他是在强词夺理，告诉他：并不是说不犯错误的孩子才是好孩子，好孩子是能勇敢地承认错误、有勇气改正错误的孩子，不敢承认错误的孩子是胆小鬼，是会被别人看不起的。

第五，当孩子弄清自己犯的错误的时候，你提出要他改正错误的要求，并提出如果再不改正会对他采取怎样的处罚措施（不要提孩子做不到的要求，改正错误也要有个过程，不可能一下子就要他全改掉）。这时也可以听听孩子的意见，适当地也采纳一些孩子的意见，如果孩子觉得什么都得听大人的，也会有抵触的心理。

第六，在孩子改正错误的过程中，以鼓励和提醒为主、惩罚为辅。如果孩子有进步，要大大地表扬他，还要当着全家人、老师的面表扬他，给孩子以自信和希望。如果孩子一段时间里坚持得比较好，也可以考虑用他喜欢的物质奖励他一下。如果他再犯，让他自己去一个角落再想想上次你们之间的谈话，并按约定给予一定的惩罚，而且不要心软，要让孩子知道：必须说话算数。

第七，也是最关键的，当孩子犯错误时，不要急着去批评他，而是先想想你怎样说才能让他心服口服，有把握能说服他了，再去跟他谈。如果没有把握，先不要跟他谈话。

批评孩子需要讲求方法，如果因批评不当而使孩子的自信、自尊受挫，那么批评也就没有了原本的意义和作用。具体来说，恰如其分的批评要注意过程和细节，要尊重孩子的人格，要保护好孩子的自信心和自尊心不受伤害。这样，批评才能起到应有的教育作用。

6. 爱心感化比打骂更有效

有一位哲学家说过："除杂草最好的办法是种庄稼。"针对于对孩子的家庭教育也正是如此。家长对孩子的教育和培养是旨在让孩子长期良好发展的基础上的，那么如果教育方式中存在过多的批评、苛责甚至打骂，必将让孩子灰心丧气，丧失斗志，甚至产生逆反心理，这显然不利于孩子的成长、发展。所以，爱，才是教育的根本，也只有爱才是最有效的教育。

在家庭教育过程中，有些家长由于对孩子成才的要求过高，对成绩过分地追求，便把对孩子的爱转化到"恨铁不成钢"的惩戒做法上来，出现一些体罚和变相体罚的不良现象，这必将给孩子造成终生难以弥补的身心伤害，实在是教育的悲哀!

父母打骂孩子实际上属于"暴力行为"。在我们国家的家庭教育当中，父母打骂孩子是天经地义的事情。在一定的时期里，是被大多数家长认可的一种教育孩子的方式，也是被大多数孩子认可的自己犯错误，就要被父母打骂的一种惩罚手段。

中国曾经有一句俗话，“孩子不打不成器”，意思是说，孩子只有经过了打骂才能成才。于是，父母与孩子之间形成了这种“默契”：父母打骂孩子是为孩子好，孩子被父母打骂是应该的。现在孩子的爷爷奶奶、父母们在小时侯都是被他们的父母打骂过来的，按照这样的所谓“常理”，我们现在的孩子也是要被父母打骂的。这是中国“特色”的家庭教育观念，也是封闭落后的家庭教育产物。

其实呢，教育孩子是需要一把钥匙的，只有钥匙正确了，教育孩子才会出现正确的结果。那么，作为家长，你找到这把钥匙了吗？我们不妨来看一个关于老教育家孙敬修的故事：

有一次，孙敬修看见几个小学生在摇一棵小树，孙老沉思片刻，走过去把耳朵贴在了小树上。孩子们莫名其妙，问他干什么。孙老说：“你们听，小树在哭呢！你们把它的命根快摇断了。”孩子们听了后，惭愧地低下了头。孙老继续说：“那么我们去拿铁锹和水桶好吗？”孩子们飞快地拿来了水桶和铁锹，孙老和他们一起给小树浇水、培土。以后，孩子们还当上了小树的“卫士”，为小树培土、浇水。

还有一则伊索寓言：

风和太阳比赛，看谁能让游客自动脱下斗篷。冷风呼啸而来，使劲吹，游客反而拼命抱紧斗篷不松。太阳出来了，暖洋洋地用爱心关照着游客，不一会儿，游客“感动”得自动脱下斗篷到树荫下乘凉。

在这则寓言中我们可以懂得：用爱心来感化比严厉惩戒更有效，教育的本质是要有一颗爱心。也就是说，不管在什么情况下，用爱心感化肯定比打骂更有效。

当然，我们不否定惩戒。然而，虽然说教育需要惩戒，但不讲求方法的惩戒会陷入简单粗暴乃至泄愤报复的深渊，它不仅会严重地挫伤孩子的学习积极性，还会伤害他们的自信心，从而走向不思进取，灰心丧气。心理学家调查发现，孩子受到父母打骂后，自信心会受到严重的伤害。经常受父母打骂或体罚的孩子容易自卑，脾气暴躁，情绪容易失控，一遇到困难往往不知所措。每周被父母打骂两次以上的孩子还爱撒谎和偷东西，爱搞破坏，而又没悔意，反正是越打越反叛。孩子的消极行为与家庭的经济状况和社会地位无关，就算他们从别处找到爱与关怀，也不能弥补因被父母惩罚而造成的心灵创伤。即使家长事后对孩子表示关心和鼓励，亦不能使孩子痊愈。家庭暴力严重影响着孩子的健康成长。

也就是说，惩戒、打骂容易，但通过惩戒就能达到教育的目的怕也只是一厢情愿。教育不仅仅是知识的传授，更是一种艺术。而教育的本质是要有一颗爱心，用爱心来感化比教育惩戒更有效。既然如此，那么我们为什么硬要“顾此失彼”呢？有人说过：在指责中长大的孩子，将来容易怨天尤人；在敌意中长大的孩子，将来容易好斗逞能；在嘲讽中长大的孩子，将来容易消极退缩；在鼓励中长大的孩子，将来容易充满自信；在嘉许中长大的孩子，将来容易爱人爱己。这的确值得我们好好反思。

有句名言：“孩子犯错误，上帝都原谅。”所以，作为父母，是否可以用先进、现代、民主、开放的教育方式，用一颗爱心来对待孩子呢？在爱的教育中长大的孩子必将是一个充满自信、乐观向上、积极进取的孩子，这不正是我们教育孩子的意义所在吗？

天下没有哪一个父母不盼望自己的孩子能成龙成凤的，但无数事例证明，没有哪个孩子是在父母的打骂中成才的。棍棒威吓可能会起作用，但孩子缺失的却是自信心、自尊心等长期发展的成才素质。而且，打骂孩子是对孩子正当权利的侵犯。其实，不打骂孩子一样可以教出优秀的孩子，每个父母都应该牢记这个教育理念，把孩子当朋友，这是家庭教育中的重要原则。

7. 让孩子远离“语言暴力”

“语言暴力”是一种区别于体罚的粗暴的教子误区，一些家长往往是在无意中以“恨铁不成钢”的心态而陷入这个误区中的。有的家长可能会认为，孩子淘气不听话，骂他几句即使过分点也没什么。殊不知，语言上的“暴力”对孩子造成的伤害并不小于体罚孩子，尤其是对孩子的自尊心和自信心，会造成无法弥补的伤害。

生活中，很多家长都经常无意识地使用一些辱骂挖苦的字眼来批评教育孩子，他们认为这样做是不得已的教育方式。然而他们并没有意识到，他们是在对孩子的心灵“施暴”，是在对孩子实施语言暴力。据相关教育专家介绍，对孩子的心灵实施“语言暴力”是中国家庭教育中普遍存在而又未引起重视的问题。在中国的家庭里，有不少的孩子都曾受到过各种形式的“语言暴力”，致使很多孩子都无端地生活在自卑和焦虑中。

有心理专家认为，“语言暴力”对孩子的伤害绝不在体罚之下，在某种意义上，它是更具摧残性的，可谓“杀人不见血”。

第一，“语言暴力”造成的精神负担在某些孩子身上一直无法排解，造成对自我心理和身体的巨大摧残，造成精神病和心理障碍甚至自杀。

第二，孩子的自尊、自信在家长们的这些话语当中被严重伤害，时间长了，他们就丧失了对自尊的需求和认同，逐渐走上抛却自尊自信的沉沦之路。

第三，由于许多家长都是当着其他人的面来讽刺、斥责孩子的，这样就容易造成对孩子的持续刺激。同时，被斥责的孩子也可能出现一些心理变化，比如看到同学就会认为在讥笑他，产生了对同学和老师的害怕，孤僻、自卑由此产生。

第四，由于孩子和家长在地位上的差异，孩子们受到侮辱和伤害以后，一般无从发泄，只能将这些情绪积压下来，而在某个时候，这些精神上的巨大压力可能演变为由内向外的复仇冲动。他们很可能由此走上扰乱社会秩序，向个人甚至社会报复的“不归路”。

张钰的妈妈年轻时候的梦想是成为一名钢琴家，但是由于种种原因没有实现，于是生下张钰以后就把自己的梦想全部都寄托在了张钰的身上。于是，尽管家里生活不宽裕，张钰的妈妈也毫不吝啬每小时上百元的钢琴辅导费，让张钰去学钢琴，并且，每天在张钰耳边念叨：“妈妈可全指着你了，你一定要好好练。”

张钰很懂事，每天一放学，肯定坐在钢琴前。不过，她的进展挺慢，因为学钢琴光努力是不够的，还需要有天赋。

这天，张钰的妈妈要张钰弹一首练习曲。可是，张钰那天总是弹错音，断断续续才把一曲弹完。

还没等张钰把练习曲弹完，张钰的妈妈就生气了，脱口而出：“你怎么这么笨，也不知像谁了，这么简单的曲子都不会弹，还学个什么劲！”

听了妈妈的话，张钰的眼泪像断了线的珠子流个不停，眼睛哭得又红又肿的，她很想对妈妈说：“我已经很努力了，可就是学不会呀，我怎么这么笨呢？”可这话她不敢说给妈妈听。

这样的事情多次反复以后，原本活泼开朗的张钰变得越来越内向，越来越自卑，越来越不愿与妈妈说话了。

一年后，张钰因为自闭症住进了医院。

在我们的身边，这样的悲剧经常都在上演。其实，类似这样的家长都是爱孩子的，爱之深，也责之切，可是他们却从来没想过脱口而出的责骂也是一种“语言暴力”。语言暴力一旦出现，有时候就会演变成伤人的利器。孩子的心灵世界本来就不成熟，他们还不能客观地看待一切，承受能力比较差。如果做父母的教育方法不够科学、正确，就容易把孩子们推向绝望的深渊，最终毁了一个原本可以积极向上的优秀的孩子。

那么，做父母的如何才能防止自己对孩子实施“语言暴力”呢？

首先，对孩子的期望值不要过高。有许多家长，往往对孩子的期望值过高，如果孩子不能达到自己的期望，家长就会陷入绝望的深渊，结果出口伤人，在气头上说出过于不理智的话，让孩子无法承受。实际上，天才毕竟是少数，大多数孩子都很普通，我们的父母多一点平常心，可能就少一点失望。

其次，家长应该把自己尽量放低一点，放到和孩子平等的地位。千万要警惕使家长权威凌驾于孩子之上，而忽视了孩子也有自己的内心世界，也有自尊，也需要自信。不尊重孩子，往往会给孩子带来心灵的扭曲。他们要么产生逆反心理，完全走向家长期望的反面；要么脆弱的心灵不堪重负，变得唯唯诺诺，郁郁寡欢，走向自卑。所以，家长只有在批评孩子的时候，试着把自己放低一点，平等地和孩子交流，这样才能真正走进孩子的内心世界。

最后，冷静对待孩子的错误，控制自己的情绪。当家长怒火中烧的时候，往往是口不择言，甚至会说出让自己后悔终身的气话。每每这种时候，家长要学会强迫自己离开，到外边吹吹风、散散心。其实冷静下来，你会发现事情并不像自己想象得那么绝望，孩子也并不是一无是处。多想孩子可爱的地方，怒火也会慢慢平息下来。这时再和孩子谈他的错，就会避免过激的语言。事实上，孩子也有他的是非观，一般过错他们心里也明白，过多地揪住过错不放，很容易使孩子的自信心受到打击。

当然，最后要强调的是，拒绝语言暴力，并不是放弃教育原则。孩子是缺乏自律意识的，如果他发现大人对他的过错不追究，就难免一犯再犯。所以一定要坚持自己的原则，让孩子明白是非。开口指责孩子之前，关键是要想一想，这样说是否有不当之处，对孩子的心灵，是否会造成伤害。掌握分寸和方式才是最重要的。

言语的伤害甚于肉体的伤害。因为肉体的伤害是一时的，而言语的伤害刺伤的是心灵，它甚至终身难以消除。所以，家长在教育自己的孩子的时候，要讲求方式方法，更要谨言慎行，不管发生什么状况，都不要随便做出“真没出息”之类的负面判断，也不能任意给孩子贴上“朽木”、“窝囊废”之类的灰色标签。孩子的自信心和自尊是很脆弱的，一旦受到家长的讥讽、嘲笑，则很容易受到伤害。

第八章 挫折不可怕，关键是心态

一个抗挫折意识和能力差的孩子难免会走进自卑的深渊，因为在他的眼中，一切都是那么的困难和坎坷，而自己总是无力招架。可见，怎样去培养孩子的抗挫折意识，是让孩子自信起来的一个必经过程。经历过了风雨，自然得见彩虹。

1. 培养孩子直面挫折的意识

每个孩子在成长过程中都不可避免地要遭遇坎坷和挫折，这是孩子要长大和成才的“必修课”。孩子自身当然是想逃避或者避免遭遇这样的痛苦，而这也正是很多孩子长大以后没有自信、不够坚强的原因之一。父母在此时的教育作用尤其重要，你的任务是，必须培养孩子敢于面对挫折与困难的自信和勇气。这是最好的教育。

每个孩子都是稚嫩的树苗，不经历风雨的洗礼是难以长成参天大树的。从这个角度来说，挫折就是孩子学习和成长的最好课堂。不遭遇挫折，孩子就无法认识到现实的世界和真正的生活；不经历挫折，孩子就无法学会镇定、坚强地面对困难；不战胜挫折，孩子就无法认识到自己的主观能动性，无法给自己下一个肯定性的评价，也就无法树立稳固的自信，养成坚忍不拔的意志。

家庭教育的一个重要任务就是培养并建立孩子的坚强意志，使孩子能以一个自信的心态去成长，去发展，去克服各种各样的困难取得成功。实际上，这就要求了父母必须要从现在开始，培养孩子敢于直面挫折的意识。不要认为孩子还小，也不要舍不得，过度关爱必然会导致失败的教育结果。

马小文刚上初中一年级的时候，因为爸爸妈妈常年在外地经商，所以把他送到了一所私立的“封闭式”寄宿中学。在送他去上学临走的时候，妈妈告诉他：“小文，这所学校是这里最好的学校了，爸爸妈妈要忙工作，只能为你做这么多。你已经长大了，要努力学习，学会照顾自己。”实际上，这对父母是有意识地想锻炼一下孩子的自立能力，男孩子嘛，不受点苦，怎么能成长为一个真正的强者呢？

对于一个12岁的小男孩来说，紧张的学习生活当然显得乏味和疲劳，更为重要的是爸爸妈妈不在身边，什么事情都要自己处理，衣服自己洗，东西自己买……这和从小养尊处优的生活比起来简直是一个天堂，一个地狱。马小文根本就应付不了这样的生活，他给妈妈打电话说：“妈妈，我……不想上学了，这所学校里的生活我不习惯。”他的话还没说完，电话那边的妈妈就“急”了：“你这是怎么回事？爸爸妈妈花了那么多钱送你去那么好的学校读书，你怎么能不想上学了呢？这么一点困难都克服不了，将来怎么独立，怎么强大起来？”

妈妈的话并没有改变他的想法，马小文的情况很不好——和同寝室的同学关系相处得不融洽，经常是一个人独来独往；自己的床铺卫生状况不合格，三番五次地被老师批评。在这样的状态下，学习成绩自然也上不去。不过这一切都从一次重感冒转变了。那是一个深夜，马小文高烧很严重，他靠着强大的意志从床上爬了起来，摸黑找到了退烧药，然后强忍着头痛和眩晕独自走到了校医室。经过了三天的打针治疗，才得以恢复。校医室的几名医生都夸马小文说：“这孩子真棒，这么严重的感冒发烧都没有找父母来，一个人挺了过来。”听到医生的夸奖，马小文自豪地笑了笑。

现在，马小文已经是一个IT企业的老板了。他常说：“感谢我的爸爸妈妈培养了我独立应付挫折和困难的机会，我才能以高度的自信和坚强的意志来面对后来所遇到的所有困难。”

这个案例中的家长是很明智的家长，他们的教育无疑是成功的。比起目前大多数家长爱孩子的方式，他们选择了让孩子独立体验生活，让孩子自己去面对、体验挫折，这就培养了孩子的坚强意志，锻炼了孩子的抗挫折能力，也树立起了孩子敢于克服各种困难的自信和勇气。显然，这是一种很好的教育方式。

看了这个案例，可能有的家长不禁要说，这样教育孩子也太狠心、太残忍了。确实，现在社会，几乎所有的孩子都是独生子女，家长和长辈们对孩子都是百般呵护、娇生惯养，恨不能把所有的爱都加于孩子身上。可结果怎样呢？我们常说："现在的孩子，做什么都不行，什么都不会，什么都不敢尝试；除了学习成绩好，好像一无所长；在家里都是小皇帝、小公主，要什么就得给什么，任性得不得了。"这就是我们的教育现状。比起上面案例中的家长的"狠心""残忍"的教育方法，这样爱孩子又得到了什么呢？

家庭教育的责任和任务要用一个长远的眼光去衡量。美国有一句谚语说"爱孩子是老母鸡都会做的事情"，我们教育孩子不能以眼前的得失去评价和判断，也不能以孩子的意愿去选择方式，更不能因为自己对孩子自私的爱去教育孩子。孩子需要的是长期发展下去的能力和意志品质，现在让孩子去直面挫折，帮助孩子去体验和克服困难，建立孩子敢于积极进取的自信心，这才是家庭教育的真正意义所在。所以，家长们需要的就是"狠下心"来，培养孩子直面挫折、对抗挫折的意识，帮助孩子建立起不怕任何困难的自信和勇气，这才是真正的爱孩子、教育孩子。

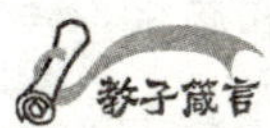

孩子具有很强的可塑性，家庭教育的一个重要任务就是在可执行的范围内把孩子塑造成一个具有多方面成才素质的人。所谓成才素质，无外乎自信、自尊、自强等性格品质，而这些都是与孩子的抗挫折意识分不开的。所以，培养孩子敢于面对挫折的意识是对孩子最有力的教育。

2. 放手让孩子成长

不要怕孩子遭遇挫折，不要怕孩子失败，更不要阻止孩子自己动手、自己尝试的想法和行为。不去亲自品味成功与挫折，孩子就无法建立起将来独自面对社会、面对生活、面对现实的自信，也无法得到这一切所必需的能力。

有些家长常常过分呵护孩子，不敢放手让孩子大胆尝试，或者过分宠爱孩子，不舍得让孩子动手做事。殊不知，孩子总是要长大的，迟早要独立面对社会、面对人生，迟早要独立解决所遇到的问题。所以，在孩提时代，家长就有必要让孩子去尝试一些力所能及的事情，为孩子自己解决问题创设一定的条件和机会，让孩子学习如何自己解决问题、如何适应社会。

在小洛克菲勒4岁时，有一次，当他远远看到父亲老洛克菲勒从外边走进来时，就张开双手兴冲冲地向父亲扑了过去。老洛克菲勒并没有去抱他，而是往旁边一闪，结果小洛克菲勒扑了个空，跌倒在路上，哇哇大哭起来。等孩子哭完之后，老洛克菲勒严肃地对儿子说："孩子，不要哭了，以后要记住，凡事要靠自己，不要指望别人，有时，连爸爸也是靠不住的。从现在开始就学会自立地面对挫折吧！"

培养孩子的独立意识，可能眼前会让孩子陷入困难、挫折与痛苦之中，但这对于孩子今后的成长有至关重要的作用。他会在今后的成长过程中摆脱依赖心理，在工作中形成自己的意向，做出自己的决定。做事会更充满信心，不至于陷入孤独无望的境地。

家长们要培养孩子的自我意识，给他们一些成长的空间，多鼓励他们去独立地完成事情，即使是他们失败了，也要多给予他们鼓励，锻炼他们的独立意识，增强他们的自信。真正具有独立精神的人对自我意识有一种强烈的需要，他们不须借助这样那样的依赖，就能形成自己的意向，做出自己的决定。

作为父母，不能一辈子都牵着孩子的手，有些家长总爱包办孩子的一切，这样会使孩子形成对父母的依赖，从而丧失了宝贵的独立意识和自信感，为他们将来的发展设下障碍。

我们有些家长过度地“保护”孩子，总舍不得、“狠不下心”放手让孩子自己做一些力所能及的事情。看看国外的家长是怎样教育孩子的：

在日本大学生中，勤工俭学的非常普遍。他们靠在饭店端盘子、洗碗，在商店售货、做家庭教师、陪护老人等挣自己的学费。孩子很小时，父母们就要给他们灌输一种思想：“不要给别人添麻烦。”全家人外出旅行，不论多么小的孩子，都要无一例外地背上一个小背包。父母说：“这是他们自己的东西，应该自己背。”培养孩子的自理能力和自强精神，是日本父母家教的根本出发点。

瑞士的父母为了不让孩子成为无能之辈，从小就着重培养孩子自食其力的精神和自信。譬如，十六七岁的姑娘，初中一毕业就被送到一家有教养的人家去当一年左右的佣人，上午劳动，下午上学。她们这样做，一方面可以学会独立谋生之道，另一方面还有利于学习语言。因为瑞士是个多语种的国家，既有讲本土语的地区，也有讲德语和法语的地区。所以，一个语言区的姑娘通常到另一个语言区的人家当佣人，还有相当多的孩子被送到英国家庭当佣人。当她们掌握三门语言之后，就可以去银行等部门就职。长期依靠父母过寄生生活的人，被认为是没有出息和可耻的。

在生活中，我们常见到这样一些情景：孩子上学，家长帮着背书包；孩子的鞋带松了，家长帮着系好……这些做法，无疑是父母在不知不觉中剥夺了孩子独立成长的机会，更糟糕的是，家长这种“不放手”的行为还有可能使孩子产生自己无能、愚蠢的观念，导致孩子自信心不足，这对孩子更是一种无形的伤害。

实践证明，家庭教育的最佳方式是充分尊重孩子的自由意识和主体意识，把他们当作家庭普通一员对待，既不特殊，也不忽视。尽可能满足他们的合理要求，放手让他们自己去干，使他们的想象、创新、动手能力得到充分的发挥。即使一时做错了，也不要大惊小怪，而要晓之以理，使其懂得什么是正确、能做的，什么是错误、不能做的。给孩子自由选择的机会，孩子的选择体现了孩子自己的爱好与内心的需要。给孩子属于自己的自由空间，让孩子用自己的思维支配自己的行为，这不仅可以培养孩子的独立性和创造性，还可以有效培养现在孩子普遍缺少的“自强不息，战胜困难”的自信品质。

放手让孩子自立，最好的方法是把孩子当作是一个独立的个体来看待，而不能仅仅看作是附庸和照顾的对象。以下几点，家长不妨根据自己孩子的具体情况做个尝试。

第一，培养孩子独立思考的习惯。比如，家长可以故意给孩子一个不完整的答案，让孩子自己用脑袋去想，得出圆满的答案，也可以提出一些问题，表示自己解决不了，让孩子帮忙。这可以使孩子在不知不觉之中，自然而然地养成“独立思考”的能力。

第二，让孩子用语言把自己的想法表达出来。即使明知孩子想讲什么，也不要先说出来，不要替孩子表达。少说这样的话“你是想……”“你是要……”“你去……”等等，避免让孩子只说“对”、“是”、“好”这样的话。

第三，逐渐改变孩子的依赖心理。给予孩子工作或角色，赋予他责任，完成后要鼓励。即使是很小的孩子也会因责任感而引发出不靠他人而自己解决问题的欲望。另外，带孩子参加社交活动时，一定将孩子介绍给客人，使孩子感受到自己是独立的个体，产生自立的意识。

第四，让孩子自己解决问题。例如，让孩子自己有一套随身用品，并让他自己管理，父母可以采取间接的方式去帮助孩子。这与自我意识的形成有很大的关系。

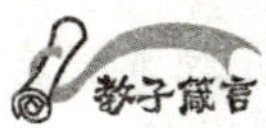

毫无疑问，孩子在学习独立、自立的过程中会遭遇一些原本可以避免的挫折，家长们不要怕这些挫折会挫伤孩子的自信心和积极性。比起那些在父母的羽翼严密保护下长大的依赖性很强的孩子，这些懂得自立的受过挫折和失败的孩子往往更加自信，更有坚强的意志品格和进取精神。

3. 不怕孩子吃苦

现在的孩子很多都像是温室里的花朵，他们常常有几个大人围在身边，像个小皇帝一样，耳边尽是表扬、鼓励、赞美之词，一旦遇到需要独自面对的事情便不知所措，恐慌甚至自卑起来，家长们为了能平息这种不安的情绪一般又都会大包大揽，帮孩子解决问题，其实这样根本无法帮助孩子，反而更会助长孩子这种消极的心理情绪。所以，不要怕孩子吃苦，现在的吃苦，正是以后成才的资本。

让孩子吃点苦，对孩子的成长和发展来说是非常必要的。俗话说得好：欲保小儿安，须有三分饥与寒。如果孩子连一分“饥与寒”都体验不到的话，就会如同温室的花朵娇嫩、脆弱，势必妨碍他们的健康成长。

所以，对孩子实行适当的挫折教育是家长们最明智的做法。经历过挫折的孩子才能有前进的勇气和自信。

美国第三十二届总统富兰克林·德拉诺·罗斯福是美国历史上唯一连任四届的总统。他出身于富豪家庭，父亲学过法律，又经过商，很有钱。然而，罗斯福的父母并不娇惯他，而是严格地管束他，并经常有意让他“吃些苦头”，特别是罗斯福的母亲。

母亲为小罗斯福安排了很严格的作息时间表：7点起床，8点吃饭，跟家庭教师学习三小时，休息，下午1点吃饭，午饭后又学到4点，休息。在如此严格的管理下，年幼的罗斯福经常喊苦喊累，但母亲一直坚持让他遵守。

小罗斯福游戏时总习惯于自己是赢家，为了教育他，有一次母子玩儿一种棋类游戏，母亲故意不让他，接连赢了儿子。小罗斯福生气了，母亲故意不去理他，并坚持让儿子道歉。结果，小罗斯福认输了。

的确，“吃点苦头”对生活在优裕环境中的孩子尤为重要。人生要经过许多磨难，特别是要成就大事业，如果只会享福，不能受苦，这样的人将不能立足于社会，更不能为社会献身，为他人造福了，因为这样的人永远都不会产生真正的自信和奋发进取的魄力。

生活的意义并非逃避吃苦，而是在于学习怎样有益地吃苦。从小学会逃避痛苦的孩子，长大后会经历加倍的痛苦。很多父母习惯于代替孩子承担责任和后果，他们认为孩子还小，无意中犯错在所难免，不应该让孩子承担犯错所带来的压力。可事实上，如果父母的爱是只顾自己去爱，不顾孩子的感受，不去培养孩子的抗挫折意识和自信心，那么就是爱得不当，会给孩子带来极大的伤害和影响。

不要一味地替孩子承担责任，应该由他们自己负责的事情，就放手让他们承担。即使行为有所偏差，也要让孩子承担自己行为的自然后果。不要阻止孩子品尝生活的真实滋味，不要过度担忧孩子“吃苦”、“吃亏”，不要过度保护孩子，而是要放手让孩子在风雨和浪涛中锻炼、成长、自信起来，应该由孩子受的“罪”，就让他们去受，或许这将是孩子最大的财富。

张先生15岁的儿子张全在今年的全省中学生运动会上取得了优异的成绩，在长跑项目中，张全先后破了男子三千米和男子五千米的全省纪录，最近被北京体育学院破格提前录取了。

在记者采访张全，问他为什么第一次参加省运动会就能取得这么好的成绩时，他说：“我没觉得这有什么困难的，因为我平时练习的时候要比赛场上更苦更累。”

原来，张全的教练就是他的爸爸张先生。据张先生说，他对张全的要求很严格，从得知孩子有长跑天赋的那天起，小张全就再也没有过一天休息时间，更别提休假了。每天巨大的训练量让小张全不只一次痛哭、耍赖，但是每次不练到趴在地上，张先生就绝不让他休息。张先生说，这不仅是在锻炼孩子的身体，更是在锻炼他的意志，不能怕孩子吃苦，这对他以后的发展大有好处。拿张全来说，无论是哪方面，他一直都自信十足，不怕困难。在训练的同时，他的学习成绩也是数一数二的。

这个案例中，张先生所讲的道理简单易懂，但生活中的很多家长却总是看不透。让孩子经受一些“挫折”，吃一点“苦头”，将来孩子在面对困难与挫折的时候就会“视之如平，安之如素”，能够轻松自信地去面对和解决。

从这个角度上来说，挫折是良药。它可以给孩子以经验和教训，使孩子从内心里自信起来，振奋起来，这样的教育将是极为有效的。所以，我们要放手让孩子去锻炼，不要怕孩子经受挫折。争取让孩子以较少的代价得到深刻的教训，这才是我们家长应尽力去做的。

作为家长，应该从更长远的利益出发，给孩子一点“挫折与抗挫折教育”，具体说来，可以参考以下几点：

第一，树立挫折教育意识。许多父母认为，孩子心理承受能力差，应该对他们保护有加。其实，一个人受点挫折，尤其是早期受一些挫折，很有好处。家长应正确看待挫折教育的价值，把它看成是磨炼意志、提高适应能力的好方法。

第二，有意地给孩子设置一些挫折障碍。对孩子来说，在成长的道路上难免要遇到困难、阻碍，如果孩子平时走惯平坦路、听惯顺耳话、做惯顺心事，那么一旦他们遇到困难，就会不习惯，从而没有自信，情绪紧张，容易导致失败。

第三，鼓励孩子克服困难和挫折。有的孩子在逆境中易产生消极反应，往往会自卑，垂头丧气，采取退避的方式。要改变这种现象，就必须在孩子遇到困难时，教育孩子勇敢面对挫折，向困难发起挑战。当孩子一次次战胜困难时，他们便会增添勇气，激起战胜困难的愿望，害怕的心理就会消失，自信心就会增强，抗挫折能力就培养起来了。

第四，在孩子失败后，要温情地鼓励孩子。生活中的不如意太多了，对孩子来说，家人的温情与支持是自信心的来源。当孩子面对挫折的时候，父母应看重孩子的心灵，用温情去温暖孩子，对孩子进行引导，避免挫折对孩子的自信心造成伤害。

第五，引导孩子多读、多了解一些伟人传记。读得多了，听得多了，孩子就会感觉到人生的过程就是不断战胜困难、战胜挫折、树立自信的过程。和伟人相比，我们遇到的困难和挫折实在算不了什么。

怕孩子吃苦是绝大多数家长的心态，但是要知道，不经历风雨，就难得见彩虹。孩子只有在困难和挫折中才能学到真正的知识，得到真正的能力，树立起真正的自信。也只有这样的孩子，才能在未来竞争激烈的社会里取得成就和成功。

4. 限制物质占有欲

孩子天性中就存在着强烈的物质占有欲，幼稚的他们在观念中没有“是”与“非”，只要是自己想得到的自己喜欢的，就会要求占为己有。如果家长不注意在家庭教育中限制孩子的物质占有欲，那么当孩子长大接触现实以后，就会被现实所拒绝甚至是打击。这样的孩子往往有着强烈的挫败感，稍有不如意就会变得灰心丧气，难以树立持久的自信。

在生活中，很多家长把孩子“要玩具”、“要零食”、“要钱”等不合理要求简单归结为孩子的“任性”，要么一笑了之，要么尽量满足孩子，认为孩子还小，只要满足了他的要求就万事大吉了。殊不知，过分放任孩子的物质占有欲对孩子的长远发展有着重要的消极影响。

每个孩子都有任性的一面，对于孩子的任性当然不必非常“较真”，但也绝不能放任不管。对于孩子强烈的物质占有欲，一定要加以限制。今天孩子要一个玩具，你可以买给他。明天孩子想要另一款玩具，你在同孩子讲了一番条件之后，勉强也可以买给他。可后天孩子又想要一种玩具，这个时候你还能满足他的不合理要求吗？当然不能。孩子的物质占有欲是应该受到限制的，一味地满足他的物质要求就等于溺爱，这样的孩子心理往往比较脆弱，表现出过分任性，情绪不稳定，依赖他人，遇事慌乱，一旦遭遇拒绝或挫折即灰心丧气，不知所措，难以树立自我信任感。所以，家长一定要在家庭教育中注意到孩子的物质占有情绪，适度限制，而且越早越好，否则孩子养成性格习惯，想改变都很难。

美国女出版商戈尔德曼很注意对孩子的教育方法，对于限制孩子的物质占有欲，她很是重视。当只有9岁的儿子杰克提出要买一台苹果牌的便携式数字音乐播放机时，她知道，花 250 美元满足孩子的要求是件很荒唐的事。

戈尔德曼和她身为某基金会负责人的丈夫约恩均收入丰厚。对他们来说，钱不是问题，问题是为什么要为这个连乘除法都不会算的小家伙买这样奢侈的玩意呢？

戈尔德曼知道，如果她在杰克的央求面前投降，杰克就会觉得妈妈能随时随地满足他的一切要求。如果她买了这个昂贵的播放机，它的命运也会像其他玩具一样，要不了多久就会被丢掉或是忘记。杰克去年曾拼命要求买过一个蓝色小鼓，如今这个小鼓被“抛弃”在地下室里。

杰克不断央求，他坚持说“每个人都有一个”，戈尔德曼下定了决心，她坚决地对杰克说：“不，杰克，别人都有的不一定就是对的。这是个很奢侈的玩具，而且你已经有了很多玩具了，你这个要求不合理。我和爸爸考虑过了，坚决不会买给你。”杰克见到妈妈的态度，耸了耸肩，跑出去玩了。

相比于这位美国妈妈，我们的家长们往往做不到这样“绝情”地拒绝孩子的要求。对于每家只有一个的“小宝贝”们，家长们经常是使尽浑身解数去满足孩子的各种要求，认为这样就是对孩子的爱，这样孩子才能快乐，孩子的童年才是幸福的。

而事实是，孩子的童年可能确实在自己的物质占有欲得到无限的满足中幸福了，但是从长远来看呢？孩子长大以后要独自面对生活，要独自应对现实的世界，那时候他会是怎样的状态？孩子在未来的社会上难免会遭遇拒绝或者遭受挫折，这个时候他会表现出家长从小娇惯出来的不成熟、任性，会怨天尤人，灰心丧气，甚至是走向极端的自卑心理从而自暴自弃。这难道是家长愿意看到的吗？这难道是我们的家庭教育应该有的结果吗？

每个孩子都会有一定的物质占有欲，这很正常，也没必要大惊小怪。关键是家长怎样去教育和引导。要使孩子明白：有些东西是不属于你的，你要想得到就必须为之付出劳动和努力；别人的东西你不应该想要得到，就如同你的东西也不会被别人得到一样；没有谁能永远无条件地满足你的要求，被拒绝，这是再正常不过的事。这样，孩子才能养成一个正确的物质观和自我观念，才能给自己正确的定位，也才能在心里形成自我努力、自我信任的观念。

孩子的自我意识是很强烈的，但是这种自我意识往往表现为其主观上的要求和意愿。家庭教育基于此的重要作用是要把孩子的这种自我意识转化为自我要求和自我克制，让孩子产生正确的自我评价，明白“自己不会事事都能得到满足”的客观现实，从而在心里产生适当的自我评价意识，逐步走向自信、努力的积极精神品质。

5. 懂得对孩子说“不”

很少有家长会明确地、认真地拒绝孩子的要求，其实，拒绝也是教育方法中很重要的一点。从小就生活在“顺心如意”的家长的溺爱中的孩子往往没有正确的自我定位与自我评价，从而也就难以树立起正确的挫折观。这样的孩子在遭遇拒绝与挫折的时候很难有自信去战胜困难，解决问题。

心理学家有研究结果表明，在溺爱中成长的孩子更加脆弱，他们在面对人生中的困难时，会更容易消极自卑。他们对“权利”的理解和普通人不太一样，这在他们的工作和人际关系上都能够表现出来。心理学家说，家长们溺爱孩子，不知道拒绝孩子，可能导致他们今后在面临焦虑和压抑的时候，表现得更加脆弱。“溺爱会使孩子们变得以自我为中心，只顾个人利益，缺乏稳定的自信感，这是一种心理健康方面的风险。”斯坦福大学青少年中心主任威廉这样说，“所以，每一位负责任的明智家长都要学会对你的孩子说‘不，亲爱的’!”

翁太太最近很伤脑筋，5岁的儿子小立最近总是提一些不合理的要求。他已经有了好几个“变形金刚”的玩具，前几天却忽然又对妈妈说：“妈妈，我想要一套新的‘变形金刚’。”翁太太边看电视边说：“不行，你都有一套了。”小立就开始哼哼唧唧地“软磨硬泡”，“不嘛，妈妈，我就要新的，我就要变形金刚，你给我买。”翁太太忙着看电视也不理他。看着自己的办法不灵，小立委屈地哭了起来，声音越来越大。翁太太这才过来哄他，说：“别哭了，别哭了，明天让爸爸给你买还不行嘛!”

晚上翁先生回来，太太说：“最近这孩子也不知道怎么了，越来越任性。说要什么就得要什么，要不然就发脾气。我说不行他就磨人，再不理他就开始哭。明天你再去给他买一套‘变形金刚’吧。”翁先生说：“这样下去可不行，孩子都被你宠坏了。他不是有一套了吗？你怎么还答应他呢?”翁太太说：“我开始也没同意啊，不过他哭啊。”

第二天早上起来小立提醒爸爸别忘了给他买玩具。翁先生坐在沙发上把他叫到跟前，看着孩子的眼睛，说：“你都有一套这个玩具了，所以我们这次不会给你买。”话刚说完，小立就哭了起来。翁先生继续说：“如果你的要求是合理的，我和妈妈都不会拒绝。可你这个要求根本就不合理。听明白了吗?”看着儿子气嘟嘟地收拾书包去了，翁太太问：“你这么严肃干嘛？把孩子都吓着了。”翁先生说：“有时候咱们就要学会对孩子说‘不’，拒绝孩子的时候就得认真一点，让他知道大人确实考虑他的要求了，彻底地拒绝他了。”

这个案例中的翁先生的做法很值得借鉴。

家长们需要知道的是，如何在让孩子享受“不劳而获”的同时，教会他们面对今后可能发生的挫折，教会他们通过辛勤工作而不是索取成功的方法，这才是最重要的。每一个家长都想给孩子最好的，可是对家长们来说，什么是“合适”，什么是“过多”呢？有专家指出，几乎所有家长给孩子的东西都太多了，其实孩子本身并不需要这些。事实上，认知能力还不完善的儿童经常会提出很多并不认真的要求，这些要求对他们来说也许毫无意义，但家长往往会陷入一个误区：我的孩子需要它，我不能拒绝孩子要得到幸福。而孩子如果对此习以为常，那么就很难改正过来。这对于孩子以后的成长和发展是极其不利的。试想，这样的孩子在遭遇挫折的时候会表现得怎样呢？他又能有怎样水平的能力和自信呢？

如果拒绝孩子是这样为难的一件事，那么家长们应该怎样做呢？

第一，理解拒绝的重要性。适当拒绝孩子，只要注意方法技巧，就会大有裨益。拒绝孩子不但不会伤害他们的自信心和自尊心，使他们产生怨恨，反而能够树立父母的威信，也能使孩子懂得生活和做人的道理。

第二，拒绝之后简单解释。拒绝孩子后作出解释，会让孩子感觉得到了尊重，这样的拒绝不但很容易接受，也会使孩子学会理解和支持父母。在向孩子解释时要注意三点：通俗易懂、简单明了、就事论事。

第三，一旦说“不”，就要坚持下去。拒绝之后不能出尔反尔，即便发现有不妥，可以以后弥补，但不要当场反悔，特别不要因孩子撒娇哭泣就改变决定，否则他们就会学会用撒娇哭泣来获取他们想要的。

第四，让孩子明白什么值得拥有。拒绝孩子之后，要让孩子明白什么东西是值得拥有的。如拒绝买新书包，可以解释，原来的书包还很新，用同样价钱买本新书或买个新玩具都比买书包有意义。

拒绝孩子的实质不是拒绝孩子本身，而是就孩子某些不合理要求提出否定，这可能会引起孩子暂时的不快和难过，不过从长远看来，这有助于孩子形成正确的认知，形成正确全面的自我评价。这样，在孩子将来遭遇挫折与困难的时候，他才能从容自信地积极面对。所以，懂得对孩子说“不”，这是培养孩子自信的必不可少的一个方法。

6. 让孩子与困难“握手言欢”

> 孩子在成长过程中不可避免地要经历各种各样的困难和挫折，对于孩子自身来说，他当然会觉得沮丧或者不知所措。实际上这些困难是孩子最好的老师，孩子能有一个良好的面对困难与挫折的心态，才能逐渐树立起自信，锻炼出能力。而家长要做的，就是告诉孩子：你可以应付得来，困难一点都不可怕。

如何去看待困难以及如何去克服困难，这两点是孩子的抗挫折意识的具体表现，而这也正是家长要培养和塑造孩子的方面。怎样去克服困难，这是孩子的能力问题，需要在长期的成长过程中慢慢锻炼养成；家长们现在就应该培养的，是孩子看待困难的态度。孩子只有不惧怕困难，有一个正确的心态，才能很好地去克服、解决困难，才能有自信去打倒困难。这才是家庭教育在这方面的突出意义。

由于爸爸妈妈的工作都需要经常性地出差，8 岁的小新从小一直同爷爷奶奶生活在农村，现在，小新已经是个二年级的学生了。出于对孩子的教育问题的关心，小新的爸爸妈妈现在都已经调动了工作，并且把小新接回了城市里上学。

农村与城市里学校的教育质量自然有差异，开的课程也不太一样。小新头脑聪明，而且学习勤奋，别的科目学得都很好，惟独英语成绩很差，甚至跟不上课。原来，小新原本所在的小学根本就没有开英语这门课程，现在忽然接触英语，与从小就学英语的城市里长大的孩子们比起来，小新根本就是一窍不通。

这天放学回家，小新沮丧地把英语测验的试卷交给了爸爸妈妈，39

分。他哭着对爸爸妈妈说：“我学不好英语，别的同学在学前班就学英语了，而我是刚刚接触，根本就跟不上课程。我想我今年要留级了。”爸爸伸手搂过抽泣的小新，说：“儿子，你看，你刚刚接触英语能学成这样，这已经很不错了，说明你很努力，也很聪明。其实英语并不难学，你只要多读多写多背，比别人多努力，就一定能学好。爸爸妈妈还可以指导你学习，我保证，你一定能在很短的时间内把成绩提高很多。这么一点小困难就要留级，这哪是一个男子汉说的话！有困难，才有挑战，爸爸相信你一定能战胜这个小困难，这很简单，就看你怎么做了！”

小新看着爸爸鼓励的笑容，擦干了眼泪，重重地点了点头。从那以后，他每天把大部分的时间都用来学英语了，有不懂的问题就问爸爸妈妈。凭着自己的努力，在二年级的期末考试中，小新的英语居然打了 76 分！这个成绩在班级里虽然不算高，但却让老师都吃了一惊。老师问小新是怎么在短时间内提高得这么快的，小新自信满满地说：“只要肯努力，困难就一点都不可怕。我爸爸教我的。”

案例中的小新的确是个很优秀的孩子，小新的爸爸也是个很懂得教育孩子的家长。但生活中与之相反的例子也比比皆是，如今不少独生子女的家长往往只重视孩子的吃饭穿衣和学习成绩，却忽视了对孩子的吃苦耐劳和向困难挑战精神的培养。事实上，各种困难、失败、挫折对于成长中的孩子来说，是一笔很难得的财富，只有教会孩子如何面对和解决困难，孩子才能真正的自信起来，成长起来，优秀起来。

在遭遇困难时，孩子自己往往是不懂得面对和解决的，这很正常。他们会直截了当地告诉你：我做不好；我害怕；我不要这样；你们帮我。这时候，父母不可避免地就碰到了这个问题：要不要帮助孩子把问题解决掉？要不要帮孩子避免这样的困难甚至是挫折？

其实，大可不必。家长要做的只需是鼓励孩子，帮孩子树立起战胜困难的自信和勇气，端正孩子面对困难的态度，告诉孩子：“这没有什么可怕的，你完全可以做好。”有一点应该清楚：孩子在最初与困难打交道的时候所形成的经验，孩子从小就习惯了的面对困难的态度，会对他以后的自信感、处理问题的方式、承受失望和挫折的能力等有着巨大的影响。

这个问题或许说起来简单易懂，但家长们到底要怎样去培养孩子不惧怕困难的品质呢?

第一，多肯定、鼓励孩子。当孩子遇到困难时，父母应当及时去关心孩子，给孩子安慰、鼓励和必要的帮助，使孩子不会感到孤独无助。这时，父母要尽量避免消极否定的评价，应尽量采用一些积极肯定的评价，这样做会使孩子意识到自己的努力是受到肯定和赞扬的，自己完全不必害怕失败，从而慢慢学会承受和应付各种困难挫折。

第二，培养孩子对待挫折的正确态度，提供锻炼的机会。孩子在碰到困难和失败时往往会产生消极情绪，不能以正确的态度对待失败和挫折。这时家长要有意识地将孩子的失败作为教育的契机，引导孩子重新鼓起勇气大胆自信地再次尝试，同时，教育孩子敢于面对困难和挫折，提高克服困难和抗挫折的能力。切不可把孩子成长过程中的困难都解决掉，把他们前进的障碍清除得干干净净。

第三，有意识地让孩子经受一点失败。有的父母不愿看到孩子失败，下棋、游戏、竞赛时，总是想尽办法让孩子赢，这样做对孩子的成长没有好处。其实，有时让孩子体验一点失败的滋味未尝不是好事，可借机培养孩子克服困难的勇气和自信心。

教子箴言

不惧怕困难才能树立战胜困难的自信，而只有战胜了困难，孩子才能充分地肯定自己，给自己一个积极的心理定位，才能真正地在成长过程中自信起来。所以，如何让孩子端正对待困难的态度，从而不惧怕困难和失败，与困难“握手言欢”，这才是家庭教育的主要任务。

第九章　给孩子正直健全的人格

古语说：“句子坦荡荡，小人长戚戚。”一个人格正直、大义凛然的人无论做什么事情都会坦然自信。人格的健全不仅是社会和生活的要求，也是人自身的内在需求。实现了这种需求，精神上的富足才可赋予自己肯定性积极性的评价。这时候，自信就走来了。

1. 让孩子开朗起来

谁都喜欢性格开朗的孩子，他们总是情绪良好，笑口常开。开朗的孩子自信心强，不唯唯诺诺，善于与人相处，不孤僻。显然，开朗是一种难得的良好品格，有利于孩子的身心发展，也有利于孩子成才。

内向型性格的孩子往往是一些不自信的孩子，他们在遇到问题时通常会显得焦虑、害怕甚至自卑，与之相对的开朗型的孩子则较好一些。

孩子的天性是快乐的、活泼的，可为什么会有不开朗的孩子呢？这其中必有缘故，既与孩子的内部原因有关，更是与外部环境相关。不可否认，人的性格有先天的成分，例如有天生的急性子，也有天生的慢性子，有天生的外向性格，也有天生的内向性格，但先天因素不是性格的决定因素，起重要作用的是环境对孩子的影响。

林女士发现自己的儿子小龙比别的孩子畏缩，而且不合群，不开朗。这样下去必将影响孩子的成长以及以后的发展。这位明智的母亲首先对自己进行了反省，找到了问题的症结主要是在自己，是自己望子成龙太过心切，对孩子要求过高、过严了，并且有些急于求成，方法太简单。还有就是对孩子约束太多，说教太多。

于是，林女士开始了对孩子性格的改善的努力，主要的做法是：第一，坚持送小龙上幼儿园，和老师配合教育，让集体生活锻炼孩子，影响孩子的性格。在集体生活中孩子往往能很自然地改变自己，这是一种潜移默化的作用。第二，促使小龙交朋友，特别是和性格开朗、活泼的孩子交朋友，利用同伴相互作用的效应感染孩子。小龙开始不太习惯，后来慢慢地和小朋友们相处得很好了，每天都玩得很高兴。第三，林女士试着放开手让孩子自由、自主地活动，多走出家门，融入外面精彩世界。小龙喜欢玩足球，于是她经常让小龙自己拿着足球去家附近的空地找同伴玩儿。小龙也乐于接受这样的方式，每个周末都找时间自己出去玩儿一会儿。第四，林女士常和孩子一起感受快乐，带孩子去游乐场或者公园尽情地玩儿，以大人乐天的情绪优化孩子的心态。这在以前是绝对没有过的。小龙经常说："妈妈，你怎么忽然像小孩子了呢？不过你现在比以前漂亮了。"第五，切合实际地要求孩子，对孩子耐心、不急躁。林女士以前脾气很急，对孩子没有耐心，小龙在她面前的感觉是如履薄冰。现在她刻意地改变了许多，经常和孩子进行沟通。第六，经常给孩子积极的心理暗示，让孩子常有良好的自我感觉。比如看见小龙拿着足球蹦蹦跳跳地从外面回来，林女士就会问："今天有什么好事吗？看看我儿子笑得这么灿烂。"小龙这个时候往往就真的会露出很阳光的笑容。

林女士持续努力了一年多，果然功夫不负有心人，逐步改善了小龙的性格，熟悉小龙的人都说，这孩子好像变了个人，自信开朗多了。

可见，良好的环境与教育，有利于培养孩子开朗的性格。

孩子在适应家庭环境的过程中，常以父母为最直接的模仿对象，形成自己的心理定式和性格特征。婴幼儿对父母的态度特别敏感，父母的言行举止足以影响孩子的情绪、意志和行为，久而久之内化为孩子的性格。父母开怀大笑，孩子就会高兴得手舞足蹈；父母怒气冲天，孩子就会吓得胆战心惊。所以，父母要保持常态的、稳定的情绪，即使心情不好也要在孩子面前做到乐观豁达，以便对孩子产生潜移默化的良性影响。

父母对孩子爱意的表达方式也会影响孩子的性格。对小婴儿的爱可以外露，使他感受到父母的疼爱和保护；对两三岁的孩子则应爱意不外露，对他既平等严肃，又呵护有加，这样孩子才能快乐、自信、开朗，而且独立性强。此外，和母亲相比，父亲的胸襟相对比较宽广，性格也更开朗。有研究发现，孩子与父亲接触的机会越多就越显得自信开朗，性格就会越健全。所以，尽管当父亲的工作压力大，也要抽出时间多和孩子接触。

开朗乐观既是一种心理状态，也是一种性格品质。有调查显示，性格开朗的孩子长大以后不仅自信豁达，事业上较易获得成功，而且身体也较为健康。家长要注意孩子的日常情绪，通过培养孩子的开朗个性，来养成孩子的自信等成才素质。

2. 诚信才能无畏

诚信是做人的根本，也是成才的必备要素之一。一个讲究诚信的人往往会是一个坦荡荡的“君子”，而具有了这样的人格品质无疑就会产生高度的自信。正所谓“信者无畏，勇者无敌”。要养成孩子自信勇敢的人格素质，那么培养孩子的诚信品质无疑就是最根本的内部驱动力。

诚实守信是中华民族的传统美德，它不仅是我们要恪守的道德准则，更是我们衡量一个人的成才素质和人格素养的标尺。诚信的含义就是不撒谎，不虚伪，讲信用，守诺言，言行一致，表里如一，实事求是，说到做到。

教育孩子做一个诚信的人具有重要的意义。为人诚信会让他在今后的人际交往中受到别人的欢迎、尊重和信任。每个孩子在属于自己的圈子中总要和别人交往，在交往过程中，具有诚信品质的孩子往往能结交更多的朋友，得到更多的帮助，受到更多的关怀，而这样的孩子大多都具有良好的解决问题的能力和积极的自我评价以及自我信任感，从而产生高度的自信心。这对孩子的身心健康发展无疑具有重要作用。

对孩子的诚信教育是家庭教育和社会教育中一个重要的组成部分。

张女士发现女儿小帅今天的情绪不太对劲儿，一放学就钻进自己的房间里去了，连平时最喜欢的动画片都没有出来看。小帅刚上小学一年级不久，这么小的孩子能有什么烦心事呢？张女士走进了孩子的房间，想看看是怎么回事。

看见妈妈进来了，小帅委屈地哭了起来。原来，小帅今天和最好的朋友冬冬闹别扭了。冬冬特别喜欢小帅头上戴的头花，小帅记得家里还有一个一模一样的，于是就答应回家拿来送给她。可是小帅在家里没有找到另一个头花，于是冬冬就生气了，她说小帅不讲信用，两个孩子就因为这事闹了别扭。张女士摸着小帅的头，说："小帅，你既然答应了冬冬要送头花给她，就一定要守信用，你可以把你头上的这个头花送给她啊！如果你不能对自己的好朋友讲诚信，那你的朋友自然也就不会喜欢你了，对不对？在你答应别人一件事之前，你应该考虑好自己到底能不能做到，如果没把握就不要轻易许诺，否则就会食言，人家就会认为你不讲诚信。你明白了吗？"

小帅点了点头，说："我知道了妈妈。我这就给冬冬打电话，告诉她，我不是不守诚信，我把我这个头花送给她。"看着梨花带雨的孩子，张女士欣慰地笑了。

培养孩子诚信的品德是家庭教育中的一个古老的话题，"狼来了"的故事是妇孺皆知的关于诚信的教育范例。父母们都不希望自己的孩子成为一个不讲诚信孩子，而孩子们也都知道不应该说谎，不守信用。在人际交往中，人们都不愿意与不诚信的人打交道，因为这种人无法给人一种信任感和安全感，而这样不被社会所接受的人往往也是不会具有什么自信观念的，因为他缺少自信的内部驱动力。

那么，怎样使我们的孩子做到信守承诺呢？那就要告诉孩子，在承诺别人之前一定要慎重，考虑自己确实能够做到的再答应别人；一旦答应了的事情，就要千方百计地去做好。这样才能不失信于人，才能值得别人包括自己信任。

孩子的诚信意识，是从他的人生经历中逐步培养起来的。培养孩子诚信意识的第一任教师当然是父母。要使孩子诚信，家长首先要做到“说话算数”。一个男孩说：“我爸爸说，只要我考试得了100分，星期天就带我去公园玩儿。我真的考了100分，爸爸却说他没时间。”一个女孩说：“我妈妈说，写完作业就让我出去玩儿。我写完了，妈妈却不让我出去玩儿了，说再让我做10道练习题再出去玩儿。我就不想再做了。”家长们就是这样一次次“说话不算数”，失去了孩子的信任，也失去了自己在孩子心中的威信。

家庭教育中的诚信教育绝不仅仅是家庭的责任，它关乎到未来人才素质的培养，是每个家庭在社会文明进程中应尽的义务。作为父母，言传身教的作用是不容忽视的，但这还不够。在诚信教育中，家长要注意以下几方面：

第一，父母应对孩子要讲诚信。不要随意对孩子许诺，在向孩子许诺之前一定要三思，不能言而无信，答应孩子的事情就一定要做到；如果兑现不了，应及时给孩子解释，向孩子道歉，并作自我批评，让孩子从内心理解和原谅父母，事后父母应设法兑现自己的承诺。因为孩子对大人说的话是一向当真的。否则，久而久之，孩子会对父母产生不信任感，并认为说了话可以不算数，慢慢地他们也会学着这样做。

第二，对孩子讲诚信的言行要及时表扬和鼓励。例如，孩子答应了要把自己心爱的玩具送给小伙伴，并且真的做到了，这时家长应给予表扬，而不要心疼玩具被孩子送人了而斥责他。家长应鼓励孩子不管在什么时候都要做到说话算话，讲诚信的原则。

第三，关注和尊重孩子和孩子之间的“约定”。比如说，家长计划星期天带孩子出去玩儿，但是孩子已经答应了小朋友周末到他家去玩儿，这时父母就应该尊重孩子的选择，因为孩子和小伙伴是有约在先的，不要强迫孩子服从父母或者其他的人安排，而对别人爽约。

培养孩子的诚信品质至关重要，这其中包含两个方面的重要意义。一方面是孩子具有诚信的品质才能在现在和以后的社会生活中得到他人和社会的认可，才有取得成功的重要条件；另一方面基于前一方面，得到他人和社会的认可，才能产生自我认同，从而树立广泛而稳定的自信。而且，诚信品质本身就能给人以自豪感和自信感。

3. 培养孩子的果断性格

果断的性格是一个人具有出众的自我信任感和自我决定能力的体现。做事果断的孩子一般都具有较强的自信力和决定力，这是孩子未来能取得成功的关键。但性格的养成是一个长期的过程，所以，要注意从小就培养孩子的果断性格。

心理学家做过一个研究和分析，结果表明：当被问及“你要喝什么”时，回答“我想喝咖啡，不想喝红茶”的人比起回答“什么都可以”的人来，将来在生活中更有自信，也更有作为。显然，这里的关键就是“果断”与“优柔寡断”的区别。

经常有家长抱怨，“我的孩子做起事来犹犹豫豫，优柔寡断，把他放在哪里他都不‘显眼’，将来能有什么出息”。事实上，家长们往往意识不到，孩子不具备果断的性格很有可能是家长的教育问题。

小姜从女儿美美很小的时候就注意培养孩子的果断的性格。在美美两岁左右的时候，她的小手还无法一起拿两个玩具玩儿。孩子想玩玩具的时候，小姜通常都会拿两三个玩具在孩子面前，让孩子自己挑选一个最喜欢的。美美有的时候会犹豫不定，每个玩具都很漂亮，不知道挑哪个好，这种情况下小姜就会板起脸来批评她，并且以不许玩玩具作为惩罚。

美美稍大一点的时候，小姜就让她自己去决定许多力所能及的小事，比如电视看哪个频道，出门穿什么衣服，晚上吃什么饭，压岁钱怎么分配等等。孩子毕竟还小，有时候不耐烦了就说不知道，小姜就在一边协助孩子决策，并帮她分析。

美美上幼儿园的时候，一次妈妈开车送她上学，但是由于路上堵车而迟到了，孩子怕挨老师的批评，就坐在车里哭，要求一定要妈妈陪着才进教室，否则就不下车。孩子当时心里想的是：妈妈是大人，看在妈妈的面子上，老师可能就不会责骂她了。但是，小姜并没有因为孩子的哭闹而心软，而是果断地拒绝了女儿的请求，同时给了女儿两个选择，一个是自己进教室，另一个就是立刻回家。结果，女儿不得不自己走进了教室。回到家以后，小姜明确地告诉了女儿，许多事情是你自己必须解决的，不能依靠别人的帮助。要知道，很多事情你今天不想面对，明天还是一样需要你去直接面对。

果然，美美成为了一个很爽快利落并且很自信的孩子。

孩子果断的性格一般形成于他对事物的自我体验的过程中。当孩子产生鲜明的自我意识之后就会经常要求或有愿望自己独立完成某事，这是孩子生成认识观和决定观的基础。如果这个过程孩子完成得好，那么对于果断性格的形成大有裨益。

而我们家长习惯于站在成人的角度，用成人的思维为孩子指明方向，告诉孩子要如何去做，而不让孩子亲身进行体验。事实上，为孩子做他自己能做的事，是对他的自我决定力的最大打击。因为那样做不仅使孩子失去了决定的机会，而且也会使他失去决定的心态和自信心，从而变得犹豫、无主见和依赖别人。

孩子的自我决定的能力，只有在自我决定的过程中才能培养起来。这是父母必须知道和遵循的规律。

从小培养孩子的果断精神，有益于孩子的性格发展，有利于孩子自信面对自己的人生道路。父母要善于在日常生活中鼓励和褒奖孩子的自我决定意识和行为，批评孩子的畏缩和疑虑行为。有些事情可以让孩子自己决定的就让他自己决定，以免孩子养成依赖心理。另外，父母不要对孩子采取吓唬手段，这样孩子往往胆小怕事，前怕狼后怕虎，这也是形成孩子“犹豫状态”的一个因素。

4. 给孩子一颗爱心

美好的情感追求是人的自我激励和自我丰富的内在动力，爱心是构成孩子健全人格的一部分，因为心里有爱，人们才能勇敢自信，对成长中的孩子来说也是如此。孩子爱心的生长既是自然天性的，也是在生活中一点一滴学习的。

当今社会，人与人之间在竞争异常激烈的同时，对彼此间情感支持的需求也前所未有地高涨。学会关爱、理解他人并在情感上支持他人，这既是在竞争中找到合作伙伴从而制胜的必要条件，更是每个人在各种社会关系中建立稳固自信的根本。因此，家庭教育中必须注重对孩子的爱心教育，激发和培养他们的爱心、同情心等积极的社会情感，以帮助他们成长为一个“完整的”、自信的、能更好适应社会的人。

家长要在日常生活中注意观察孩子的表现，一旦发现孩子的爱心行为，就要及时赏识、夸奖孩子，受到赏识的孩子下次会更愿意做出类似行为。

于欣今年5岁，她是个特别爱干净的小女孩。以前妈妈带她上街时经常会遇到一些年老的乞丐，妈妈觉得老人家很可怜，每次路过都顺手递过去一点零钱。可于欣每次都躲得远远的，她说那些乞丐太脏了，走近了都会闻到一股难闻的味道。妈妈批评她说："他是一个乞丐，可同时他也是个老人啊。对待可怜的老人我们要拿出一点爱心，或多或少地帮助他。如果每个人都像你这样只顾自己，那世界得变成什么样子？"于欣低着头，说："我知道了，妈妈。"

有一个周末，妈妈带着于欣去郊游。于欣在草丛中发现了一只受伤的小鸟，小鸟的两个翅膀中间的羽毛已经被血染红了，飞不起来只能在原地扑腾着。妈妈说这只小鸟一定是被人抓住过才受伤的，看来它飞不了一定活不了多久了。于欣犹豫了一会儿，蹲下去把小鸟捧在了手中，说："妈妈，它太可怜了，咱们把它带回家包扎一下好吗？"妈妈笑了，看着于欣，说："你看它身上的血，多脏啊，快放下吧，别管它了。"于欣手捧着小鸟站了起来，眼泪汪汪地看着妈妈，说："妈妈，咱们帮帮它吧，要不然它会死的。它妈妈知道它死了得多难过啊！"

于是，她们回家找了一些药和纱布，给小鸟包扎了伤口。于欣还去隔壁的爷爷家要了一点鸟食来。小鸟恢复得很好，不到一周的时间就被于欣放飞了。看着小鸟飞走，于欣高兴得又蹦又跳。爸爸妈妈说："我们的女儿真是个有爱心的好孩子，有爱心的孩子是最美的小天使。"

幼儿期是孩子个性、品质形成的重要时期，当然也是爱心培养的重要时期和关键时期。儿童心理学研究表明，善良和同情是孩子的天性。比如：有的孩子看到别人哭，就会拿玩具或吃的给对方，以表示一种安慰，这些都是孩子爱心的自然流露。但是，作为天性的爱心仍然需要通过外界环境的激发和保护才能得以维持，才能真正成为每个人的持久的、稳定的情感特质。因此，通过爱心教育来培养孩子的爱心就显得非常重要。

家庭在孩子一生的成长过程中起着不可替代的重要作用。对孩子进行爱心教育当然离不开家庭教育的参与和贡献。现在的很多孩子都是独生子女，他们只知道接受别人的爱，并视为理所当然。而在别人需要他们关心和关爱的时候往往表现出冷漠、自私，处处以自己的利益为中心。这样的孩子在长大进入社会以后会表现出极度的狭隘和怯懦，惟恐别人侵害自己的利益。由于内心缺乏情感体验，他们对于面临的现实往往会表现得缺乏自信和安全感。可见，这对孩子心理的健康成长以及与他人的和谐交往都是非常不利的。

从小就培养孩子的爱心是非常必要和紧迫的。培养孩子的爱心，要从赏识孩子的行动开始，对孩子的表现做出正面的、积极的回应，通过这种回应和赏识，强化孩子的爱心行为，鼓励孩子在以后怀着一颗爱心去生活，这对于孩子走入社会、和谐交往和建立自信是极为重要的。

5. 塑造孩子的独立人格

每一个孩子都是具有独特创造力的个体，或许在他们年幼的时候无法表现出这种潜在的力量，但家长们不要主观地认为孩子会一直依赖你，要注意塑造孩子的独立人格。独立才是人生的常态，具有独立性的孩子往往更善于树立自信感，也更有机会接近成功。

在现实生活中，我们经常可以看到一些孩子很爱缠着大人，大人到哪里他们就要跟到哪里，寸步不离。也许有人认为，这是孩子亲近父母的表现，殊不知这却是孩子依附心理的病态表现。这一类孩子往往以弱者的姿态出现，不相信自己能够独立处理自己的事情和任务，仿佛正处于苦恼之中。这个时候，他们几乎对任何东西都无法满意，经常显得无精打采或灰心丧气，他们喜欢抱怨所有的东西，喜欢央求家长顺从他们的心意。他们依恋大人，似乎整个的生命都与大人捆绑在一起。如此缺乏独立能力的孩子，长大以后又会怎样呢？

香港巨富李嘉诚，在教育孩子方面很有见地。他非常注意对孩子独立人格的培养。他的两个儿子李泽钜和李泽楷长到八九岁时，李嘉诚就让他们参加董事会，不仅让孩子们列席旁听，还让他们独立发表意见，插话“参政议政”。后来，两个孩子都以优异的成绩在美国斯坦福大学毕业了，想去父亲的公司里一展宏图，干一番事业，但李嘉诚果断地拒绝了他们，说：“我的公司不需要你们！还是你们自己去打江山，让实践证明你们是否合格到我公司来任职。”于是，兄弟俩去了加拿大，一个搞地产开发，一个去了投资银行，他们克服了难以想象的困难，把公司和银行办得有声有色，成了加拿大商界出类拔萃的人物。

李嘉诚的“冷酷无情”，把孩子“逼”上了自信、自立、自强之路，培养了他们勇敢坚毅、不屈不挠的人格和品性。在这方面，美国前总统罗斯福也堪称楷模。

罗斯福十分注重培养孩子们的独立性。他有句名言：“在儿子面前，我不是总统只是父亲。”他反对孩子们依靠父母过寄生生活，让孩子们凭自己的本事自食其力。大儿子詹姆斯20岁去欧洲旅行，临行前买了一匹好马，然后因为缺钱打电报向父亲求援。父亲回电报说：“你和你的马游泳回来吧！”儿子只好卖掉了马，作为路费回家。

有些家长意识不到依附状态对孩子的危害，有的甚至对这种状态十分满意，因为他们发现自己很容易就能控制孩子的思想和意志，在管理孩子方面省下了不少精力。孩子不会跟自己顶着干，不会让自己愤怒得要爆炸，也就是说这种孩子不会让父母产生很多烦恼。但是，孩子终究要自己去面对生活和生命，一个无法独立的孩子怎能自信从容地面对未来呢？

一个孩子，如果长大了还是只会被动听话，等着别人帮他作决定或做事情，那他进入社会就算不被欺负，也不会被重视。孩子要在这复杂多变的社会里生存、竞争、成功，必须早早地学会独立，早早地自信起来。

21世纪是“独立选择”的世纪。著名的管理学家彼得·德鲁克指出：“未来的历史学家会说，这个世纪最重要的事情不是技术或网络的革新，而是人类生存状况的重大改变。在这个世纪里，人将拥有更多的自主选择，这要求他们必须拥有高度的自信心，必须学会积极地独立。”也就是说，只有懂得独立的人才有机会成功。

从某个角度来说，孩子的未来就掌握在家长们的手中。我们对于孩子的教育就是期望孩子能形成良好的人格素质，能在未来竞争激烈的社会里满怀自信，取得成功。那么，从现在开始就需要培养孩子的独立品格，这将是孩子建立自信接近成功所要具备的基本素质。

6. 教孩子学会分享

分享不仅是一种付出，更是一种豁达的态度。懂得与人分享的人必然拥有开阔的心胸，这样的人往往心怀感恩，受人爱戴，坦然自信。家庭教育中，要想培养孩子正直健全的人格，让孩子树立起稳定持久的自信品质，那么教育孩子学会奉献、分享的精神就显得尤其重要了。

现在的很多孩子习惯了父母的呵护，往往以自我为中心，不知道如何去关心别人，体会不到与人分享的快乐。而在孩子的成长发展过程中，分享具有十分重要的意义。分享可以帮助他们赢得玩伴，使孩子在活动和交往的过程中获得言语表达、人际交流等技能；分享可以帮助孩子学会与他人和睦相处，促进孩子的社会化；分享还可以帮助孩子学会在今后与人共同生活、合作共事。最为重要的是，孩子会在与人分享的过程中树立起一种人格威信——既受人信任，又高度自信。因此，家长在爱孩子的同时应该也要教会孩子学会与人分享，这对孩子的成长和个性品格的形成具有很重要的意义。

程祥是个 5 岁的男孩，聪明好动，也很淘气。这个学期开学妈妈送他去上了幼儿园。程祥自从上了幼儿园之后好像变了一个人一样，每天回家之后总是情绪很低落地拿着玩具自己玩儿，也不爱缠着爸爸妈妈说话了。爸爸妈妈以为孩子是刚上学不太适应，就没太在意，直到有一天程祥说什么也不肯去幼儿园了，后来在爸爸妈妈百般的“威逼利诱”下才哭着去了。这时候程祥的爸爸妈妈才意识到孩子是不是出了什么问题。

带着疑问，他们去了孩子所在的幼儿园。幼儿园的张老师说：“程祥这孩子挺乖的，也很聪明。不过就有一点，他不太‘和群’，和小朋友们的关系不太融洽。别的小朋友们平时总是一起玩啊闹啊的，可从没见过程祥和大家一起玩儿，多数时候他都是抱着自己的玩具一个人玩儿。”程祥妈妈问：“孩子在家不是这样啊，他特别好动。这是怎么回事呢?”张老师笑着说：“我也发现了这个问题，仔细观察过好多次才知道，原来是程祥总不愿意和小朋友们一起分享自己的东西。比如他的玩具从来都是自己拿着，谁都不能动；别的孩子的零食都是交换着吃，可程祥从没有过。时间久了，孩子就变得有些内向甚至自卑了。”张老师无奈地笑着说：“现在的孩子啊，人小鬼大，他们也分交际的圈子的。”

程祥的爸爸妈妈对视了一眼，觉得真是哭笑不得。原来是自己的孩子不懂得和别人分享，所以造成了“人缘”不好，不“合群”，以前他们还真没注意到教育孩子这方面的问题，看来这事是大人的失误啊！

小孩子不愿意与人分享是很自然的，而且孩子常常会潜意识地认为凡是他能够得到的东西都是属于他自己的。家庭是孩子成长的重要环境，特别是学龄前儿童在家的时间更多，受家庭环境的影响也最大，父母的一言一行都会使孩子深受感染。孩子送好吃的给长辈，长辈一般不必推辞，说声谢谢而心安理得地与孩子一起吃就好。大人吃得甜，孩子也会从中得到关心别人、帮助别人的满足感，培养出乐于与人分享的良好品德，更有利于孩子的成就感和自我肯定心态的形成。从长远来看，这对于培养孩子的自信心也是大有好处的。

许多父母出于爱心，常喜欢将好吃的、好玩的给孩子独享。其实，孩子与大人共同分享，才能使孩子产生一种真正的幸福感，长此以往，还能培养孩子形成良好的人格品质。这对孩子的将来可是无价之宝。

要教育孩子，让孩子认识到与人分享的重要性，家长可注意从以下几点着手进行。

第一，要从丰富孩子的情感体验入手，不可忽视父母的榜样作用。家长要注意教育孩子从多个角度看待问题，从他人角度出发，体验他人的情绪、情感，学会理解，学会分享。父母是孩子的第一任老师，父母的言行举止对孩子品质、习惯的形成有着深远的影响，所以，家长在生活中要以身作则，首先要学会坦然地与孩子分享，成为孩子分享的伙伴。引导孩子多关心别人，心中有他人。

第二，注意熏陶教育和日常情景教育的结合。培养孩子的分享行为，家长可以通过文学作品欣赏、日常情境教育、促进同伴交往的方法进行。日常生活中，经常给孩子讲一些如《快乐王子》等关于“分享”主题的童话故事。还可以请小朋友到家中做客，给孩子创造与同伴分享物品的机会，这都会促进孩子分享意识的形成。

第三，通过外部激励深化分享行为。有时候，一句赞美的话往往能收到意想不到的效果。当孩子有了分享行为时，家长要及时运用鼓励、赞许、奖励等外部激励的方法来强化孩子的分享意识，孩子就会非常愉快，自尊心得到了很大的满足，从而会加强和维持自己的分享行为，逐步内化为自身的意识。

与人分享是一种积极的心态，也是一个人内在的精神驱动力，它能促使孩子朝着积极努力的方面不断地完善自我，肯定自我，从而更好地奉献自我。而在此过程中，孩子自然而然地就会树立起自我成就感和自信心。家长要教会自己的孩子学会与人分享，并把这一点作为人格品质来培养。这样，孩子的心灵必将更加清澈、宽广和自信。

第十章 孩子自信来自父母 1% 的改变

没有不合格的孩子，只有不称职的父母。孩子具有很强的可塑性，能否把孩子塑造成为一个自信十足的优秀人才，关键是家长的方法问题。有时候，家长的些许改变，就会让孩子受益良多。

1. 消极的期望收获消极的结果

要建立起孩子的自信心，重要的一点是给孩子以积极向上的暗示，父母的期望值就是对孩子最好的暗示。你的期望值在合理的范围内越高，孩子的动力和积极性就越大。反之，如果不信任孩子，对他的期望过于消极，那么孩子的自信动力则越低。在家庭教育中，如何调整对于孩子的期望值是一个要注意把握的内容。

在生活中，有些家长或是见不得孩子遭遇失败、挫折，或是不相信孩子的能力，或是因心疼孩子而一逞口舌之快，一些诸如“你真是自不量力”、“你也就这样了，能有什么出息”、“算了吧！你不行”之类的话经常是脱口而出。其实这样的话给孩子的往往是一个消极的期望暗示，这对孩子做事的心态也往往会产生消极的影响，从而使孩子动力不足，缺少积极性，也就难以树立起自信心。

孔太太脾气特别不好，生活上的许多小事都能惹得她大发脾气。儿子小翔今年7岁了，孔太太平时很宠爱孩子，但有时候发起脾气来小翔也会受到“牵连”。

小翔酷爱踢足球，虽然年纪还小，经常只是在小区的院子里和小伙伴们游戏式地玩一会儿，但他对足球的兴趣很浓厚，球踢得也有模有样。经常在小区里遛弯的人们看见小翔踢球后都说：“这孩子的球玩儿得真好，没准儿将来咱们小区会出现一个足球运动员呢！”

小翔上了小学以后看到学校的足球场，他十分向往能在上面踢一场真正的比赛，毕竟他一直都只是在小区的院子里玩儿。不久后的一天就来了一个这样的机会，三年级一班要踢一场足球比赛，可是他们班的男生人不够，于是有认识小翔的人就介绍说一年级的小翔球玩儿得挺好，不如让他来参加吧，结果小翔欢天喜地地参加了这场比赛。那场球小翔踢得确实很不错，只不过由于一个小意外，他被撞倒了，膝盖和胳膊都被擦伤出血了。

回到家以后孔太太看到小翔受伤了既心疼又生气，她边给孩子处理伤口边说："你没事和人家三年级的学生玩儿什么球，他们比你大那么多，一撞你就撞倒了。"她越说越生气，"你还真以为你是足球天才啊？真是自不量力！以后不许你玩儿足球了！"小翔听到妈妈这么说自己，委屈地哭了出来。从那以后他再也没有碰过足球。

这位孔太太的教子理念就存在严重的问题，在这样的言辞之下，孩子体会到的不会是来自妈妈的爱和关心，而只会是"妈妈认为我自不量力，我真的是自不量力"的消极想法。然而在生活中类似这样的家长并不少见。

由于认知能力、操作能力和生活经验等的限制，孩子在成长过程中遭遇挫折与失败在所难免。面对孩子的挫败，家长的态度对于孩子的心态起着决定性的影响作用。出于对孩子的疼爱之心，也许有的家长会过度地去"保护"孩子，因为不乐于见到孩子失败、受挫而言辞激烈地打击孩子的自信、自尊甚至是进取心。实际上家长的这些做法从根本上来说就是不信任孩子，从而在潜意识和言语中表现出对孩子的期望过于消极，它导致的后果就是会让孩子失去再次尝试的勇气和信心，使孩子变得依赖、软弱和自卑！

每个家长都希望给自己的孩子铺一条平坦的成长之路，让孩子远离挫折和失败，但是客观来说，这是不现实的。于是，当孩子遭遇挫折和失败的时候，家长们既会心疼孩子，又会情绪激动地责备孩子不该尝试自己能力之外的事，以致遭受失败和打击。事实上，他们不知道，在孩子经历失败的时候，他们对孩子的消极的期望造成的打击要远远超过挫折本身。

家长们一心想让自己的孩子成为最出色的，却又不允许孩子们用不同的方法去发现自己的能力，而是怀疑他们的能力，对他们抱以消极的期望，为了使孩子少受挫折，结果却使孩子的自信心破碎。孩子们努力去发现自己的长处和能力，他们充满好奇心，相信自己的能力，敢于尝试，这是多么不容易，又是多么好的培养他们自信心的机会，可家长有时却给孩子泼了冷水，把机会浪费掉了。

孩子做事有积极性和自信心这是难能可贵的，更是家长喜闻乐见的。在孩子尝试失败的时候，家长应理智地鼓励孩子，帮助孩子分析失败的原因，然后对孩子抱以积极的期望和暗示，告诉孩子“你可以的，再去试试一定能做好！”而不应是情绪激动地用语言刺激和伤害孩子的积极性，打击孩子的自信心。

孩子的心灵很脆弱，父母的消极暗示足以伤害他的自信；孩子的思维也很直接，不会进行跳跃思维和总结，读不懂父母的激烈言辞背后的爱。在孩子做一件事情之前或是面对失败和挫折的时候，要相信他，鼓励他，给他一个积极的期望，给孩子一个积极的暗示，这样就更容易收到孩子回报给你的一个积极的结果。赏识远比抱怨更能激励孩子的自信心。

2. 标准过高，适得其反

孩子毕竟还是孩子，他们的各方面能力毕竟有限。而且，每个孩子都是各不相同的，他们都有各自的缺点和不足。不要以别的孩子为标准来要求自己的孩子，也不要对孩子要求过高，这既不符合孩子的客观实际情况，又会使孩子产生压力感和自卑感。对孩子有期望是理所当然的，但这个期望值一定要在孩子的能力可行范围之内，否则不仅无法建立孩子的自信，还会适得其反。

前一节我们讲了要给孩子一个积极的较高的期望值。但是不是对孩子的期望值越高就越好呢？答案当然是否定的。每个孩子的情况都各不相同，有的孩子可能头脑聪明，却调皮淘气，做事缺乏恒心和耐心；有的孩子可能踏实勤奋，却不善言辞，做事缺乏方法不够灵活。这种情况下，你却要求这个孩子必须做到那个孩子那样，孩子必然难以做到。或者说，孩子刚刚学会走路，你却要求他跑起来，这是不符合孩子的实际能力和实际情况的。

生活中总是有许多家长以教育孩子“严厉”、“要求高”而标榜自己，实际上对孩子的要求标准过高是弊大于利的一件事情，长期下去，孩子的积极性和自信心必然会遭受伤害和打击，这极不利于孩子的健康成长和发展。

潘先生对孩子的教育非常严格，他的亲戚朋友们都经常向他请教教育孩子的“高招”。他的儿子潘奇今年9岁，上小学三年级，学习成绩非常好，在潘先生的严厉教育之下，小家伙也很听话懂事。

说到潘先生教育孩子严格可真不是假的。潘奇头脑聪明，数学和英语学得特别好，这两科成绩在班级始终都是前两名。但相比起来，他的语文成绩则要逊色很多，特别是作文，他总是写不好。有一次期中考试，潘奇的语文只打了70分，主要差在了作文上。看了孩子的试卷以后，潘先生严厉地批评了潘奇，并且提出了要求：期末考试，如果语文打不到90分，作文如果再写不好，以后每天就罚写两篇作文，并且一分钱零用钱也不许要。结果可想而知，直到现在，潘奇每天还要痛苦地写两篇作文，而且真的是一分钱零花钱也没有。

前一段时间，省里举办了一次小学生奥林匹克数学竞赛，在各市的每个小学选拔参赛学生。这个选拔过程当然是非常严格的，需要经过大大小小多场考试，竞争非常激烈，每个地区的参赛名额都很少。潘奇在第一轮学校的考试中和其他的两个孩子脱颖而出，接下来的地区选拔赛他也拿到了宝贵的一个名额。这时候孩子有些紧张了，因为下一次考试将是全市的“高手”一起竞争，可爸爸要求自己必须要拿到最后的参赛名额。接连的几天，潘奇都整晚地睡不好觉，白天上课自然也无精打采，甚至开始打瞌睡。看到儿子精神萎靡的样子，潘先生又严厉地批评了他好几次。

几天之后，潘奇因为不堪重负，并没有去参加至关重要的那场考试，却选择了离家出走。后来孩子虽然找了回来，但却再也不是那个活泼自信的优秀的男孩了。

这个案例中的情况在我们的生活中是很常见的，虽然不至于每个孩子都离家出走，但家长们不切实际的过高的要求对孩子们的打击和伤害却无疑都是一样的：孩子不堪重负，或变得压抑内向，或灰心丧气，对自己不满意，或从此走向自卑和不思进取。而案例中潘先生自诩的“教子严格”显然也不是什么“高招”，那些想要去请教方法的人最好还是另择高明的好。

总是有一些家长望子成龙心切，或者说有些急功近利，动辄拿自己的孩子和某某优秀孩子相比较，并且用那个优秀孩子的标准来衡量和要求自己的孩子。这实际上是一种盲目的比较，不具备什么积极的教子意义。对孩子不切实际的要求，只会对孩子产生负面的消极的影响。

家长对孩子有所期望有所要求这是应该的，也是必要的。但重要的一点是，对孩子的要求标准要切合实际，要在孩子能接受和实现的能力范围之内。在此范围之内标准可以适当高一些，这样可以最大可能地调动孩子的积极性，最大限度地激起孩子的自信心。如果给孩子提出的要求标准过高而不切实际的话，那么势必会给孩子造成巨大的压力和难以克服的困难，长此以往，孩子的积极性和自信心将会受到严重伤害甚至打击，这就适得其反了。

孩子的自信根本上来自于对自己的认同感，而这种认同感则产生于自己出色地完成任务和达到标准之后的成就感和自我积极评价。怎样帮助孩子找到这个“自信之源”，就是家长们要培养孩子自信心的根本任务。而给孩子设定和提出一个恰如其分的要求标准无疑是最有效的方法。

3. 讽刺的刀锋最伤人

在教育孩子的过程中，最失败也最会伤害孩子的方法就是父母的冷嘲热讽。作为孩子至亲的父母，如果把嘲笑、讽刺加之于对孩子的教育中来，那么对孩子的伤害无疑是巨大而持久的。我们都想要培养出一个积极自信、身心健康、人格健全的孩子，那么，就千万不要对孩子的缺点和失败进行挖苦、讽刺。

在家庭教育中，常常可以看到这种情况，有些家长一旦看到孩子有了什么缺点或者犯了什么错误，便不由分说地训斥挖苦一顿了事，结果弄得孩子灰心丧气，不知所措，严重地打击了孩子的自信心和积极性，这是值得每位家长引以为戒的。不错，批评也是强化教育的一种手段，对于孩子在成长的过程当中出现的缺点与过失给予适当的批评是必要的，也是重要的，但不宜批评太多，更不能讽刺挖苦。具体来讲，家长讽刺挖苦孩子，至少会造成五种不良后果：

第一，孩子会觉得父母不讲理。

第二，孩子学到不良的沟通方式。

第三，孩子会干脆放弃努力，因为他的上进心遭到了父母亲的不屑一顾。

第四，孩子会觉得父母虚伪、不公平，因为他知道如果他对父母也用这种嘲讽的口气，一定会挨骂。

第五，孩子会觉得被当头打了一棒，失去自信，因为父母对他并没有信心。

当然，最重要的是，从心理学的角度来分析，批评多了，特别是总讽刺、挖苦孩子，把孩子说得一无是处，会直接伤害孩子的自尊心。失去了自尊心就会使孩子破罐子破摔、自暴自弃、情绪低落、提不起精神来，从而失去前进的自信。在家庭教育中，每位家长都应明白此理，当孩子犯了错误的时候，需要的是家长的关心、鼓励和希望，而不是冷漠、嘲笑和讽刺。否则的话，不仅不利于成长，甚至会酿成恶果。

案例一：

西安一名17岁的少女——天天，因为高考没考好，回到家里被母亲骂了一句“没考好还有脸看电视”而失去理智，冲出家门，投河自尽了。

案例二：

广州一名名叫小威的16岁男孩，父母都是知识分子，对孩子的教育十分严格，甚至苛刻。孩子上学后，就让孩子参加各类辅导班，上初中后，要求孩子各门功课都在90分以上，以后考重点大学。孩子偶尔考试成绩不好，则冷嘲热讽，并在孩子面前说单位同事孩子学习成绩如何好，为此小威的压力不断加大，心情十分苦闷，无法与父母交流。在某次考试失利后，受到母亲挖苦，孩子忍无可忍，开始辱骂父母，既而可悲地对父母实施了暴力行为。

讽刺孩子是父母教育孩子的大忌。纵使孩子有天大的不是，做父母的都不应该讽刺孩子。像那位17岁的少女，平常学习成绩优异，偶尔考砸了，心情一定很糟，内心的抑郁难以排遣，这时候最需要父母的安慰和理解，帮助她从失败的阴影中走出来。在这个时候，母亲的讽刺就像在她流血的伤口撒了一把盐，造成了她冲动下的偏激行为。

讽刺就像一堵墙，成为父母和孩子之间无形的障碍，造成了父母和孩子的对抗。孩子可能接受父母的批评，但绝对接受不了父母的讽刺。讽刺是非善意的，孩子很难原谅父母对自己的伤害，甚至可能会在心里幻想着对父母的报复。所以，父母教训孩子时，千万别把带讽刺的话语甩给自己的孩子。

其实，说到底，父母之所以会讽刺挖苦自己的孩子，还是因为自己对孩子的期望值过高。高期待已成为困扰我国独生子女父母的主要心理症结。父母一旦对孩子有了高期待，往往不顾孩子的自身愿望和能力，一味把自己的意愿强加于孩子。他们常常是“恨铁不成钢”，对孩子的不足无意识地或随意地采取讽刺、挖苦、贬低的方法，使孩子的自信心和自尊心受到伤害，这种错误的教育方法有百害而无一利，是对孩子精神虐待的表现。父母“望子成龙，望女成凤”的心情是可以理解的，但一定要运用正确的教育方法，否则将进入“精神虐待”的育子误区。

总而言之，在精神上受虐待的孩子，在成长过程中所遭受的心理伤害，可能比肉体上受虐待的孩子更严重。孩子年龄虽小，但也是有意识、感性的生命个体，也需要必要的尊重。当孩子学习成绩不理想时，父母不能用“你真笨”、“简直是猪脑子”、“将来只能去捡垃圾”这样的话来讽刺孩子。这将严重伤害孩子的自尊心，继而将孩子的自信打击得支离破碎，难以修复。

讽刺挖苦孩子不仅不能产生良好的教育效果，反而会严重损伤孩子自尊心，让孩子产生自卑感，自暴自弃。所有孩子都需要被认可，家长在教育孩子的过程中要以鼓励为主。当孩子取得成绩时应当鼓励，出现错误时要帮助他们找出问题所在，采取正确的解决办法，鼓励孩子改正错误，树立自信，战胜困难。

4. 否定少一分，自信高一分

经常遭到否定的孩子是很难树立起自信心的，因为孩子对自己的评价和定位大多来自于外界对自己的评价与定位，特别是父母，如果父母经常性地指责孩子的不足和错误，否定孩子，那么孩子的自我定位则也会是倾向否定的。这样的孩子当然不会自信。

恨铁不成钢，急死爹和娘，这话一点不假。“高投入的目的是为了高产出”，这是人们心理平衡的自然反映。可是，许多父母遗憾地发现，自己却是“高投入，低产出”，甚至产出了相反的东西。于是，做父母的便恼怒了起来。譬如，有的孩子考试成绩很糟，父母就说：“你简直就是猪脑子，天底下还有比你更笨的孩子吗?”“你真笨，做什么什么不行!”也许父母没意识到，这种对孩子否定性的言论，其效果是很糟糕的。孩子自我认识能力差，很相信父母的话，他们会想：我是天底下最笨最坏的孩子，再努力也没用了。这样，孩子自信心的基础则被损坏甚至被摧毁了，于是孩子开始灰心丧气，甚至不思进取。

例如：一些儿童心理专家在调查中发现，孩子最感恐惧的是家长会对他们说出如下的话：傻瓜、没用的东西；你简直是个废物；你可真行，竟能做出这种事情；住嘴！你怎么就是不听话呢？我说不行就是不行；我再也不管你了，随你的便好了；求求你别再这样做好吗；你若考了一百分，我就给你买；你做这种事，真让我伤心透了；你又做了错事，简直是坏透了。

还有，《知心姐姐》杂志曾向全国28个省、自治区、直辖市发放了3

期“知心调查”问卷，就同一类问题，对中小学生和他们的父母分别进行调查。第一期调查问卷给父母提出了一个问题：“在和孩子交谈时，您最爱说的三句话是什么?”调查结果令所有调查人员大吃一惊：一大批从事不同职业、来自不同地区的父母竟然不约而同地在问卷上写道：“听话”、“好好学习”、“没出息”！而同时接受调查的18个省市的6000多个孩子，却表达出强烈的愿望：我们不想在否定中长大！

另外，还有社会调查显示，不少青少年犯罪就是因为在家受到父母的藐视，而产生了挫折感。于是产生了破罐子破摔的想法，从而自暴自弃。

不论孩子的年龄大小，父母对他们主观的否定，都会对他们的自信心和自尊心造成极大的打击。尤其是稚龄的儿童，父母讲的话，对他们更具有绝对的权威性。一个人的前途是很难预料的，今天有许多企业家，在30年前或者20年前，还是农家子弟。有的甚至在念小学或中学时也是成绩不好的孩子。这是因为一个人的成长，除了取决于主观的因素外，还取决于外部条件和环境，那就是机遇。而一个人的才能又是多方面的，有的人不会读书，但可能精于经营。何况孩子未来的人生道路还长得很呢！一个不管现在多么平淡无奇的孩子，只要对将来抱着“前途大有可为”的自信，就会激起无穷的力量。而父母对孩子的否定评价甚至对孩子前途的否定，这都会严重地打击孩子的自信。

每个孩子都不想在被否定中长大。孩子的心灵是脆弱的，他们希望得到支持和理解，每一句鼓励的话语，都会使孩子信心百倍；每一句粗暴的呵斥，都足可以使他们的自信受到极大的伤害。轻易地否定自己的孩子，对他们的能力表示怀疑，是非常可怕的。“傻、呆、笨、坏”，在孩子的心中是最严厉的判决，这会无情地将他们变成一个家庭或学校的“另类”。在与周围环境格格不入的同时，他们的心灵世界也会变得一片灰暗。相反，作为父母，如果我们能从另外的角度，多给孩子一些鼓励，肯定孩子，孩子才会用“卓越”来回报我们。

现如今正在哈尔滨工业大学攻读硕士学位的李超，小时候曾被老师们认定为“朽木不可雕也”的差孩子。那时候，李超不仅调皮淘气，还经常给他们的数学老师“出难题”。比如，老师讲一加一等于二的时候，他问：“一加一为什么等于二？谁规定的？怎么算的？”年轻的女数学老师被孩子这样“刁钻”的问题难住了，红着脸跑到校长那告状。学校以扰乱课堂秩序的“罪名”找了李超的家长。

李超的妈妈听了事情的经过以后，不但没有责怪孩子，反而鼓励李超说：“孩子，你问的问题没什么不妥。否定你的人是因为被你的问题难倒了。”那个数学老师和李超的班主任听见这位家长这么说话，都觉得不好意思了。

李超后来以优异的成绩考取了一所名校的数学系。李超的妈妈说：“教育孩子，最重要的是不要轻易否定孩子，这样才能让孩子有自信，有追求。”

其实，每一个孩子都有值得肯定的方面，只是我们许多家长缺少发现，缺少培养的方法，从而陷入了一味否定孩子的误区。如果我们都能像李超的母亲那样，鼓励、肯定自己的孩子，而不是一味地否定他们，那么我们也能收获自信的优秀孩子。

每个孩子在成长过程中都会出现一些问题，只是有些父母比较明智，巧妙地度过了危机。这些父母的特点是：相信孩子是好的；相信孩子是优秀的；永远鼓励孩子，很少否定孩子。譬如，当孩子考砸了，这些父母会说：“你是个很棒的孩子，为什么考得这么差？我们找找原因，一定会赶上来的。”实际上，即使学习差的孩子，绝大部分也都不是智力原因，而往往是在非智力因素方面出了问题。在这种情况下，相信孩子，鼓励孩子，帮助孩子，是父母的明智选择。

所以，从现在开始，不要再否定你的孩子了，伸出你的大拇指，对你的孩子说：“你真棒！”

父母要学会多用肯定性的评价调动孩子的积极性。调动孩子的

积极性，重要的是帮助孩子获得成功感和成就感，这时他才会不断地肯定自己，建立起稳定的自我信任感，既满足了自尊心的需要，又树立起了自信心。

5. 把对孩子的爱说出口

对于正在成长中的幼小的孩子来说，父母的爱是自己最宝贵的财富，也是自己心底最坚实的依靠。孩子只有在心底充满了来自于父母的温暖而厚重的爱，他才能勇敢起来，坚强起来，也才能以最有力的姿态自信起来。所以，每一个做父母的，都不要把自己的爱藏在心里，要告诉孩子："爸爸妈妈爱你，你可以放心地去自由成长。"

著名足球明星贝利、篮球明星乔丹，初上赛场时，他们的父母都起了很大的作用。每逢比赛，他们的父母都坐在第一排，为自己的孩子欢呼助威，热情地做拉拉队员。他们偶尔感到胆怯时，只要看一眼父母，浑身就充满了力量。

父母必须做孩子永远的支持者，无条件的支持者。也只有在父母永远无条件的支持下，在家庭温情的关怀下，在自我成就感的支撑下，孩子才可能永远充满快乐与自信。无条件的支持，就是父母对孩子无条件的爱。孩子需要知道父母一直是爱他们的，不管他们在某一件事上是对还是错，是成功还是失败。无条件的爱就是说无论发生什么，父母对孩子的爱都不会改变。父母可能会表扬或批评孩子的某些具体的行为，但对孩子的爱却是毋庸置疑的。但是，父母们要懂得让孩子知道，你爱他。

许多父母谈到这个概念时都会说："我的孩子当然知道我爱他。"那么请问，孩子是怎样知道的呢？然后，再问孩子时，发现他们很难分清父母是生气还是不再爱他了。父母可以通过多种方式对孩子表达这种无条件的爱。但是重要的，你要告诉你的孩子："爸爸妈妈在任何时候都会爱你。"

于太太的女儿小影这几天正在中考，考试这两天孩子状态还不错，看不出她真的有多紧张，但她自己一个劲地喊她心里紧张得直哆嗦。于太太知道，小影毕竟只是个12岁的孩子，面对这样重要的考试肯定是会紧张的。

昨天晚上小影突然怪怪地问于太太："妈妈，我要是真的考得分数很低你会不会生我的气?"于太太说："当然不会了。""那是为什么呢?"小影紧追着妈妈问。于太太说："因为我知道我女儿肯定有学上。""哦，可是妈妈，我要是真的考不上重点中学，你就会很难过，在亲戚朋友和你的同事面前你就会面上无光。那，你还喜欢我吗?"小影紧张地看着妈妈的眼睛。

于女士这个时候才明白孩子在担心什么，紧张什么。原来孩子一直是害怕万一自己考得不好，妈妈就会因为她不够优秀而生气，就不喜欢她了。小影从小就特别依恋妈妈，但于女士管理孩子也很严格，孩子犯错误的时候她经常会严厉地板起脸，看来，孩子是误会妈妈对她的爱是有条件的了。

于女士摸着女儿的脑袋，说："傻孩子，天下哪有不爱自己孩子的妈妈。就算是犯了罪的罪犯，他的妈妈也是一样地爱他啊。你不用紧张，妈妈永远都支持你。就算你什么都做不好，妈妈都会一如既往地爱你。"

小影往妈妈的怀里蹭了蹭，嘴里嘀咕着说："那我就可以放心地考试了。"

记住，要告诉你的孩子你爱他，即便是有时他会做错一些事，也要告诉他，你的爱不是建立在他们的某些行为上的。爱是无条件的，而且仅仅因为他是你的孩子而非其他原因，这样，孩子便可拥有自信与价值。做孩子永远的支持者，永远爱孩子，永远赏识你的孩子，而没有任何附加条件，这样才能让他真切地体会到父母的爱。要永远支持孩子，就别采取堵塞他嘴巴而不让他说话的方法，随时看他的表情、微笑地倾听、用话语进行沟通，点点滴滴的亲情和孩子心底的自信往往就是在这样的情形下建立的。

要无条件地爱孩子，还要以普通人的价值观来衡量孩子的所作所为。允许他尝试错误，让他表现他那个年龄的思想和行为，不要一味要求孩子尽早听话、懂事，要知道，早熟的孩子往往都会有过多的成长压力和潜在的自卑感。给孩子像风筝般翱翔天际的自由，而作为家长的你只需扮演好拉绳线的角色。

一般来说，很多孩子心理都存在或是潜在这样的疑虑：我做错事了，爸爸妈妈会不会生气不理我了？他们会不会对我彻底失望甚至绝望，不管我了？如果爸爸妈妈不喜欢我了，放弃我了，我该怎么办？心里存在这种“不安全感”的孩子往往都会表现出怯懦、忧郁和自卑的个性。这样的孩子在长大以后会把这些负面心理内化成为稳定的性格特质，很难成为一个真正自信的人。所以，家长们要时刻注意孩子的情绪变化，把自己的爱完整而明朗地表达出来，这对孩子的健康成长和发展来说具有积极的意义。

6. 以身作则，言传身教

很多家长都错误地认为，教育孩子就是“言传”的过程，从而忽略了“身教”的重要意义。实际上，孩子在家庭环境里成长的每一个细节都能称之为教育，也就是说，家长的一言一行都在起着重要的教育作用。对于培养孩子自信心这方面来说，更是如此。很难相信一个怯懦而悲观的爸爸或妈妈能培养出一个出类拔萃的自信的孩子。

有句古话叫做“己所不欲，勿施与人”，意思是说你自己所讨厌、抗拒或者不具备的东西，就不要要求别人去喜欢、接受或者具备。这句话放在今天的家庭教育上来仍然具有很重要的启发意义。遗憾的是，现实生活中的许多父母在身教方面做得还远远不够甚至截然相反。为家庭教育所忌讳的是，有的父母在孩子面前说的一套，背过孩子做的却又是另一套。比如有的父母教育孩子树雄心、立壮志，自己却整天泡在麻将桌上出不来；有的父母教育孩子诚实守信，自己做事却坑蒙拐骗、不择手段；有的父母教育孩子与人为善、文明礼貌，自己与人发生摩擦却常常污言恶语，甚至拳脚相加。

如此等等，孩子耳闻目睹父母自相矛盾的言行，并受其潜移默化的不良影响，自然难以形成正确的立场、观点和为人处世的态度及行为规范。长此以往，即使是家长教育孩子的道理讲得如何深透和完美，也难免成为极其苍白和毫无说服力的东西。在培养孩子自信心的问题上，家长要同样把以身作则重视起来。

小刘夫妇很重视对孩子的教育，尤其是在培养孩子独立做事的自信心和积极性的方面上，夫妇俩找了不少方法，煞费苦心，不过也算深得其妙了，7岁的儿子刘扬在哪里做什么事情都是一副自信满满、胸有成竹的样子。小刘夫妇很是欣慰。

不过，最近小刘的妻子遇到了一点烦心事。受金融危机的影响，小刘妻子所在的广告公司一年来业务严重萎缩，资金周转链已经到了几乎断裂的地步。虽然老总把压箱底的本钱都填了进来，但行业不景气和公司运转不灵已是不争的事实。于是，一场大刀阔斧的裁员不可避免。几天来，公司里到处都在传播裁员的小道消息，而小刘的妻子所在的业务部听说会是裁得最多的一个部门。

这几天，小刘妻子每天回家以后都是一副垂头丧气、失魂落魄的样子。她不停地对小刘发着牢骚：“我进公司的时间不长，虽然做过不少比较大的业务，也有一些稳定的大客户，但听说我们部门是裁得最多的，比起那些‘老资格’来，我一定会被裁掉的。”小刘说：“现在还没有到那一步，你这不是杞人忧天吗？再说你们部门那些人不少都是尸位素餐，怎么能轮到你呢？你可是部门里最年轻有为的一个了。”妻子又说：“你不知道，别看那些人都不怎么起眼，可他们大多都是行业里的‘老资格’，经验比老板都丰富。哎呀怎么办啊，要是被裁掉，现在的工作多难找啊……”

这时，儿子刘扬走了过来，说：“妈妈，你平时教我一定要相信自己是最棒的，一定要自信和勇敢，可你怎么这样呢？难道你们单位那些人都比你优秀吗？你为什么这么不相信自己呢？”

听见儿子的话，小刘妻子居然红着脸无言以对。

相信案例中的这个孩子将来必将能成为一个自信而优秀的人才，而这个妈妈则没有做到言传身教相一致。孩子问得很对，你平时是怎么教育我的？你为什么不以身作则呢？透过幼稚无忌的童言，家长们是否能够认识到，教育孩子，以身作则是很重要的，身教与言传必须相一致，甚至其教育作用往往更为重要。

家长是孩子最早接触的人，而且是接触时间最长的人，所以对孩子的影响最大。家庭教育对孩子，特别是对幼儿而言，父母的表率作用对孩子的成长有着特殊的意义。人们说：“孩子是父母的影子”，“孩子是父母的一面镜子”。家长期望孩子成为什么样的人，自己首先应该是什么样的人。所以，要教育孩子成为一个自信的人，那么家长自身就要自信起来，最起码要在孩子面前表现出自己自信的一面。

儿童教育家孙敬修先生说过：“孩子的眼睛是录像机，孩子的耳朵是录音机，孩子的头脑是电子计算机。”他打这个比喻也是要求家长必须注意身教。家庭教育对孩子，特别是对幼儿而言，主要不是靠“言传”而是靠“身教”。列·尼·托尔斯泰指出：教育孩子的实质在于教育自己。只有这样，才是合格的家长。

比起教育孩子时所讲的泛泛的道理，对于孩子来说，父母的表率作用往往更直接和形象，也更易于理解和接受。所以，要想把自己的孩子培养成为一个自信的优秀孩子，那么家长首先就要做到遇事不慌乱，镇静，自信，而不要不知所措，茫然，自卑。这样，孩子才能在潜移默化中不断学习、巩固和完善自己的自信意识，从而勇往直前地积极取得进步和成功。

7. 重视孩子的“贡献”

在家庭生活中，不要忽视了孩子对于家庭的“贡献”，每个孩子其实都是乐于为自己的家庭做点力所能及的事情的。如果家长把这些细小的事情都注意到了，重视起来了，那么孩子就会产生出自豪感和成就感，也就能树立起自我肯定的观念，这对培养孩子的自信意识是很有帮助的。

在日常生活中，很多父母都因为疼爱或者是不信任孩子而拒绝孩子的“帮助”和“奉献”。比如，一位妈妈正在厨房做饭，孩子走了进来，说：“妈妈，我帮你洗菜。”妈妈赶紧放下手中的杂务，边往出推孩子边笑着说：“妈妈不用你的帮助，说不定你又会搞得一地是水，菜还洗不干净。快去看电视吧！”这位妈妈确实是在善意地拒绝孩子的帮忙，但她不会知道，孩子的心里或多或少地会有一点失落，因为妈妈不信任自己，也因为自己想做一点事情以表明自己在家庭中的价值，可是妈妈却不给自己这个机会。再比如，孩子把手中的零食送到爸爸妈妈面前，让爸爸妈妈先品尝，爸爸可能会直接摇头，然后把孩子的手推开；妈妈一般则会轻描淡写地说一句：“妈妈不吃，你自己吃吧！”实际上，这样的家长就是没有重视起来孩子这样做的意义和目的，孩子是想借这件小事来表明自己在家庭中的奉献、价值以及地位。归根结底，这就是孩子在家庭中的贡献。

不要小看这些日常生活中的小事，这些事情在孩子看来不仅不是小事，而且还至关重要，因为他们能借此来表现出自己对家庭是有贡献的，自己是有价值的。

我们来看看这位妈妈是怎样重视孩子对家庭的贡献的。

李湘玉和丈夫高成志一直都很注重对孩子的教育情况，特别是对孩子的自尊和自信方面的培养，他们很注重细节上的教育。儿子高展今年5岁，刚刚上幼儿园。小家伙活泼可爱，做什么事情的积极性都非常高，在家里经常以“重要人物”自居，一副小大人的模样。

说起对孩子的教育细节的良苦用心，夫妇俩还有一个啼笑皆非的故事。有一次李湘玉下班比较晚，外面风比较大，她的头发被刮得又乱又脏，于是吃完晚饭以后她赶紧洗头发。快洗完的时候忽然发现毛巾没在身边，于是喊丈夫高成志帮着拿过来。这时候儿子高展“屁颠屁颠”地跑了过来，并且帮助妈妈拿来了毛巾。李湘玉对儿子说了声谢谢，接过了毛巾，看着儿子得意洋洋的样子，她擦起了头发。孩子看没事了，就出去玩了。这时候李湘玉又喊了丈夫过来，高成志进来却发现妻子正“吹胡子瞪眼”地做鬼脸，她说：“咱儿子给我拿的是你的擦脚毛巾，我没忍心揭穿他。”高成志听后哈哈大笑。他们就是这样重视孩子的“贡献”的。

前几天，高成志出差不在家，李湘玉在半夜突然发起了高烧，连起来拿药的力气都没有了。她虚弱地把儿子喊了起来。高展赶紧清醒了过来，给妈妈倒水，拿药，量体温，还有模有样地投了一块湿毛巾给妈妈“物理降温”。看见妈妈舒服多了，他还是寸步不离地坐在妈妈身边。他说：“妈妈，你别怕，爸爸不在家我也能照顾你。”看着儿子挺着小胸脯自信有力的样子，李湘玉没有推辞儿子的照顾，只是很正式地对儿子说了一句：“谢谢你照顾我，好儿子。”

这个案例很有点生活情趣，但我们要从中看到的是，重视孩子的贡献，对于培养孩子的自信和自我价值感很有帮助。案例中的这位妈妈是一位深谙教子方法的好妈妈，她知道，孩子是十分重视自己对于家庭的帮助和作用的，所以她也要重视孩子对于自己、对于家庭的贡献。这样，孩子才能树立起他对于自己的认同感和自我信任感。

对于家庭生活来说，每一个孩子都是有他的价值和贡献的，而孩子也都无一例外地希望如此。他们渴望自己能为爸爸妈妈做些事情提供一些帮助，从而证明自己的特别的价值和优秀。所以，作为父母，我们不妨坦然接受孩子善意的“贡献”，然后郑重其事地告诉孩子：“在我们的家庭里你很重要，你很棒，爸爸妈妈需要你。”去满足孩子的一点“表现欲”，这对于培养一个自信而优秀的孩子来说，有着至关重要的意义。

别以为孩子还小，什么都不懂，其实孩子在日常生活中所表现出的很多行为都有其有意无意的特别意图。所以，家长们要用心去看待孩子的每一个举动，重视孩子的每一个行为。如果孩子是想为你或你们的家庭作一点小贡献的话，那么，不要拒绝，要重视起来。把这些小细节串联起来，你就会发现，孩子真的变得懂事了，自信了，也越来越优秀了。